Susan Boos

Auge um Auge

Susan Boos

Auge um Auge

Die Grenzen des präventiven Strafens

Rotpunktverlag

Die Autorin und der Verlag bedanken sich bei folgenden Institutionen für die Unterstützung dieses Buchs:

Der Rotpunktverlag wird vom Bundesamt für Kultur mit einem Strukturbeitrag für die Jahre 2021 bis 2024 unterstützt.

www.rotpunktverlag.ch

Umschlagfoto: wronge57 / photocase.de
Umschlag und Gestaltung: Patrizia Grab
Korrektorat: Jürg Fischer
Druck und Bindung: Friedrich Pustet, Regensburg

ISBN 978-3-85869-944-2
1. Auflage 2022

Dieser Titel ist auch als E-Book erhältlich.

… so sollst du geben
Leben für Leben,
Auge für Auge,
Zahn für Zahn,
Hand für Hand,
Fuß für Fuß,
Brandmal für Brandmal,
Wunde für Wunde,
Strieme für Strieme.

Tora, 2. Buch Moses, Exodus 21,23-25

Inhalt

Anhang

1 Vogt will sterben

Das Telefon klingelt. Eine unbekannte Nummer. Eine fröhliche Stimme sagt: »Hallo, schön Sie zu hören! Ich bin es, Peter Vogt.«

Peter Vogt. Er sitzt jetzt vermutlich vor einem Kartenautomat. Ein eigenes Telefon besitzt er nicht. Aber er darf regelmäßig telefonieren.

Vogt ist ein prominenter Gefangener. Nur berühmte Verbrecher werden in den Medien mit richtigem Namen genannt. Peter Vogt gehört dazu. Alle andern werden anonymisiert. Um sie und ihre Angehörigen zu schützen. Für die ganz schlimmen Täter gilt das nicht mehr. Berühmt wird man, wenn man schreckliche Taten begangen hat und voraussichtlich nie mehr freikommt. Vogt hat Mädchen und Frauen gewürgt und vergewaltigt. Mehrere. Seit 25 Jahren ist er verwahrt.

Er sitzt in einer Strafanstalt, ist aber genau genommen kein Strafgefangener, weil er seine Strafe längst abgesessen hat, gilt allerdings als nicht therapierbar.

Wir haben uns noch nie gesehen, nur vor Monaten einmal telefoniert. Damals wollte er von mir nicht besucht werden. Er meinte, man müsse ein bisschen taktisch vorgehen. Es nütze ihm wenig, wenn alle Medien gleichzeitig berichteten. Das Fernsehen war an seiner Geschichte dran; das hatte Vorrang.

Jetzt ist er also am Telefon und sagt, er würde sich freuen, wenn ich ihn besuchen käme. Ich müsse halt eine Anfrage bei der Direktion stellen. Physisch gehe es ihm schlecht, Herzinsuffizienz. Er nennt Zahlen aus seinem medizinischen Gutachten. Die Werte klingen so hoch, als dürfte er gar nicht mehr am Leben sein.

»Sie halten mich immer noch für gefährlich. Ich bin übergewichtig, gehe am Stock, kann mich kaum fortbewegen. Aber sie halten mich für hochgradig fluchtgefährdet.« Er lacht. »Nur, wohin soll ich fliehen? Wovon soll ich leben? Dann haben sie noch geschrieben, es bestehe die Gefahr, dass meine Angehörigen mir vielleicht bei der Flucht helfen.« Er lacht wieder.

»Ich sage Ihnen, es ist nicht schwer, aus einem Schweizer Gefängnis davonzulaufen. Aber wovon soll ich leben, wenn ich abhaue? Ich habe kein Geld.«

»Ihre Angehörigen könnten Ihnen Geld geben für die Flucht.«

»Ich habe keine Angehörigen, die Geld haben. Meine Exfrau arbeitet bei der Spitex, die eine Tochter ist in einem Callcenter angestellt, die andere in einer Liegenschaftsverwaltung, eine gute Bekannte bei einem Paketdienst. Ich habe zu niemandem Kontakt, der reich ist.«

Als er vor dreißig Jahren ausgebrochen sei, da sei das etwas anderes gewesen, sagt er. »Da bin ich durch halb Europa getourt, da konnte ich arbeiten. Das geht heute nicht mehr.«

Seit vielen Jahren sitzt er nun im Gefängnis Bostadel. Die Chance, dass er rauskommt, ist gering. Deshalb möchte er gerne Selbstmord machen, sauber und ordentlich, von Exit begleitet.

Das Fernsehen berichtete darüber. Die Boulevardzeitung titelte: »Kinderschänder bettelt um Sterbehilfe!«

Die Debatte kocht, die Kommentare sprudeln.

»Für solche Täter sind nicht Gefängnisstrafe und Verwahrung die Sühne, sondern der Tod. Darum lasst ihn gehen. Die Opfer können so mit dem grausam Erlebten endlich abschließen.«

»Eigentlich wäre es mir schon recht, wenn solche Leute den Hut nehmen könnten. Als Steuerzahlerin bin ich aus Kostengründen jedenfalls schwer dafür.«

»Wie die Todesstrafe ist auch die Verweigerung eines Todeswunschs abzulehnen. Geschieht dies nicht, führt dies zu einer unmenschlichen und bestialischen Gesellschaft, und wir alle werden zu Tätern.«

»Dieser Mann soll im Knast schmoren bis zum bitteren Ende. Er soll so leiden, wie seine Opfer gelitten haben. Ich hoffe sehr, dass das Gesuch bei Exit abgelehnt wird«.

Das Wort »schmoren« kam häufig vor. Das war vor Monaten. Vogt schmort immer noch.

Was bringt einen Menschen dazu, sich im Gefängnis geordnet das Leben nehmen zu wollen? Soll er das dürfen? Was tun wir eigentlich mit hochgefährlichen Menschen? Für immer präventiv wegsperren? Und warten, bis sie im Gefängnis von selbst sterben?

Darum geht es in diesem Buch.

2 Briefe aus der Zelle

Beat Meier hatte immer wieder Briefe an die Redaktion geschrieben. Der Absender auf Meiers Briefen lautet unverfänglich: Roosstrasse 49. Das ist die Adresse der Justizvollzugsanstalt Pöschwies, das größte Gefängnis der Schweiz, nicht weit vom Flughafen Zürich entfernt.

Am Tag des ersten Besuches liegt der Himmel wie ein grauer Deckel über Regensdorf mit seinen Hochhäusern, Mehrfamilienhäusern, Einfamilienhäusern und der Justizvollzugsanstalt (JVA). Von der Busstation geht man an der Pöschwies 45 vorbei. So heißt das Geschäft, das aussieht wie eine gewöhnliche Gärtnerei, aber der Gefängnisladen ist. Dort kann man alles kaufen, was die Häftlinge produzieren. Taschen, die »Jail-Bag« heißen, Geschreinertes, Blumen und viel Krimskrams. Hinter dem Laden verläuft der Zaun. Oben ist er dreifach mit scharf geschliffenem Stacheldraht gesichert. Es folgt ein Streifen Wiese. Dahinter erhebt sich ein hoher Betonwall. Hinter dem Wall gibt es nochmals einen Zaun mit Stacheldraht, doch das sieht man nur auf Luftaufnahmen.

Der Zaun endet. Die Mauer wird unterbrochen durch einen Betontrichter mit Hütchen und weißer Tür. Darüber steht »Eingang«. Es gibt keinen Türgriff. Nirgends ein Fenster, nirgends ein Schild, nirgends ein Mensch, den man fragen könnte.

Auf der Besuchsbewilligung stand, wenn man zu spät sei, werde das von der Besuchszeit abgezogen. Neben dem Eingang eine Gegensprechanlage mit Klingelknopf, darüber eine Kugel. Man ahnt, dass das eine Kamera ist.

Es ist zehn vor neun. Eine Frau mit einer schweren Tasche kommt hinzu. Sie scheint sich auszukennen, geht zum Eingang, klingelt. Eine Stimme weist an, zu warten. Es beginnt sanft zu regnen. Die Betonbänke neben dem Eingang sind feucht. Es gibt nichts, wo man sich unterstellen könnte. Die Architektur dieses Eingangs macht jeden klein, der davor steht.

Die Frau mit ihren beiden Taschen sagt, dass sie ihren Mann besuche. In den Taschen hat sie Essen, weil er das Essen drinnen nicht mag. Sie spricht kaum Deutsch. Wir warten und werden nass.

Nach zehn Minuten, exakt um neun Uhr, schiebt sich die Türe lautlos auf. Ausweis abgeben, persönliche Sachen in einem Kästchen einschließen, durch die Schleuse gehen. Wie am Flughafen muss man einen Metalldetektor passieren.

Nur Stift und Papier sind erlaubt. Uhr ist nicht erlaubt, Kaugummi ist nicht erlaubt, Aufnahmegerät auch nicht.

Im Besucherraum stehen ein Dutzend Tische und Stühle. Der Raum hat die Aura eines Bahnhofwartesaals. Hinter einer Glasscheibe sitzt ein Uniformierter und wacht über Besuch und Gefangene.

Ein Mann schlurft auf einen Stock gestützt herein. Das muss Beat Meier sein. Das weiße lange Haar fällt ihm ins Gesicht. Er trägt eine ausgebeulte Hose. Sein T-Shirt hat Flecken. Der weiße Bart reicht bis zum Bauchnabel. Seine Nägel und Haare sind gelb verfärbt. Er riecht nach Zigarettenrauch.

Meier bittet mich an einen Tisch in der Ecke, dort seien wir ein bisschen ungestörter. Er mag es nicht, wenn die anderen zuhören können. Am Automaten lässt er zwei Kaffees heraus und beginnt zu erzählen. Er scheint nervös und möchte vieles gleichzeitig sagen. Er weiß, er hat für seine Geschichte nur eine Stunde Zeit. Es ist schwer, ihm zu folgen.

Er war ein Verdingkind, in Heimen untergebracht, wurde misshandelt und sexuell missbraucht. Später ging er zur See, war viel im Ausland unterwegs. Dann lernte er jemanden kennen, der ihn in diese unglaubliche Geschichte hineingeritten hat. Über diesen Bekannten traf er eine Frau aus der ehemaligen DDR; sie hatte zwei minderjährige Söhne. Meier heiratete die Frau. Die Familie zog in den Aargau. Dort begann die Hexenjagd, sagt er. Sein Bekannter beschuldigte Meier, er habe die Stiefsöhne missbraucht und andere schlimme Sachen gemacht. Alles nicht wahr, sagt Meier, aber er habe sich nicht wehren können. Seine Stiefsöhne hätten ihn bei den ersten Befragungen noch entlastet. Sie seien dann aber sehr unter Druck gesetzt worden. Am Ende hätten sie ausgesagt, was die Polizei von ihnen habe hören wollen.

Beharrlich beteuert er, er habe sich nie an seinen Stiefsöhnen vergangen. Früher, ja, da habe er einen Fehler gemacht, das wisse er. Aber das mit den Stiefsöhnen stimme nicht. Die kämen ihn immer noch besuchen. Sie würden heute auch sagen, dass das alles gar nicht wahr sei, was sie damals vor der Polizei bezeugt hätten.

2011 hat er mit sieben anderen Verwahrten die Selbsthilfegruppe Fair-wahrt? gegründet. Es ist ein Verein, der von Leuten draußen unterstützt wird, sagt er. Er könne Adressen vermitteln.

Ein Gong. Die Stunde Besuchszeit ist vorbei. Das Gespräch ist mitten im Satz zu Ende.

Zurück durch die Schleuse, die Sachen aus dem Kästchen

holen, Ausweis zurücknehmen. Die Türe öffnet sich lautlos. Man steht wieder auf dem Parkplatz vor dem Tor.

Sexualstraftäter sind schwierige Täter. Eine Freundin von mir, eine Psychiaterin, hat einmal apodiktisch gesagt, Vergewaltiger könne man nicht therapieren. Die täten es immer wieder, deshalb müsse man sie wegsperren, da lasse sich leider nicht viel machen. Bei Pädophilen sei das nicht viel anders. Die könnten noch im hohen Alter übergriffig werden.

Beat Meier gehört wie Peter Vogt zu den prominenten Häftlingen. Über ihn wurde schon viel geschrieben, stets mit vollem Namen.

Die Nachrichtenagentur sda berichtete 1997 über den Prozess.

»›Ich bin pädophil‹, sagte Beat Meier vor Gericht unumwunden. Er habe diese Veranlagung seit frühester Kindheit, sei von der Familie abgeschoben, als Heimkind geschlagen und von einem Kapuzinermönch sexuell missbraucht worden. Bekannt ist der Mann seit 15 Jahren: 1982 wurde er Mitglied der Schweizerischen Arbeitsgemeinschaft Pädophilie (SAP), 1986 deren Präsident. Er trat öffentlich für die gesellschaftliche Anerkennung der Pädophilie ein und bot mit Kinder-Pornovideos ›Hilfe zur Selbsthilfe‹ an. Die Bezirksanwältin verlangt für den Missbrauch zweier Buben sechseinhalb Jahre Zuchthaus oder Verwahrung. Die Vertreter der Opfer fordern für die Buben je 25 000 Franken Schmerzensgeld. Meier wies die Anschuldigungen zurück; er habe die Kinder nur platonisch geliebt, erklärte er. Die Aussagen der Kinder seien unter Druck der Polizei entstanden. Sein Verteidiger verlangte Freispruch und sofortige Haftentlassung.«

Die sda schreibt weiter, Meier sei zuvor bereits in Großbritannien wegen sexueller Übergriffe gegen drei Buben zu einer Gefängnisstrafe von achtzehn Monaten verurteilt worden. Diesen Übergriff hat Meier gestanden.

Das Bezirksgericht Zürich verurteilt ihn zu fünf Jahren und fünf Monaten, ohne Verwahrung. Meier zieht das Urteil an die nächste Instanz weiter. Das Obergericht reduziert die Strafe auf vier Jahre und vier Monate – hängt aber eine Verwahrung an, weil es Meier für nichttherapierbar hält. Hätte er nicht rekurriert, wäre er schon lange wieder draußen. Er sagt: »Ich musste rekurrieren, weil ich die Tat ja nicht begangen habe.«

Nun steckt Meier in der Zwickmühle. Er bestreitet die Tat, deshalb gilt er als uneinsichtig. Weil er als uneinsichtig gilt, gilt er auch als nichttherapierbar. Meier hätte irgendwann sagen können: »Ich war es doch.« Mit einem nachträglichen Geständnis – ob wahr oder nicht – wäre er therapiert worden und längst wieder in Freiheit. Er aber beharrt auf seiner Unschuld.

Ein Grundsatz unseres Rechtssystems lautet, niemand muss sich selbst belasten. Ein Geständnis wirkt lediglich strafmildernd. Ein nichtgeständiger Täter sitzt seine Strafe ab und kommt danach frei. Bei der Verwahrung gilt das nicht mehr. Deshalb sitzt Meier schon über ein Vierteljahrhundert im Gefängnis.

Er wünsche sich nichts mehr, als dass man an seine Unschuld glaube. Den Einwand, das Gericht habe ihn verurteilt, will er nicht gelten lassen. Er verweist auf eine Recherche der *Neuen Zürcher Zeitung*. Das sei doch ein Beweis, dass er nicht lüge.

In besagtem Text schreibt die NZZ: »›Gerechtigkeit, ich verlange nichts Anderes als Gerechtigkeit. Wie ist es möglich, dass jemand so lange weggesperrt wird?‹ Es ist ein 37-jähriger Mann, Vater von drei Kindern, der diese Aussage macht. Und er spricht von seinem Stiefvater Beat Meier, dem angeblichen Monster und Übeltäter, der ihn und den jüngeren Bruder jahrelang sexuell missbraucht haben soll.«

Es folgt die Schilderung, wie die französische Polizei die Wohnung in Paris stürmte und alle festnahm, auch die beiden Buben, die mutmaßlichen Opfer.

Weiter O-Ton der NZZ: »Er werde diesen Morgen in Paris nie vergessen, sagt jener Stiefsohn, der Jahrzehnte später über die Ereignisse berichten mag. Es sei schrecklich gewesen, der reinste Horror. Polizisten mit Maschinengewehren seien in den frühen Morgenstunden in die Wohnung gestürmt, hätten sie auf den Posten gebracht, eingesperrt, wie Schwerverbrecher, auch die Kinder. Dann hätten die Einvernahmen begonnen, eine Befragung nach der anderen, immer allein, getrennt von den Brüdern. Man habe ihm, dem damals Dreizehnjährigen, vorgehalten, was der Stiefvater alles mit ihm gemacht haben soll. Irgendwann habe er einfach Ja gesagt: Weil man ihm versprochen habe, dass er dann wieder nach Hause dürfe: ›Ich war dreizehn Jahre alt, ich wollte nur noch nach Hause gehen. ›Der Druck war enorm.‹«

Die Gerichte stützen sich vor allem auf die früheren Aussagen der beiden Stiefsöhne. Sie widerrufen. Der eine nach zwei, der andere nach drei Jahren. Das Obergericht hält die beiden Widerrufe für nicht glaubwürdig.

»Es sei eine frustrierende Erfahrung, sagt der 37-jährige Familienvater heute, dass man ihm einfach nicht glaube; dass man nicht wahrhaben wolle, unter welch enormem Druck er und sein Bruder damals gestanden hätten, als sie den Stiefvater wider besseren Wissens belastet hätten. ›Mein Anwalt hat mir vom Widerruf abgeraten‹, sagt der Mann, ›doch ich musste es einfach tun. Warum so spät? Ich war erwachsen geworden, erst dann hatte ich die Kraft und den Mut dazu. Ich nahm auch in Kauf, wegen Falschanschuldigung verurteilt und bestraft zu werden. Umsonst.‹« Damit endet der NZZ-Text.

Der Artikel stammt von Brigitte Hürlimann. Sie ist Juristin und eine renommierte Gerichtsberichterstatterin. Ihre Recherche hat aber nichts bewirkt; das Bundesgericht wies die Revision ab. Meier hofft weiter, dass sein Fall neu aufgerollt wird.

Beat Meier ist heute weit über siebzig Jahre alt. In einem Brief schildert er sein Leben als Verwahrter:

»Alltag: Kaum mehr Selbstverantwortung, alles ist geregelt. Aufstehen um 7. Frühstück: Kaffee oder Tee. Butter, Konfi + Brot vom Vortag. Mittagessen um 11:45. Abendessen um 16:45. Einschluss zirka 19:35 (Wochenende zirka 16:35). Hofgangzeit: Mo/Di/Do/Fr 12:15 bis 13:30, Mi 14 bis 16:30, abends zirka 17 bis 19:30, Wochenende zirka 8 bis 11:30 oder 13 bis zirka 16 Uhr. Donnerstag früh Einkauf vom fixen Kioskangebot, relativ gute Auswahl, aber sehr selten einzelne Alternativen, Hygieneartikel nur vom Kiosk. Bett- und Kleiderwäsche werden für einen wöchentlich erledigt, Putzlappen, Reinigungsutensilien stehen frei zur Verfügung.

Besuch: Unter acht Jahren Haftzeit: eine Stunde pro Woche. Über acht Jahren: sieben Stunden pro Monat.

Telefonieren: zirka 160 Minuten. Wer häufig kurze Gespräche führt und/oder lange klingeln lassen muss und womöglich niemanden erreicht, hat entsprechend deutlich weniger monatliche Sprechzeit. Anwalts- und gewisse behördliche Gespräche sind davon nicht betroffen.

In jedem Fall begrenzt auf max. 100 Franken Gebühren pro Monat. Gefangene mit Kontakten einzig in ihre ferne Heimat (Afrika, Asien, Südamerika) sind massiv benachteiligt. Ein junger Taubstummer hier kann natürlich nie telefonieren. Alternativen wie etwa Mail oder Bildtelefon werden ihm auch nicht angeboten. Nach 10 Minuten Gespräch ist die Karte jeweils für eine Stunde gesperrt.

Es gibt einen Apparat für dreißig Gefangene. Gespräche bleiben sechs Monate lang aufgezeichnet und können überwacht werden.«

Mit 65 Jahren, also im AHV-Alter, wollte Beat Meier im Gefängnis nicht mehr arbeiten, weil er der Ansicht war, er habe mit seinem

Verein Fair-wahrt? genug Arbeit. Meier prozessierte. Die Gerichte argumentierten, die Arbeit im Gefängnis verhindere, dass Haftschäden aufträten. Meier zog den Fall an den Europäischen Gerichtshof für Menschenrechte weiter. Auch dort hatte er keinen Erfolg.

Darum ging es in meinem Zeitungsartikel. Meier sollte seine Zitate gegenlesen können, bevor der Text erscheint. Es eilte, der Redaktionsschluss rückte näher. Meier hatte versucht, auf der Redaktion anzurufen, erreichte mich aber nicht. Übers Handy rief ich im Gefängnis an. Die Frau am Empfang war freundlich und verband mich mit Meiers Abteilung. Ein Aufseher nahm ab: »Ich sage nichts.« Ich erklärte ihm, Herr Meier habe mich gebeten, zurückzurufen. Was hiermit geschehe.

»Aber Sie rufen von einem Handy an.«

»Ja und?«

»Dann kann ich Sie nicht verbinden. Es sei denn, Sie können mir den Vertrag mit dem Handyanbieter faxen, damit wir verifizieren können, dass Sie die Besitzerin dieses Handys sind. Ist ein bisschen kompliziert, ich weiß. Aber sonst geht es nur über die Redaktionsnummer.«

Also bat ich, er solle Meier ausrichten, dass ich am nächsten Morgen auf der Reaktion zu erreichen sei.

Kurz nach 9 Uhr rief Meier an. Er sagte, er habe nur zehn Minuten.

Wir preschten durch den Text. Nach neun Minuten begann es in der Leitung zu piepen.

In einer Stunde habe er nochmals zehn Minuten verfügbar. Prompt rief er nach einer Stunde nochmals an, aufgeregt. Er könne sonst für den Rest des Monats mit niemandem mehr telefonieren.

Einen Tag später rief ich erneut von der Redaktion aus an.

Das Spiel ging von vorne los. Die Frau in der Zentrale wollte mich nicht in die Abteilung durchstellen. Ich bat darum, zumindest Herrn Meier auszurichten, dass ich angerufen hätte. »Nein, das machen wir nicht.«

In einem Brief schreibt er: »Was mir am meisten fehlt: Freiheit natürlich. Die Natur, Kontakt zu Bezugspersonen, Freunden, die über die geregelten Besuchsstunden, Telefonate, Briefverkehr hinausgehen. Und jede Nacht fehlt mir eine von innen verriegelbare Zellentür, und damit das Gefühl der Sicherheit und Geborgenheit. Es fehlt mir seit einem Vierteljahrhundert ein Abend, an dem ich nicht in eine Betonzelle eingesperrt werde und endlich nicht mehr gegen das kaum je völlig verschwindende, obskure unterschwellige Gefühl ankämpfen muss, es könnte mir in dieser Lage etwas passieren, dem ich völlig wehrlos ausgesetzt wäre, dem ich nicht entrinnen könnte.«

3 Der Mord am Zollikerberg

Es ist der 30. Oktober 1993, ein Samstag. In Bosnien herrscht Krieg. In Sarajewo wird geschossen, mindestens zwanzig Menschen sterben dort an diesem Tag. Die baskische Untergrundorganisation ETA lässt eine Geisel frei. In der Schweiz trifft sich die CVP zur Delegiertenversammlung. Das Thema ist die innere Sicherheit. Der damalige Justizminister Arnold Koller listet auf, was sein Departement alles geplant hat, von neuen Strafnormen gegen das organisierte Verbrechen bis zu den sogenannten Zwangsmaßnahmen gegen Ausländer. Er sagt, das verbreitete Gefühl der Unsicherheit könne nicht allein auf die Kriminalität zurückgeführt werden, sondern müsse andere Ursachen haben. Im letzten Jahr sei die Gesamtkriminalität gesunken. »Die Gefahr, auf der Straße zu verunglücken oder gar überfallen zu werden, ist wesentlich kleiner, als im eigenen Haushalt zu verunglücken«, sagt der CVP-Bundesrat.

An diesem Tag geschieht ein Mord, der die Schweiz verändern wird. »ZOLLIKERBERG ZH. Die 20-jährige Pfadiführerin Pasquale Brumann ist am Samstag in einem Waldstück in der Nähe ihres

Wohnortes von einem unbekannten Täter umgebracht worden. Die angehende Krankenschwester hätte am Samstag um 13 Uhr bei ihrer Pfadigruppe sein sollen – erschien jedoch nicht beim Treffpunkt Allmend-Zollikon. Die Polizei suchte bereits am Samstag das Gelände mit Hunden ab, gestern halfen Pfadfinder. Gegen 15 Uhr wurde die junge Frau gefunden – verscharrt im losen Waldboden«, schreibt *Blick* am Montag, dem 1. November.

Die Boulevardzeitung setzt eine Gruppe von Reportern auf den Fall an. Einige Tage später berichten sie: »Der sonnige Samstag sollte für die angehende Krankenschwester und begeisterte Pfadiführerin Pasquale Brumann ein besonderer Freudentag werden: In den letzten Monaten hatte sie rund ein Dutzend Pfadis zu Führern ausgebildet und wollte ihnen an einer kleinen Feier die Urkunden überreichen. Fröhlich marschierte sie durch den lichtdurchfluteten Herbstwald. Zwischen 12.45 Uhr und 13 Uhr muss Pasquale ihrem Mörder begegnet sein. Der hat sie auf bestialische Weise umgebracht. Die nackte, misshandelte, stark verschmutzte Leiche wurde von den Suchtrupps der Polizei am Sonntag gefunden. Verscharrt unter einem Baumstrunk. [...] Zu den Hinweisen, dass der jungen Pfadiführerin die Kehle durchtrennt worden ist, wollte Polizeisprecher Markus Atzenweiler noch keine Stellung nehmen, schloss ein Sexualdelikt auch nicht aus.«

Eine Woche nach der Tat folgt das Geständnis. Es war ein Häftling auf Freigang. *Blick* schreibt: »Der zweifache Frauenmörder Erich Hauert (34) gestand gestern, Pasquale Brumann (20) mit einem Messer getötet zu haben. Als ob nichts geschehen wäre, war der Sex-Killer Erich Hauert am Sonntagabend nach seinem Hafturlaub wieder in die Strafanstalt Regensdorf zurückgekehrt. Ein Mithäftling zu *Blick:* ›Aber er trug andere Kleider und hatte Kratzspuren. Das fiel nach Bekanntwerden des Mordes auf.‹ Für die Tatzeit hatte Hauert kein Alibi. Am Tatort soll ein

Schuhabdruck gefunden worden sein, der auf Hauerts Größe passt. Weiter wurden Spuren von Sperma auf dem nackten Körper der jungen Frau gefunden.«

Nicht nur *Blick*, dieses Mal berichten auch alle anderen Zeitungen atemlos. Es ist etwas passiert, was nicht hätte passieren dürfen. Hauert ist acht Jahre zuvor wegen zweifachen Mordes, zehn Vergewaltigungen und mehreren Raubüberfällen zu einer lebenslänglichen Zuchthausstrafe verurteilt worden. Trotzdem darf er alleine seinen Therapeuten aufsuchen. Bei einem dieser Freigänge kauft er sich Klebeband und ein Messer. Er geht in den Wald, der nicht weit von der Praxis seines Therapeuten liegt. Es ist der Wald von Zollikerberg, einem Dorf zwischen Zürichsee und Greifensee. Dort gibt es keinen Berg, der Zollikerberg heißt, aber eben diesen Wald. Pasquale Brumann durchquert ihn und wird zu Hauerts Opfer, zufällig; es hätte auch eine andere Frau treffen können.

Die Leute sind schockiert. In Leserbriefspalten wird die Todesstrafe gefordert. Doch der Zorn richtet sich vor allem gegen die, die zugelassen haben, dass Hauert sich frei bewegen durfte.

»Es war ein Psychiatriemord! Nie können Triebtäter als geheilt bezeichnet werden. Hafturlaub für Schwerstverbrecher – wir alle waren ahnungslos. Aber das in den Augen der Spezialisten dumme Volk darf ja betrogen werden. Unsere Meinung interessiert keinen. Wie lange noch?«, schreibt R. S. aus Zürich.

»An die Herren Psychiater, Therapeuten, Psychologen, Sozialhelfer: Bald könnt ihr euren Schützling wieder in die Arme schließen, ihn trösten, ihm gut zureden, Verständnis zeigen, und er kann guten Mutes sein, nach ein paar Jährchen das Gefängnis wieder verlassen zu dürfen. Was, wenn eure Kinder Opfer von Gewalt würden?«, schreibt R. D. aus Winterthur.

»Empörend! Schon wieder wurde einem Schwerverbrecher Urlaub gewährt, der ja eigentlich nach zwei Morden und 10 Vergewaltigungen eher an den Galgen gehörte. Herr Leuenberger, wenn Sie nur einen Funken Mitgefühl für die schwergeprüfte Familie Brumann haben, übernehmen Sie die politische Verantwortung und treten Sie zurück.« schreibt W. B. aus Richterswil ZH.

Drei Jahre später findet der Prozess statt. Es ist mehr als ein Prozess gegen einen Mörder. Es ist auch ein Prozess gegen die Justiz. Schon Mitte der achtziger Jahre war Hauert begutachtet worden. Der Psychiater schreibt, Hauert habe einen »starken Drang zur aggressiven Bemächtigung der Umwelt«. Tötungsfantasien und eine zu geringe Ich-Stärke zu ihrer Abwehr ergäben eine unheilvolle Kombination. »In solchen Perioden ist die Gefahr groß, dass die aggressiven Strebungen und möglicherweise auch Größenfantasien ins Verhalten durchschlagen.«

Hauert hat alle Frauen nach einem ähnlichen Muster umgebracht: Einstiche im Rücken, Schnitte am Hals, bis zum Durchschneiden der Kehle. Eine 19-jährige Radfahrerin holte er bei Solothurn vom Rad, quälte sie, schlug sie mit einer Stahlrute, bis sie sich nicht mehr regte. Dass sie überlebte, war ein Wunder. Die Taten gleichen denen eines Serienkillers, die immer brutaler werden. Die Leute mögen solche Geschichten, wenn sie im Fernsehen kommen. Nur ist es dieses Mal real.

Erich wird 1959 als unerwünschtes Kind in Basel geboren. Der Vater ist Alkoholiker und erschießt sich, als der Junge elf Jahre alt ist. Seine Mutter arbeitet als Serviertochter und hat kaum Zeit, sich um ihren Sohn zu kümmern. Erich bekommt einen Vormund, wird zuerst in einer Pflegefamilie und später in Heimen untergebracht. In der Pflegefamilie wird er täglich mit dem Teppichklopfer misshandelt. Im Kinderheim gibt es Stockschläge. Als Erich einmal erwischt wird, wie er Brotreste im Klo entsorgen will, wird er gezwungen, das Brot herauszufischen und aufzuessen.

Erich macht bei Migros eine Lehre. Er absolviert die Rekrutenschule und wäre Unteroffizier geworden, wenn er nicht bei einem bewaffneten Raubüberfall erwischt worden wäre. Er lebt als Einzelgänger, hält Frauen für hochnäsig und berechnend.

Als er nach den beiden ersten Tötungsdelikten begutachtet wird, sagt er, die beiden Frauen seien an ihrem Tod mitschuldig gewesen, weil sie sich übertrieben gewehrt hätten. Er hält die beiden Tötungen für »Schicksal«, »Pech«, »unglückliche Umstände«.

Egal wie schlimm seine Kindheit war, Hauert gehört zu den Menschen, die man nie mehr in Freiheit sehen möchte. Ein grausamer Mensch, der mit allergrößter Wahrscheinlichkeit mit keiner Therapie zu entschärfen wäre.

Das Zürcher Obergericht verurteilte ihn im September 1996 zu einer lebenslänglichen Zuchthausstrafe und schiebt die Strafe zugunsten einer Verwahrung auf unbestimmte Zeit auf. Hauerts Verteidiger hatte wegen verminderter Zurechnungsfähigkeit eine Strafe von nur fünfzehn Jahren beantragt. Allerdings fand auch er, Hauert müsse auf unbestimmte Zeit verwahrt werden. Der Verteidiger fügte an: Dieser Antrag ergehe mit dem Einverständnis seines Mandanten, Hauert habe das Sicherungsbedürfnis der Öffentlichkeit anerkannt. Er wird nie mehr freikommen.

Vom ersten Tag nach dem Mord steht der monumentale Vorwurf im Raum: Wie konnte das passieren?

In der Verantwortung ist Moritz Leuenberger. Seine Karriere beginnt als Anwalt in Zürich. Zwanzig Jahre lang hat er in der Langstrasse ein Büro. Viele Jahre sitzt er im Nationalrat. 1991 wird er in die Zürcher Regierung gewählt. Bei Hauerts Hafturlaub ist er der zuständige Justizdirektor. Er müsste die Frage beantworten können, wie der Mord passieren konnte. Vier Jahre später wurde der Sozialdemokrat in den Bundesrat gewählt und stand fünfzehn Jahre lange dem Departement für Umwelt, Verkehr, Energie und Kommunikation vor.

Wir verabreden uns im Bistro des Bernhard Theaters, das gleich neben dem Zürcher Opernhaus liegt. Es regnet wie verrückt. Moritz Leuenberger kommt herein, sein Regenmantel klatschnass, zwei schwere Taschen in den Händen. Material für eine Sitzung, die er nachher hier noch haben wird. Das Bernhard Theater ist seine neue Wirkungsstätte. Regelmäßig veranstaltet er im Theater Sonntagmatinées und unterhält sich mit Gästen – Schriftstellerinnen, Filmemachern, der Miss Schweiz oder Politikern. Er sagt, er sei jetzt unter die Entertainer gegangen und lacht. Es gehe in den Matinées nicht um Politik, mehr witzig, vergnügt und unterhaltsam sollen sie sein. Der Mann scheint nicht zu altern. Schmales Gesicht, schlank und dasselbe skeptische Lächeln wie früher.

Wie war das im Oktober 1993? Wann hatte er das erste Mal von dem Mordfall gehört?

Leuenberger bestellt sich heißes Wasser mit Zitrone. Er habe in der Zeitung über den Mord gelesen; daran könne er sich gut erinnern. »Die schreckliche Tat passierte ja in unmittelbarer Nähe. Aber ich hatte nicht im Entferntesten daran gedacht, dass ich später etwas damit zu tun bekommen könnte.«

Erst Tage später begriff er, dass er in einen Mediensturm katapultiert worden war. Er weiß nicht mehr genau, an welchem Tag es exakt war, aber der Regierungsrat war auf einem Ausflug. Dort erfuhr er, dass die Tat von einem Rückfalltäter auf Urlaub begangen worden war. Als er nach Hause kam, stand ein Journalist vor seiner Haustüre. Er wollte ein Interview. Leuenberger verweigerte es; das sei ihm später vorgeworfen worden. »Ich stand in jenem Moment nicht über der Sache, insofern habe ich nicht adäquat reagiert. Aber es hat mich auch mitgenommen, ich war paralysiert. Das gibt es halt.«

Noch am selben Abend stellte sich Leuenberger den Medien. Er beantwortete die Fragen, soweit er das überhaupt konnte. Als erste Maßnahme erließ er für sämtliche Gewalt- und Sexualtäter eine Urlaubssperre. »Diese Urlaubssperre war gesetzeswidrig. Das war mir damals bewusst«, sagt er. »Die Emotionen sind aber dermaßen hoch gegangen, dass ich das gegeneinander abgewogen habe. Und interessanterweise hat es keinen einzigen Rekurs gegeben. Sogar die Häftlinge haben es irgendwie als politische Maßnahme akzeptiert. Aber ich weiß, es war eine populistische Reaktion.« Später setzte er eine Kommission ein, die sämtliche Urlaubsgesuche beurteilen musste.

Als Leuenberger sein Amt antrat, schaute er alle Unterschriftenregelungen an. Er wollte wissen, was er selbst entscheiden musste und was er delegieren konnte. Vor seinem Amtsantritt war ein Beamter dafür zuständig, ob ein Häftling in den Urlaub durfte oder nicht. Egal, für welche Tat er einsaß. Leuenberger änderte das. Er ordnete an, dass bei Gefangenen, die ein Gewaltdelikt begangen hatten, er persönlich unterschreiben musste, bevor der Häftling Freigang bekam.

Hauert wäre ein solcher Häftling gewesen, ohne jeden Zweifel. Doch niemand unterbreitete Leuenberger das Dossier Hauert zur Unterschrift. Man ließ ihn raus. Leuenberger wusste von nichts. »Ich könnte jetzt sagen: Wäre mir dieses Urlaubsgesuch gezeigt worden, hätte ich das niemals gestattet«, sagt er nachdenklich, »aber das kann ich ja ehrlicherweise gar nicht wissen. Wenn es mir nämlich gezeigt worden wäre, hätten sie mir wohl erläutert, warum das so sein müsse, und dann hätte ich vielleicht unterschrieben. Ich weiß es einfach nicht.«

Verschiedene Medien werfen Leuenberger noch Jahre nach der Tat vor, er sei informiert gewesen und habe doch nichts unternommen. Ein Staatsanwalt sagt im Fernsehen, er habe schon lange vor dem Mord an Pasquale Brumann vor dem lockeren Strafvollzug gewarnt; niemand habe auf ihn gehört. Die *Weltwoche* doppelt nach und schreibt, der besagte Staatsanwalt habe Leuenberger »mehrfach vor der drohenden Gefahr gewarnt«. Skandalös sei, wie Leuenberger das alles vertuscht habe, nur um sich die Wahl in den Bundesrat zu sichern.

Leuenberger erinnert sich an diese Vorwürfe. Er erzählt aus dem Innern seines Departements: »Als ich das Amt als Justizdirektor antrat, traf ich auf eine total feindliche Verwaltung – sie haben mich richtig gehasst.« Damals hatte er noch keine Erfahrung in der Exekutive. Er habe versucht mit den Beamten, die bereits für die Direktion gearbeitet hatten, irgendwie auszukommen. Die wichtigste Person war der Generalsekretär, den schon seine Vorgängerin eingesetzt hatte. Dieser Mann mochte seinen neuen Chef nicht. »Nach der Direktionsverteilung im Regierungsrat hat er seine Leute zusammengetrommelt und zu ihnen gesagt: ›Man hat uns den Abschaum zugeteilt.‹ Mit dem Abschaum, den man ihnen zugeteilt habe, meinte er mich«, erzählt Leuenberger. »Als ich das erfuhr, hätte ich ihm sofort kündigen müssen. Stattdessen habe ich immer wieder probiert, mit ihm auszukommen. Die ersten zwei Jahre in der Justizdirektion waren für mich die Hölle.« Der Generalsekretär habe alles hintertrieben und ihm systematisch Informationen vorenthalten. Deshalb, so sagt Leuenberger heute, könne es durchaus sein, dass die Justizdirektion informiert gewesen war. »Aber ich selbst hatte mit besagtem Staatsanwalt nie direkten Kontakt in dieser Sache.«

Kurz nach dem Mord sollte Leuenberger vor dem Kantonsrat eine Erklärung abgeben. Der Generalsekretär schrieb ihm einen Entwurf. »Wenn ich eine solche Erklärung abgegeben hätte, das wäre mein politisches Todesurteil gewesen. Vermutlich hat er das auch gewollt«, konstatiert Leuenberger. »Er schrieb in etwa sinngemäß: Dieser Mordfall sei die Folge des linken Strafvollzugs, jetzt könne man sehen, wohin der ganze übersteigerte Sozialgedanke führe und so weiter. Dabei hatte der Generalsekretär diesen Strafvollzug seit Jahren selbst zu verantworten, wollte aber die Fehler, die bei Hauert gemacht worden waren, mir und meiner politischen Herkunft in die Schuhe schieben.« In diesem Moment sei ihm klar gewesen, dass er seinen Generalsekretär entlassen musste. Was er dann auch tat.

Leuenberger nimmt aus einem Mäppchen die Erklärung, die er danach selbst verfasste. Er hält ein dreiseitiges, ziemlich vergilbtes Papier in den Händen. Datiert vom 8. November 1993:

»Letztes Wochenende wurde in Zollikerberg die zwanzigjährige Frau Pasquale Brumann ermordet.

Als wir von diesem Verbrechen erfuhren, fragten wir uns entsetzt, wie ist so etwas möglich, was hat diese Frau durchgemacht, welche Schmerzen leidet die Familie, jetzt und immer. Wir denken an unsere und an befreundete Kinder und Frauen und auch an uns selbst. Mit der Familie fragen wir: Warum? Wir haben Angst und sind verunsichert.

Im Namen des Regierungsrates des Kantons Zürich spreche ich den Angehörigen des Opfers unser schmerzlich empfundenes Mit- und Beileid aus. Sie haben nicht nur Anrecht auf unser Mitgefühl, sondern auch auf materielle und rechtliche Hilfe zur Bewältigung ihrer Probleme und Durchsetzung ihrer Rechte. [...]

Der Täter ist ein aus der Strafanstalt Regensdorf [heute JVA Pöschwies] beurlaubter Gefangener. Dieser Urlaub ist somit eine Mitursache des Verbrechens. Diese Mitursache hat der Staat gesetzt und zu verantworten. [...]

Ferner ist es unsere Pflicht, alles Erdenkliche zu unternehmen, dass sich eine auch nur viel geringere Katastrophe nicht wiederholt. [...]

Selbst wenn über 95 Prozent aller Urlaube unproblematisch verlaufen, dürfen wir uns nach einem derartigen Ereignis nicht rechtfertigend auf den Standpunkt stellen, es seien keine Fehler begangen worden, absolute Sicherheit sei ja doch nie zu erreichen, und zur Tagesordnung übergehen. [...]

Bei der Frage der Gefährlichkeit oder Rückfälligkeit eines Täters hat die Öffentlichkeit den Anspruch, dass im Zweifel für ihre Sicherheit entschieden wird.«

Es war eine historische Rede, die bis heute Auswirkungen hat. Das Credo »im Zweifel für die Sicherheit« gilt seither und führt dazu, dass mehr Menschen präventiv im Gefängnis bleiben.

Leuenberger war selbst Verteidiger. Hat der Fall Hauert seinen Blick aufs Strafen verändert? Nein, sagt er, aber die Rolle als Regierungsrat sei eine andere gewesen. »Als Verteidiger hat man die Aufgabe, sich prioritär für die Interessen seines Mandanten einzusetzen. Als Regierungsrat musste ich mir dann sagen: Mein Mandant ist die Allgemeinheit. Das sind sehr viel mehr Menschen, deren Interessen ich vertreten muss. Ich persönlich habe die Rache als Motiv für den Strafvollzug nie akzeptieren können. Es geht darum, eine sinnvolle Strafe zu verhängen, die den Täter resozialisiert und verhindert, dass er rückfällig wird. Ihn aus Rache hart zu bestrafen kann kein Kriterium sein. Es kommt doch darauf an, dass er nicht rückfällig wird, und da kann eine harte Strafe das Gegenteil bewirken. Als Justizdirektor habe ich gemerkt, Opfer denken anders. Für sie ist die Rache wichtig. Das ist nicht auszumerzen, das ist in allen Menschen tief verwurzelt. Gegen den Ruf nach harten Strafen kann man nicht viel ausrichten. Wenn der Staat es aufgibt, dieses Element in die Strafbemessung aufzunehmen, laufen wir wieder in Privatfehden hinein. Der Staat hat die Strafe monopolisiert. Er hat gesagt: Ich sorge dafür, dass Gerechtigkeit da ist; die Vergeltung übernehme ich. Wenn er nun sagt: Die Rache spielt bei der Höhe der Strafe überhaupt keine Rolle – was ich persönlich finde –, nährt er den Gedanken bei den Opfern, sie müssten sich selbst rächen, wenn der

Staat es nicht tut.« Deshalb sei die Härte der Strafen ein notwendiges Kriterium.

Als Anwalt hatte er Klienten, denen die Verwahrung drohte. »Aber das habe ich immer vorzeitig abgebremst, indem ich mit den Bezirks- und Staatsanwälten vorher geredet habe, damit sie den Antrag vor Gericht gar nicht stellen.« Selbstverständlich habe er immer versucht, eine Verwahrung abzuwenden, das sei die Aufgabe eines Verteidigers. »Die Verwahrung ist ein nachvollziehbares Konstrukt – jemand wird für immer weggesperrt, und dann hat man Sicherheit. Nur geht das Konstrukt nicht auf. Irgendwann ist der Betreffende achtzig, ist vielleicht invalid, kann gar kein Delikt mehr begehen und kostet im Gefängnis enorm viel Geld. Deshalb muss jeder Fall von Verwahrung immer wieder einmal angeschaut werden. Gerade die lebenslängliche Verwahrung ist ein Schlagwort; in der Umsetzung funktioniert sie so nie.«

Leuenberger spricht die Gesetzgebung an. Schon vor dem Fall Hauert war klar, dass das Strafgesetzbuch überarbeitet werden muss. Es war seit 1941 in Kraft und musste grundsätzlich durchgebürstet werden. Der Mord am Zollikerberg beeinflusste insbesondere das sogenannte Maßnahmenrecht.

Die »Maßnahme« ist ein verwirrender Begriff. Die Strafe ist Sühne für begangenes Unrecht. Eine Maßnahme hat demgegenüber nichts mit Strafen zu tun. Die Corona-Pandemie hat nachvollziehbar gemacht, was Maßnahmen sind. Die Regierung ordnete an, dass sich die Bürger nicht mehr frei bewegen durften – zum Schutz der Allgemeinheit, nicht als Strafe. Die Verwahrung folgt derselben Logik. Gefährliche Täter werden, nachdem sie ihre Strafe verbüßt haben, nicht entlassen, sondern in einer Quarantäne gehalten – zum Schutz der Allgemeinheit. Maßnahme und Strafe sind also zwei völlig unterschiedliche Dinge.

Rechtlich gesehen existieren mehrere Formen der Verwahrung.*

Artikel 59 des Strafgesetzbuchs (StGB) wird gerne als »kleine Verwahrung« bezeichnet. Diese Maßnahme wird verhängt, wenn das Gericht Straftäter:innen für psychisch gestört, aber therapierbar hält. Es ordnet deshalb anstelle der Strafe, die relativ gering sein kann, eine »stationäre, therapeutische Maßnahme« an, die in einer spezialisierten Einrichtung oder einem Gefängnis vollzogen wird. Die therapeutische Maßnahme dauert bis zu fünf Jahre, kann aber mehrmals verlängert werden.

Artikel 64 des Strafgesetzbuchs regelt die eigentliche Verwahrung. Das Gericht verhängt sie, wenn es davon ausgeht, dass die Öffentlichkeit vor einer Person geschützt werden muss, weil diese als gefährlich respektive psychisch gestört und nicht therapierbar eingeschätzt wird. Die normale Verwahrung ist unbefristet, muss jedoch regelmäßig überprüft werden.

Artikel 123a der Bundesverfassung umschreibt die »lebenslängliche Verwahrung«, die von keiner Instanz aufgehoben werden kann. Mit diesem Artikel hat es eine besondere Bewandtnis. Katja, die Patentochter von Anita Chaaban, war fünfzehn Jahre alt, als sie vergewaltigt wurde. Das passierte kurz nach dem Mord am Zollikerberg. Der Täter bekam eine Strafe von achtzehn Jahren. Bei guter Führung wäre er nach zwölf Jahren wieder draußen. Chaaban konnte das nicht fassen. Sie gründete die Selbsthilfegruppe »Licht der Hoffnung – Gemeinsam gegen Gewalt«. Die Gruppe lancierte eine Volksinitiative unter dem Titel »Lebenslange Verwahrung für nicht therapierbare, extrem gefährliche Sexual- und Gewaltstraftäter«.

Anfänglich standen keine Partei und keine andere namhafte

* Detaillierte Gesetzestexte siehe Anhang S. 241

Organisation dahinter. Doch die kleine Gruppe brachte in kurzer Zeit die Unterschriften zusammen. Anfang 2004 wurde über die plötzlich allseits bekannte »Verwahrungsinitiative« abgestimmt. Daraus wurde ein politischer Kampf SVP gegen den Rest, den die Rechte deutlich gewann. Seither steht in der Bundesverfassung: »Wird ein Sexual- oder Gewaltstraftäter in den Gutachten [...] als extrem gefährlich erachtet und als nicht therapierbar eingestuft, ist er wegen des hohen Rückfallrisikos bis an sein Lebensende zu verwahren. Frühzeitige Entlassung und Hafturlaub sind ausgeschlossen.« Entlassen werden könne er nur, falls »durch neue wissenschaftliche Erkenntnisse erwiesen wird, dass der Täter geheilt werden kann und somit keine Gefahr mehr für die Öffentlichkeit darstellt.« Kommt jemand raus und wird trotzdem rückfällig, »so muss die Haftung von der Behörde übernommen werden, die die Verwahrung aufgehoben hat«.

Ein Journalist fragte einmal Anita Chaaban: »Wie viel Jahre Gefängnis fordern Sie denn für den Täter? 30, 40 Jahre?«

»Es geht nicht um die Anzahl Jahre. Ein Triebtäter darf ganz einfach nie mehr die Möglichkeit erhalten, noch ein Verbrechen zu begehen.«

»Sie meinen Kastration?«

»Das bringt überhaupt nichts. Das Problem solcher Triebtäter spielt sich doch eigentlich im Kopf ab.«

»Also Kopf ab – Todesstrafe?«

»Auf gar keinen Fall. Ich bin eine Gegnerin der Todesstrafe. Niemand hat das Recht, einen anderen Menschen zu töten.«

»Was wollen Sie dann?«

»Es gibt nur ein vernünftiges Strafmaß, lebenslange Verwahrung.«

Das hat sich in den Köpfen festgesetzt. Die breite Bevölkerung ist der Überzeugung, nur wer lebenslänglich verwahrt sei, komme nicht mehr raus. Das stimmt so nicht. Eine lebenslängliche

Strafe dauert immer lebenslänglich, wenn ein Täter gefährlich ist, auch ohne Verwahrung.

Dass der Mord am Zollikerberg eine Zäsur darstellt, lässt sich an Zahlen ablesen.

Vor dem Mord waren in der Schweiz 80 Personen verwahrt, aktuell sind es etwa 150. Damals waren 390 Personen in einer therapeutischen Maßnahme, heute sind es über 1000. Eine Person ist lebenslänglich verwahrt.*

* Siehe in Kap. 9 »Die Bessermacher« Mike A., S. 83

4 Die Vermessung der Gefährlichkeit

Frank Urbaniok, jung, engagiert, unbelastet, ein drahtiger Mann mit schmalem Gesicht und Ring im Ohr. Er hat ein Instrument entwickelt, das die Gefährlichkeit von Menschen erfassen soll, das »forensische operationalisierte Therapie-Risiko-Evaluations-System«, kurz Fotres.

Wir treffen uns im Psychiatrisch-Psychologischen Dienst des Kantons Zürich, den er zu der Zeit noch leitet. Der Dienst befindet sich in einem nüchternen Gebäude, das zwischen anderen nüchternen Bürogebäuden im Westen der Stadt Zürich steht, gleich neben dem Bahnhof Altstetten. Es ist heiß. Die Jalousien sind geschlossen.

Zuerst will er wissen, wie ich auf das Thema gekommen bin. Das hat unter anderem mit Ralf Scherrer zu tun, dessen Fall ich seit Jahren verfolge. Ralf Scherrer ist ein Pseudonym. Ein Mann, Mitte fünfzig, pädophil. 2005 wird er verhaftet. Das Gericht verurteilt ihn zu 35 Monaten Gefängnis. Die Strafe wird aber »zugunsten einer Maßnahme aufgeschoben«, wie das in Juristensprache heißt. Er soll also therapiert werden.

Scherrer opponiert ständig. Wenn er sich ungerecht behandelt fühlt, schreibt er Beschwerden. Er fühlt sich oft ungerecht behandelt und wird von einer Anstalt in die andere verlegt. Seine Aufsässigkeit führt dazu, dass die Maßnahme immer wieder verlängert wird. Am Ende ist er zwölf Jahre eingesperrt für ein Delikt, für das er vier Jahre hätte sitzen müssen. Eine richtige Therapie hat er die ganze Zeit nicht erhalten. Seine Renitenz wird ihm als Gefährlichkeit ausgelegt.

Urbaniok hört zu und antwortet, er kenne den Fall nicht, könne sich deshalb nicht dazu äußern. »Ich muss Ihnen ganz klar sagen, ich bin konsequent für die Verhinderung von Straftaten, ich bin auch für Repression. Damit habe ich keine Mühe. Es gibt allerdings ein großes Aber. Ich finde, man muss jeden Tag, den jemand da drin sitzt, sachlich rechtfertigen können. Das muss unser Maßstab sein. Das heißt vor allem qualitativ gute Therapien, die mit ausreichender Intensität gezielt und zügig durchgeführt werden. Doch schlägt dann oft der Alltag zu. Man hat im Vollzug Zeit, verzettelt sich in irgendwelchen Dingen. Das ist weder fair noch rechtsstaatlich in Ordnung. Und das bedrückt mich. Ich habe zu viele Fälle gesehen, zu denen man einfach sagen muss, das geht so nicht. In Düsseldorf habe ich einen Fall begutachtet, der Mann war siebzehn Jahre alt, als er ins Gefängnis kam. Er saß 23 Jahre, es gab über ihn ein Dutzend Gutachten und unzählige psychiatrische Stellungnahmen. Irgendwann hat jeder Gutachter nur noch vom anderen abgeschrieben, und keiner hat mehr hingeguckt. Das hatte eine Eigendynamik angenommen, da bekommt man diese kafkaesken und orwellschen Fantasien.«

Der Mann hatte die Diagnose Sadismus und Paranoide Persönlichkeitsstörung. Die sei falsch, sagt Urbaniok. Eine solche Diagnose werde man aber nie mehr los. Er schrieb ihm ein positives Gutachten. Basierend auf diesem Gutachten, entließ ihn dann die Richterin. Es sei nicht selbstverständlich, dass eine Richterin diesen Mut aufbringe, sagt Urbaniok. Der Mann lebt nun seit mehr als fünf Jahren in Freiheit und ist nicht rückfällig geworden.

»Am Schluss war er sieben Jahre ohne Therapie hochgesichert untergebracht. Wenn sich die Angst, es handle sich bei einer Person um einen Sadisten, einmal in den Hinterköpfen festgesetzt hat, ist das wie ein Perpetuum mobile. Benimmt sich der Mann unauffällig, belegt das, wie kontrolliert er ist; gebärdet er sich auffällig, belegt es, dass er ein Problem hat.« Das gehe überhaupt nicht, sagt Urbaniok. Das sei eine gefährliche Fehlentwicklung.

Da sitzt nicht der Urbaniok, den ich erwartet hatte, der Hardliner, der ohne Skrupel alle wegsperrt. Anwält:innen, Menschenrechtsorganisationen und auch Psychiater:innen kritisieren ihn für Fotres. Das Prognoseinstrument täusche eine Exaktheit vor, die unrealistisch sei. Es sei ein rechtsstaatlich fragwürdiges Instrument. »Der Delinquent wird nicht für seine Tat, sondern für seine Persönlichkeit weggesperrt«, kritisiert zum Beispiel der bekannte Zürcher Psychiater Mario Gmür. Was stimmt? Wie kam das Instrument zustande? Wie funktioniert es?

Frank Urbaniok berichtet, wie er in Zürich angefangen hat. Der Mord am Zollikerberg lag zwei Jahre zurück. Das Vollzugssystem sei paralysiert gewesen, sagt er. Er habe am Anfang viel Aufräumarbeit leisten müssen. Es habe unzureichende oder gar keine Dokumentationen gegeben. Jeder habe ein bisschen gemacht, was er für richtig hielt. »Und dann war da natürlich der Punkt ›Risikobeurteilung‹. Ich wusste, ich habe einen Dienst mit vielen Therapeuten, die mit gefährlichen Leuten arbeiten. Die ganz praktische Herausforderung war: Wie mache ich Qualitätsmanagement?« So entstand Fotres, gedacht als Instrument der Qualitätsmessung.

Urbaniok erzählt von einem Vergewaltiger. Er arbeitete dessen Akten durch und stellte fest, dass in der Therapie über vieles geredet worden sei, sehr oft über die Mutter, aber in zwei Jahren nicht ein einziges Mal über das Delikt. Urbaniok verlangt, dass sich Täter mit ihren Taten beschäftigen. Dazu brauche es eine deliktorientierte Therapie, wie er es nennt.

Ihm schwebte eine Standardisierung vor – damit sich die Therapeut:innen überhaupt austauschen können und alle dasselbe meinen, wenn sie über den Verlauf einer Therapie reden. Er arbeitete zuerst mit bereits bestehenden Checklisten, wie zum Beispiel der Dittmann-Liste. Doch er fand sie unbefriedigend. Als Beispiel nennt er die »hochspezifische Täter-Opfer-Beziehung«. Ein Mann bringt eine Frau um. Falls sich die beiden gut gekannt haben, wirkt sich das gemäß Dittmann-Liste positiv auf die Prognose aus. Man geht davon aus, dass dieser Täter ein kleines Risiko hat, erneut zu töten. »Das kann sein, muss aber nicht«, sagt Urbaniok. »Nehmen wir einmal an, Sie haben einen wirklich narzisstisch gestörten Menschen, der eine Beziehung eingeht. Solange die Frau ihn bewundert, ist alles gut. Sobald sie das nicht mehr tut, schlägt er die Frau tot. Da liegt eben eine hochspezifische Täter-Opfer-Beziehung vor, doch sobald der Mann in die nächste Beziehung geht, wird er das Gleiche tun, wenn die Problematik nicht verändert ist. Das zeigt ein bisschen das Problem. Die hochspezifische Täter-Opfer-Beziehung ist nur dann prognostisch günstig, wenn die Tat in einer totalen Ausnahmesituation stattfindet und persönlichkeitsfremd ist.« »Persönlichkeitsfremd« ist auch ein forensischer Begriff. Wird eine Frau von ihrem Mann ständig erniedrigt und gequält, doch sie wehrt sich über Jahre kaum, bis sie ihn eines Tages brutal erschlägt, gehört diese Gewalteruption nicht zu ihrer Persönlichkeit. Bei ihr sähe die Prognose wie die Therapie anders aus als bei einer Person, die fortwährend gewalttätig ist.

Dass Fotres auch als Prognoseinstrument benutzt werden kann, war Urbaniok am Anfang nicht bewusst. Er begann damit, lauter Einzelfälle auseinanderzunehmen, analysierte Fälle über Fälle und suchte nach Regeln. Es sei eine Rund-um-die-Uhr-Beschäftigung gewesen, sagt er rückblickend. Zuerst habe er mit einer Kriterienliste gearbeitet, die zu einer Excel-Tabelle anwuchs. Die Liste ergänzt er kontinuierlich. »Wenn immer ich Fälle sehe, die nicht genau mit den bestehenden Risikoeigenschaften abgebildet werden können, fülle ich die Lücke durch das, was ich neu sehe«, sagt er. Die aktuelle Version von Fotres enthält 102 Risikoeigenschaften.

Nur, wie funktioniert Fotres?

»Als erstes wählen Sie ein Zieldelikt aus«, sagt Urbaniok.

»Ein Zieldelikt? Ist das ein Delikt, das ein Täter wieder beginge, wenn er erneut rückfällig würde?«

»Genau. Rückfallrisiken schweben nicht einfach frei in der Luft. Man muss sie zieldeliktspezifisch analysieren. Fotres macht das.« Urbaniok erklärt die Logik. Da ist zum Beispiel ein Täter, der schon diverse Einbrüche begangen hat, durch Exhibitionismus aufgefallen ist und immer wieder seine Partnerin misshandelt. Als erstes stellt sich die Frage: Was ist das Zieldelikt? Die Einbrüche, der Exhibitionismus oder die häusliche Gewalt? In diesem Fall, sagt Urbaniok, würde er drei verschiedene Fotres-Bewertungen machen, für jedes Delikt eine.

Für die häusliche Gewalt bietet das Computerprogramm danach verschiedene Risikoeigenschaften an. Eine »sensitive Persönlichkeit« – jemand wittert überall Verschwörungen. Eine »querulatorische Persönlichkeit« sieht überall Ungerechtigkeit. Bei »Dissozialität« will eine Person immer im Mittelpunkt stehen, wirkt dadurch anstrengend. So geht es weiter über »Fetischismus« bis hin zur »kaltblütigen Persönlichkeit«.

Die Gutachter:innen können so viele der Risikoeigenschaften anklicken, wie sie für richtig halten. Seiner Erfahrung nach sollten sie sich auf zwei bis fünf Risikoeigenschaften beschränke, sagt Urbaniok. Würden zu viele Risikoeigenschaften diagnostiziert, sei das ein starkes Indiz, dass die Gutachter:innen das Delikt noch nicht verstanden hätten. »Weil sie keine klare Vorstellung haben, ergänzen sie mit dieser und jener Eigenschaft, die es vielleicht auch noch sein könnte.«

Urbaniok spricht oft vom »Deliktmechanismus«. »Ich habe auf der einen Seite eine Person mit Persönlichkeitseigenschaften und auf der anderen Seite eine Tat mit Tatmerkmalen. Dabei gilt grundsätzlich, dass das, was ein Mensch tut, irgendetwas mit seinen Gedanken, seinen Gefühlen und seinen Wahrnehmungen zu tun hat. Deswegen muss es eine Verbindung zwischen den Persönlichkeitseigenschaften und der Art der Tatbegehung geben. Um diese Verbindung erkennen zu können, muss ich herausfinden, welches die risikorelevanten Persönlichkeitsmerkmale sind. Welche Emotionen, Gedanken, Wahrnehmungen haben zu einer bestimmten Tat geführt? Mit den richtigen Risikoeigenschaften finde ich den Schlüssel zum Deliktmechanismus.«

»Wie konkret?«

»Indem ich mit der Person spreche. Meistens kenne ich zudem die Akten genau. Und die ›Tatmusterinformation‹.«

»Was ist denn das?«

»Die ergibt sich aus dem Tatablauf. Es ist ein Unterschied, ob jemand eine Waffe mit an den Tatort bringt oder erst dort einen Gegenstand ergreift und damit zuschlägt. Es ist ein bisschen wie Schachspielen. Man muss sich fragen: Warum hat jemand eine Tat so und nicht anders begangen? Da gibt es immer mehrere Möglichkeiten.«

Wir kommen auf den Fall Rupperswil zu sprechen, eines der grausamsten Verbrechen überhaupt. Einige Wochen vor unserem Treffen stand der Täter vor Gericht. Thomas N., Anfang dreißig, gutaussehend, wie die Medien immer wieder schrieben. Die Tat ist so brutal, dass man die Einzelheiten nicht erzählen mag. Der Mann brachte nach Weihnachten 2015 eine Familie um. Er überredete die Mutter, ihn ins Haus zu lassen, indem er behauptete, er sei Schulpsychologe. Er wies eine gefälschte Visitenkarte vor, die er eigens hatte anfertigen lassen. Vier Menschen waren im Haus, die Mutter, ihre beiden Söhne und die Freundin des älteren Sohns. Thomas N. verbrachte Stunden im Haus. Er schickte die Mutter sogar raus, um Geld abzuheben. Sie tat es, in der Hoffnung, der Unbekannte würde dann von ihnen ablassen. Sie getraute sich nicht, Hilfe zu holen. Am Ende missbrauchte Thomas N. den jüngeren Sohn, zeichnete es auf seinem Handy auf. Danach schlitzte er allen vier Menschen die Kehle auf und zündete das Haus an.

Als Thomas N. vor Gericht stand, saß ich im Saal. Der Medienrummel war enorm. Alle warteten auf eine Erklärung für die unfassbare Tat. Daraus wurde nichts. Der Täter stammt aus behüteten Verhältnissen, liebte seine Hunde, trainierte die Jungen des lokalen Fussballklubs. Er war der normale Schweizer von nebenan. Nie auffällig, mal abgesehen davon, dass er immer noch bei seiner Mutter wohnte. Als er sein Studium abgebrochen hatte, schaffte er es nicht, dies seiner Mutter zu erzählen. Er führte ein Doppelleben, verbrachte viel Zeit im Internet, konsumierte Kinderpornografie und entwickelte Gewaltfantasien. Mehr war vor Gericht nicht zu erfahren. Er selbst wirkte kalt oder niedergeschlagen. Das ließ sich so genau nicht auseinanderhalten. Auch versuchte er mehrmals, sich zu entschuldigen für das, was er den Opfern und deren Angehörigen angetan hatte. Was nicht funktionieren konnte. Für diese Morde gibt es keine Entschuldigung. Aber auch das sagte er vor Gericht, dass er das wisse und verstehe und dass er seine Tat durch nichts wiedergutmachen könne. Man ging aus dem Gerichtssaal und hatte überhaupt nichts kapiert. Ein netter junger Mann wird aus dem Nichts zum Monster.

Ist er einfach böse? Psychisch krank? Kann man so jemanden therapieren?

Urbaniok kommt in Fahrt. Das Rupperswiler Beispiel illustriere, weshalb man in der Forensik mit Diagnosen nicht weiterkomme. Im Fall Thomas N. haben zwei Psychiater unabhängig voneinander ein Gutachten verfasst. Beide haben Diagnosen gestellt, die sich am ICD-10 orientieren. ICD ist die Abkürzung von »International Statistical Classification of Diseases and Related Health Problems«, ein Verzeichnis, das alle Krankheiten auflistet und definiert. Es ist die zehnte Version, bald wird die elfte publiziert, das wird dann die ICD-11 sein. Die Weltgesundheitsorganisation veröffentlicht diese Liste.

Beide Psychiater, die Thomas N. begutachteten, finden eine Persönlichkeitsstörung. Der eine diagnostiziert eine »zwanghafte Persönlichkeitsstörung«, der andere eine »narzisstische Persönlichkeitsstörung« – was zwei vollkommen unterschiedliche Diagnosen sind. Einem zwanghaften Menschen sind Perfektionismus und ständige Kontrolle wichtig. Er fürchtet sich krankhaft davor, Fehler zu machen. Dem Narzisst fehlt die Empathie. Er überschätzt sich ständig, will, dass alle ihn bewundern, und reagiert stark gekränkt, wenn die Bewunderung ausbleibt. Die beiden Krankheiten haben in der Logik des IDC-10 so viel gemeinsam wie Diabetes mit Bluthochdruck. In einem Punkt sind sich die beiden Psychiater jedoch einig: Thomas N. leide an einer »Störung der Sexualpräferenz« und sei »kernpädophil«.

Beide Gutachter hätten den Deliktmechanismus überhaupt nicht erklären können, sagt Urbaniok. Trotzdem kämen sie zu dem Schluss, der Mann sei therapierbar. »Wenn sie sagen würden, die narzisstische Persönlichkeitsstörung – lassen wir mal dahingestellt, ob er eine hat oder nicht – sei der Grund für die Tat, dann hätten wir jede Woche ein solches Delikt, weil es viele Menschen mit narzisstischen Störungen gibt. Die ›sexuelle Präferenz‹ erklärt den Deliktmechanismus auch nicht. Pädophile sind zu 99 Prozent nicht gewalttätig. Das finde ich das Gefährliche an diesen Diagnosen. Es gibt in ihnen eine Scheinplausibilität. In der Bevölkerung vermischt sich das dann. ›Da ist dieser Pädophile, der irgendwas Schlimmes gemacht hat, und das ist gefährlich.‹ Das wäre so, als würden sie angesichts eines heterosexuellen Mörders sagen: Die Heterosexuellen bringen dauernd jemanden um. Für einen Pädophilen ist diese Gewalt aber etwas total Untypisches, wirklich total untypisch.« Die Gutachten hätten überhaupt nichts erklärt. Also müsse man auch offen dazu stehen.

Urbanioks These lautet: Wenn der Deliktmechanismus nicht erklärt werden kann, lässt sich nichts zum künftigen Risiko sagen. Dann kann man auch nicht prognostizieren, ob jemand therapierbar sei. Man weiß ja gar nicht, was man therapieren soll, damit das Risiko sinkt. Aus Sicht von Urbaniok ist daher die Einschätzung zur Therapierbarkeit des Täters in beiden Gutachten falsch. »Es ist, wie wenn ein Spezialist bei Thomas N. eine Schilddrüsenerkrankung diagnostizieren würde. Nun schließt der Spezialist daraus, dass Thomas N. therapiefähig ist, weil man Schilddrüsenerkrankungen grundsätzlich therapieren kann. Nur hat die Schilddrüsenerkrankung nichts mit dem Delikt zu tun.«

Seine Kritik hatte Urbaniok öffentlich gemacht. Man empfand das als arroganten Versuch, das Gericht zu beeinflussen und die Gutachter zu demontieren.

Fotres ist wie ein Entscheidungsbaum. Aus Sicht von Urbaniok hilft es den Gutachterinnen und Therapeuten, durch alle relevanten Fragen zu navigieren.

»Die Fotres-Auswertung wird dem Gutachten einfach beigelegt. Jeder Anwalt kann das nachvollziehen und nachfragen, wenn er mit einer Wertung nicht einverstanden ist. Wenn dann eine Diskussion entsteht, finde ich das richtig. Die muss kommen. Ein Gutachter muss begründen können, was er macht.«

Sein Ziel sei Transparenz. Dem Vorwurf, er habe intransparente Algorithmen ins Programm eingebaut, entgegnet er sachlich wie ein Informatiker: »Es gibt in Fotres keine Algorithmen.« Man könne Fotres auch ohne Computer anwenden. Manche würden nur mit dem Handbuch arbeiten.

Die einzelnen Eigenschaften werden allerdings gewichtet. Das System bietet eine Skala von 0 bis 4 an. 0 steht für »nicht vorhanden«, 2 für »moderat«, 4 für »sehr hoch«. Urbaniok erklärt: »Nehmen wir an, der Gutachter hat die Risikoeigenschaft ›Dominanzproblematik‹ gewählt – das sind Personen, die versuchen, andere Menschen und Situationen zu kontrollieren und die Bedürfnisse anderer Menschen ignorieren. Das Fotres-Programm fragt nun die Anwender:innen: Wie ausgeprägt ist bei diesem Täter die Dominanzproblematik? Ist sie gering, setzt der Gutachter eine 1. Danach fragt Fotres: Wie relevant ist diese Eigenschaft für das Risiko? Dem Gutachter steht erneut die Skala von 1 bis 4 zur Verfügung.«

»Kommen dabei nicht unterschiedliche Resultate raus? Je nachdem, wie ein Gutachter gewichtet?«

»Ja, das ist richtig.«

»Das Ergebnis hängt also vom Gutachter ab?«

»Da kann es Unterschiede geben. Die Wertung ist aber transparent. Und weil die Bewertung bis in die einzelnen, klar definierten Kriterien nachvollzogen werden kann, kann man sie diskutieren und korrigieren.«

Das ist Urbanioks Credo. Deshalb hält er überhaupt nichts von Gutachtern, die mit eigenen Begrifflichkeiten ohne Kriterienkatalog aus dem Bauch heraus arbeiten: »Das ist sehr fehleranfällig, häufig intransparent und kann nur schwer überprüft werden.«

Am Ende dieses Prozederes gibt Fotres eine Zahl zwischen 1 und 4 aus. Auch hier gilt: 1 steht für ein »geringes« Rückfallrisiko 4 für ein »sehr hohes«. Übersetzt bedeutet das, bei 1 ist das Risiko, dass eine Person wieder ein vergleichbares Delikt begeht, verglichen mit der Normalbevölkerung, sehr klein. Bei einer 4 sieht es ganz anders aus; da sei das Risiko sehr hoch, sofern die Person keine entsprechende »risikosenkende Therapie« bekomme, wie Urbaniok sagt.

Welchen Einfluss hatte der Fall Hauert auf sein Modell?

»Vor dem Fall Hauert sind Verwahrte nach zwei bis drei Jahren entlassen worden. Da hatten wir satte Rückfallraten, sehr satte. Das ist das eine Extrem gewesen. Die Rückfälligkeit allein ist aber noch kein Indiz dafür, ob jemand gefährlich ist oder nicht. Ich sage das bewusst pointiert. Die Welt zerfällt ja nicht in Menschen mit Nullrisiko und Menschen mit hundert Prozent Risiko. Die Leute haben ein Risiko von dreißig oder sechzig Prozent.«

»Wie viel tolerieren Sie?«

»Nehmen wir an, Sie haben zwei Personen mit einem Fünfzig-Prozent-Risiko, islamistischer Selbstmordattentäter zu werden. Wenn Sie beide entlassen, wird genau einer Selbstmordattentäter, der andere nicht. Aber beide haben dasselbe Risiko. Ich mache es noch ein bisschen gemeiner: Ich nehme nicht zwei, ich nehme zehn Personen, alle haben ein Fünfzig-Prozent-Risiko. Fünf machen die Tat, fünf machen sie nicht. Nehmen wir an, Sie haben eine Zeitmaschine, mit der Sie zurückreisen können. Sie merken sich nun, welche fünf die Tat begangen haben. Diese fünf bleiben nun eingesperrt. Dann passiert aber Folgendes: 2,5 der andern werden nun die Tat begehen, weil die alle wieder ein fünfzigprozentiges Risiko haben. Deswegen greift die Frage, ob es dann jemand wirklich macht, zu kurz. Es ist vergleichbar mit zehn Personen, die besoffen und mit überhöhter Geschwindigkeit Auto fahren. Einige von ihnen werden einen Unfall machen, die anderen nicht. Dann würden Sie auch nicht sagen: Die, die unfallfrei durchkommen, müssen wir nicht stoppen – da ist ja nichts passiert. Das können Sie nicht machen. Wenn Sie die Risikofaktoren ›starke Alkoholisierung‹ und ›überhöhte Geschwindigkeit‹ sehen, stoppen Sie das Auto und warten nicht, bis es einen schweren Unfall gibt. Was wir im Einzelfall tun, hängt am Schluss immer davon ab, wie viel Risiko wir tolerieren. Das ist dann wieder abhängig von der Schwere der Straftaten. Wenn Sie von Sexualmorden reden, um es mal sehr drastisch zu sagen, ist ein Fünfzig-Prozent-Risiko sicher zu hoch.«

Er sagt, er habe mit Juristen diskutiert, die ihm hätten weismachen wollen, ein Vergewaltiger, der seine Strafe von zwei oder drei Jahren abgesessen habe, habe das Recht, nochmals eine Vergewaltigung zu begehen, für die er dann natürlich wieder zu bestrafen sei. Das entspreche der Logik, der dogmatischen Schuldtheorie. »Er dürfe es jetzt wieder machen, dann kriege er das nächste Mal vier Jahre. – Ich muss sagen, das sehe ich anders«, sagt Urbaniok bestimmt.

»Haben Sie deshalb die Verwahrungsinitiative von Anita Chaaban unterstützt?«

»Das Bedürfnis, das dahinter stand, verstehe ich total. Ich war Anfang 1998 in St. Margrethen an einer Auftaktveranstaltung. Da waren Betroffene. Eine Mutter hatte sich gemeldet, die hat einen Sohn durch einen Kindermörder verloren. Das waren Opfer. Die haben eine ganz einfache Frage gestellt: Wie könnt ihr uns garantieren, dass so etwas wie Hauert nicht nochmals passiert? Das waren deren Fragen. Politisch waren die nicht.«

Unglücklicherweise seien sie von rechts instrumentalisiert worden. Das sei nicht von Anfang an so gewesen. »Gerade Frau

Chaaban, die ich gut kenne, die hat irgendwann das Visier runter geklappt und gesagt, jetzt könnt ihr mich alle mal. Und dann hat alles eine Rechts-links-Schlagseite bekommen. Ich habe das sehr bedauert.« Er findet, Frau Chaaban habe etwas Wahnsinniges geleistet mit der Initiative. Der Text sei juristisch problematisch. Es hätte Chancen gegeben, das besser zu machen. An Hearings hätten Strafrechtsprofessoren Frau Chaaban aber nicht ernst genommen, so im Stil von ›da gibt es in der EMRK diesen und jenen Paragrafen, davon verstehen Sie als Hausfrau natürlich nichts, ich muss das jetzt hier mal kurz erläutern‹. Das war der Duktus.«

Urbaniok hat viele Männer gesehen, die schlimme Taten begangen haben. Wie viele würde er für immer wegsperren?

»Wenige. Ich kann keine genaue Zahl sagen.«

»Ist die Zahl eher zwei- oder dreistellig?«

»Eher im zweistelligen Bereich. Aber es sind auch mehr als nur drei oder vier Personen.«

Das Gespräch ist fast zu Ende, da bemerkt er: »Ich habe eine schwere Erkrankung. Ich weiß nicht, ob Sie es mitbekommen haben.«

Ich habe davon gehört und frage, wie es ihm geht.

Er klopft auf den Tisch. »So weit, so gut …«

Bauchspeicheldrüsenkrebs. Er sei durch die Hölle gegangen. Aber er habe nie damit gehadert. »Nicht dass ich es gut finde – aber es ist, wie es ist. Man muss es annehmen. Ich will nicht klagen. Es könnte sehr viel schlechter sein. Ich könnte auch schon tot sein.«

Seine Funktion als Leiter des Psychiatrisch-Psychologischen Dienstes hat er aufgegeben.

5 Ilg und der Nazi

Walo C. Ilgs Wohnung ist eingerichtet wie ein Museum.

Mit edlen Möbeln aus dem 19. Jahrhundert. Von einer Wand schaut ein schneidiger Militär mit gezwirbeltem Schnauzbart. »Napoleon der Dritte«, sagt Ilg. Darüber hängt noch ein kleineres Bild von Napoleon III., eines, dass es tausendfach gab, damit sich auch gewöhnliche Leute einen Napoleon im Wohnzimmer leisten konnten.

Seit vierzig Jahren arbeite Ilg an einem Napoleon-Buch. Napoleon III. lebte im Schloss Arenenberg im Kanton Thurgau, bevor er Präsident und dann Kaiser von Frankreich wurde. Ilgs Großvater, Konrad Ilg, war ein einflussreicher Gewerkschafter. Er stammte aus der Nähe des Arenenberg. Als Kind begleitete Walo seinen Großvater oft, wenn der in seine alte Heimat fuhr. Der kleine Walo trieb sich gerne im Schloss herum. Seither fasziniert ihn Napoleon III.

Ilg lebt heute in Bern, ist ein stattlicher Mann, elegant gekleidet, mit gepflegtem Schnauz- und Spitzbart. An diesem heißen

Septembermittag setzt er sich einen Strohhut auf, bevor wir ins Quartierrestaurant gehen.

Als Anwalt hat er einige große Prozesse geführt, war auch Vertrauensanwalt der Gewerkschaften. Heute hat er noch einige Klienten, die schon lange im Gefängnis sitzen. Er selbst war auch einmal in Haft, wegen Veruntreuung; aber das ist lange her. Seit er pensioniert ist, arbeitet er als ehrenamtlicher Jurist für Reform91. Die Organisation ist vor vielen Jahren von einigen Gefangenen in der Justizvollzugsanstalt Lenzburg gegründet worden. In der Öffentlichkeit kennt man vor allem Peter Zimmermann, einen der Gründer von Reform91. Zimmermann hat sich regelmäßig bei den Medien gemeldet. Er war für die Gefangenen eine zuverlässige Verbindung nach draußen. Zimmermann wusste immer, wann, wo und warum ein Gefangenenstreik stattfand. Er war es auch, der Peter Vogt rund um seinen Exit-Wunsch beraten hat.

Seit Monaten war es jedoch ruhig geworden um Zimmermann. Es kamen keine Mails und keine Infos mehr. Einmal noch hatte seine Lebensgefährtin ausrichten lassen, Zimmermann habe gesundheitliche Probleme. An diesem Mittag bei Spaghetti und einem Glas Rotwein erzählt Ilg, dass es komplizierter sei. Zimmermann werde in wenigen Tagen vor Gericht erscheinen müssen. Er sitze in U-Haft, weil er einen Jungen missbraucht haben solle.

Ilg zweifelt an der Geschichte des Jungen, aber es ist müssig, darüber zu diskutieren. Falls Zimmermann verurteilt werde, das sagt Ilg schon an diesem Mittag, habe Reform91 ein gröberes Problem.

Das Gericht hat dem Jungen geglaubt und Zimmermann zu dreißig Monaten Gefängnis verurteilt. Nach vielen Jahren war Zimmermann wieder zum Rückfalltäter geworden.

Das ändere nichts an seiner Überzeugung, sagt Ilg, dass Fotres, aber auch die anderen Prognoseinstrumente wertlos seien. »Man wird in eine Gruppe eingereiht – aber nicht für das, was man begangen hat, sondern für das Potenzial, das man hat.« Die forensische Psychiatrie tue so, als ob sich die Gefährlichkeit eines Berges allein aufgrund der Neigung des Geländes beurteilen ließe. »Dabei kann auch ein nicht so steiler Berg gefährlich sein, wenn viel Geröll da ist.« Die Forensiker machten, so Ilg, dasselbe, was Cesare Lombroso vor über hundert Jahren demonstriert habe, Verbrecher vermessen.

An einem Dezember Morgen im Jahre 1870 untersuchte Lombroso den Schädel eines berühmten Mörders. Da überkam ihn eine Vision. »Beim Anblick dieses Schädels schien es mir, als sähe ich plötzlich, wie eine weite Ebene erhellt von einem flammenden Himmel, das Problem der Natur des Verbrechers vor mir liegen – eines atavistischen Wesens, das in seiner Person die wilden Instinkte der primitiven Menschen und der niederen Tiere reproduziert. So erklärten sich anatomisch die riesigen Kiefer, die vorstehenden Wangenknochen, die Knochenwülste der Augenbrauen, die vereinzelten Handlinien, die Übergröße der Augenhöhlen, die henkelförmigen Ohren, wie sie bei Verbrechern, Wilden und Affen zu finden sind, die Schmerzunempfindlichkeit, die extreme Sehschärfe, die Tätowierungen, der übertriebene Müssiggang, die Vorliebe für Orgien und die verantwortungslose Sucht nach dem Bösen um des Bösen willen, der Wunsch, nicht nur das Leben des Opfers auszulöschen, sondern auch die Leiche zu verstümmeln, ihr Fleisch zu essen, und ihr Blut zu trinken.«

Lombroso ordnete die Menschen einem Straftätertypus zu. Große Nase, fliehende Stirn, eng beieinanderliegende Augen – über das Äußere las er die Gefährlichkeit ab. Das war das Vermächtnis von Cesare Lombroso. Die Ideologie des Nationalsozialismus war getränkt von dieser Logik.

»Früher haben sie Gesichter vermessen«, sagt Ilg, »heute vermessen sie die Psyche.« In den Gutachten stecke so viel Ideologie. »Ein autoritäres Menschenbild führt zu ganz anderen Resultaten als ein emanzipatorisches Menschenbild.«

»Nennen Sie ein Beispiel.«

Er denkt nach. Ein junger Mann mache ihn ratlos. »Etwa dreißig. Er war bei den Neonazis ...«

»... ein Aktiver?«

»Nein, nein. Er hat die rechte Szene verlassen.«

»Nehmen Sie ihm das ab?«

»Der Gutachter glaubt ihm eigentlich nicht, aber ich glaube ihm. Er wurde schon als Kind ständig hin- und hergeschoben, immer wieder sehr schlecht behandelt und hat Übergriffe erlebt. Den Neonazis hat er sich angeschlossen, weil er eine Familie suchte. Dort fand er sie.«

Ilg schildert, wie der junge Mann ins Gefängnis kam. 2012 habe er in einem Streit einen Mann angeschossen. Die Medien hätten ihn stets beim vollen Namen genannt. Aber falls er wirklich einmal rauskomme, sei es besser, wir nennten ihn hier Stefan Steiner. Inzwischen habe er die Hälfte seiner Strafe verbüßt. Die Therapeutin sei der Meinung, er mache gute Fortschritte, und empfehle Vollzugslockerungen. Nun gebe es aber ein neues Gutachten. »Ein verheerendes«, sagt Ilg, »mit einem solchen Gutachten kommt er so schnell nicht raus.«

Der junge Mann hat Ausländer gejagt und sich Nazisymbole auf den Körper tätowieren lassen. Prügelnd hat er Angst und Schrecken verbreitet.

Das Gutachten umfasst fast zweihundert Seiten. Ein Psychiater hat es im Auftrag der Zürcher Vollzugsbehörde erstellt. Auf der ersten Seite heißt es: »Sie baten mich, zu den Fragen einer psychischen Störung, der Deliktdynamik, des Maßnahmenverlaufs, der Legalprognose sowie der Indikation für (die Fortführung) eine(r) strafrechtlichen Maßnahme Stellung zu nehmen.« Er habe Steiner angeboten, das Gutachten zu lesen, um sich zu allfälligen Missverständnissen zu äußern und Korrekturvorschläge zu machen. »Steiner schlug diese Möglichkeit mehrfach aus.«

In der Zusammenfassung steht: »Das gesamte Leben von Herrn Steiner ist schwer belastet. Die familiäre Situation wurde von allen Vorbeurteilern als sehr ungünstig eingestuft. Er entwickelte auf Grund fehlender verlässlicher Bezugspersonen (Heimkarriere) keinen sicheren Bindungsstil und mangelnde Ich-Strukturen. Er rebellierte schon im Primarschulalter und musste oft versetzt werden. Damals schon fiel er mit ›Tobsuchtsanfällen‹ auf und zerstörte Mobiliar und Gegenstände.« Immer wieder sei er weggelaufen. Immer wieder habe man ihn in geschlossene Einrichtungen eingewiesen.

»Mit zirka vierzehn Jahren lernte er die rechtsextreme Szene kennen und betrachtete sie als seine Ersatzfamilie«, schreibt der Psychiater später. »Er delinquierte wiederholt mit rassistisch motivierten Straftaten, fiel durch permanentes Tragen von (auch Schuss-)Waffen auf und wurde mehrfach von der Jugendanwaltschaft verurteilt. Daneben fand sich Gewalt auch in Alltagssituationen ohne rassistischen Hintergrund. Verschiedene ambulante wie stationäre Jugendmaßnahmen schlugen fehl, bis die Jugendanwaltschaft mit Erreichen des 18. Lebensjahres resigniert feststellte, dass sämtliche zur Verfügung stehenden Hilfestellungen ausgeschöpft seien und er mit Erreichen der Volljährigkeit eine 10-monatige Haftstrafe antrat.« So geht es über Seiten weiter.

Im Mai 2012 kam es zu der Tat.

»Obwohl Herr Steiner annahm, von der Polizei ausgeschrieben zu sein, steckte er sich eine durchgeladene und schussbereite Pistole in den Hosenbund und ging in den Ausgang. Auch diesmal befürchtete er, angegriffen zu werden und bewaffnete sich, um sich bei Bedarf verteidigen zu können«, heißt es im Gutachten. »Im Ausgang traf er zufällig auf das spätere Opfer X.Y. Das Obergericht ging später davon aus, dass es aus verschiedenen Gründen [...] zu einem Streitgespräch gekommen sei. Herr Steiner eskalierte den Konflikt in erheblichem Maße und schoss X.Y. aus nächster Nähe in die Brust. Dabei nahm das Gericht an, dass er unter anderem aus einem Rachebedürfnis heraus gehandelt habe.«

Das Opfer hatte sich wie Steiner früher in der rechten Szene bewegt. Es überlebte. Steiner floh nach Deutschland, wo er verhaftet und an die Schweiz ausgeliefert wurde.

Im Gutachten heißt es weiter: »Im Rahmen des Strafverfahrens gab Herr Steiner zwar die Tat zu, bestritt aber, vorsätzlich gehandelt zu haben. Er zeigte keine Reue und gab dem Opfer sogar die Schuld, ihn zur Tat provoziert zu haben, was das Gericht widerlegen konnte. Der Prozess bis zur rechtskräftigen Verurteilung 2016 dauerte sehr lange, was unter anderem auf die fehlende Kooperation von Herrn Steiner zurückzuführen war, da er die Mitwirkung am Gutachten verweigerte, verschiedene Beschwerden einreichte und gegen die erstinstanzliche Verurteilung, die unter anderem eine Verwahrung ausgesprochen hatte, appellierte.«

Stefan Steiner wurde schließlich wegen versuchter vorsätzlicher Tötung und mehrfachem Vergehen gegen das Waffengesetz zu einer Freiheitsstrafe von vierzehn Jahren verurteilt. Die Verwahrung, die die erste Instanz noch ausgesprochen hatte, wurde aufgehoben. Stattdessen ordnete das Gericht eine ambulante Maßnahme an. Steiner bekommt während des Strafvollzugs eine Therapie.

Die ersten Jahre saß er in der Justizvollzugsanstalt Pöschwies ab. Später wurde er ins Gefängnis Lenzburg verlegt. Inzwischen hat Steiner eine Therapeutin, mit der er sich gut versteht. Das steht auch so im Gutachten. Trotzdem habe Steiner eigentlich keine therapeutischen Fortschritte gemacht. »Statt sich mit seinen problematischen Anteilen auseinanderzusetzen, verstrickte er sich in umfangreichen Vorwürfen und Beschwerden. [...] Es zeigte sich recht bald, dass er das gesamte Schweizer Rechtssystem, sämtliche Behörden und Ämter verachtete und sein Selbstbild daraus bestand, gegen dieses verhasste System zu kämpfen. Es ist absehbar, dass sich daraus ein Dilemma ergeben muss, da im Rahmen einer Maßnahme unter anderem gefordert wird, sich dem ›System‹ zu unterwerfen und sich zu integrieren. Gerade dies lehnt Herr Steiner vehement ab.« Und wenn Steiner behauptet habe, vor zehn Jahren die rechtsextreme Szene verlassen zu haben, könne es sich um eine taktische Angabe handeln. Noch 2008 seien eine Hakenkreuzfahne und ein T-Shirt mit dem Aufdruck »Amok gegen das System« bei Steiner sichergestellt worden.

Der Psychiater nutzt vier verschiedene Prognoseinstrumente, um Steiners Rückfallrisiko abzuschätzen. Es sind sogenannte aktuarische oder statistische Instrumente. Die Methode stammt eigentlich aus der Versicherungswirtschaft. Steiner kommt in allen sehr schlecht weg. Mit solchen Ergebnissen wird sich kaum eine Vollzugsbehörde getrauen, den Mann rauszulassen.*

* Mehr zur Entstehungsgeschichte verschiedener Prognoseinstrumente siehe Anhang S. 224

6 Steiner unterwirft sich nicht

Stefan Steiner sitzt in der Strafanstalt Lenzburg ein. Es ist ein klassischer panoptischer Bau. Von oben sieht er aus wie ein fünfzackiger Stern. Das Gefängnis wurde vor hundertfünfzig Jahren gebaut. Damals galt es als sehr modern. Es ist ein historischer Bau, ausgestattet mit modernster Technik. Das erlaubt es den Gefangenen, sich relativ frei zu bewegen. Sie reden nicht schlecht über Lenzburg, auch, weil die Leitung als progressiv gilt. Sie lässt unkonventionelle Projekte zu, wie zum Beispiel ein Knasttheater.

Für das Interview mit Steiner wird mir erlaubt, ein Aufnahmegerät mitzubringen. Wir dürfen uns in einem Anwaltszimmer unterhalten.

Ein schlanker, durchtrainierter Mann steht vor mir, kurzes Haar, grüner Pullover, Turnschuhe, klassische Gefängniskleidung. Er steht aufrecht wie ein Gardesoldat. Zum Gruß reicht er die Hand und bietet etwas zu trinken an. Es folgt das übliche

Gefängnisbesuchsritual – man geht zum Automaten, lässt Kaffee raus oder ein Fläschchen Mineralwasser und beginnt eine erste unverfängliche Unterhaltung.

In den folgenden zwei Stunden erzählt er sein Leben.

Als Kind kam er in Pflegefamilien, wurde von Heim zu Heim verschoben und immer wieder misshandelt. Er war sicher kein einfaches Kind, sagt er heute von sich. Aber er habe nicht verstanden, was damals abging. Und vor allem hatte er lange Zeit niemandem erzählt, wie schrecklich die Misshandlungen waren. Er wehrte sich, schlug um sich, versuchte sich zu verteidigen.

»Verprügelt zu werden war aber nicht das Schlimmste«, sagt er.

»Was war denn das Schlimmste?«

»Das Internat war in einem alten Restaurant untergebracht. Es hatte einen tiefen, betonierten Weinkeller, mit einer schweren Eichentüre. Ohne Licht im Weinkeller eingesperrt zu sein … zwei, drei Tage … das war übel.« Er spricht ruhig, hält kurz inne. »Da habe ich angefangen, Panik zu bekommen.«

»Wie konkret?«

»Vor allem müssen Sie sich vorstellen, wie das ist. Sie sind noch ein Kind, und Ihnen wird ständig klar gemacht: Wir dürfen das, das ist Gerechtigkeit.«

»Im Gutachten steht, dass Sie im Alter von neun Jahren mit der rechten Szene in Kontakt gekommen sind. Wie kam das?«

»Im Internat hatte es zwei, drei Rechte.«

»Jugendliche?«

»Ja. Das war so mein erster Kontakt.«

»Waren die für Sie cool? Waren die Familie?«

»Familie nicht unbedingt. Man hat sich einfach verstanden. Sie hatten bezüglich Internat die gleichen Ansichten.«

»Aber sich Nazisymbole zu tätowieren ist dann doch noch ein Schritt.«

»Mit dem Hakenkreuz konntest du provozieren. Es war ursprünglich reine Provokation, nichts anderes. Vieles ist aus Frust und Wut entstanden, nicht wirklich überlegt. Inzwischen sind die meisten Nazi-Tattoos überstochen. Demnächst komme ein Tätowierer ins Gefängnis, um auch noch die restlichen Tattoos zu überstechen.«

»Wann sind Sie aus der rechten Szene raus? Was war der Anlass?«

»Bis 2007 war ich sicher aktiv. Und von da an habe ich lange gebraucht, um mich selbst zu distanzieren. Ich stand zum Teil immer noch mit Leuten in Kontakt, mit denen ich eine persönlich gute Beziehung hatte. Aber mit der Zeit habe ich gemerkt: Es geht nicht, ich muss mich ganz distanzieren.«

»Das gab keine Probleme?«

»Ich bin auf schwarzen Listen von Rechten.«

»Das macht Ihnen keine Angst?«

»Nein. Die getrauen sich nicht, mir zu drohen. Die wissen, wie ich gewesen bin. Natürlich gibt es gewisse Leute, wo ich aufpassen müsste, wenn die kommen. Ganz klar.«

»Was war der Anlass, sich von der Szene zu distanzieren?«

»Meine Ex. Ich war seit 2006 mit ihr zusammen.«

»Hat sie sich auch in der Szene bewegt?«

»Nein. Und ich wollte das auch nie. Sie ist der Mensch, der immer zu mir gehalten hat. Es muss sehr schwierig für sie gewesen sein, weil sie auch nichts von meiner Geschichte wusste.«

»Ihretwegen sind Sie also raus?«

»Sie war ein wichtiger Grund. Aber ich habe auch ganz allgemein gemerkt, so kann es einfach nicht weitergehen.«

Er erzählt, die vielen Misshandlungen hätten dazu geführt, dass er seit vielen Jahren an heftigen Schlafstörungen leide. Dass er deswegen als Teenager begonnen habe zu trinken. Dass er immer mehr Alkohol gebraucht habe, um runterzukommen.

Noch heute halten die Schlafstörungen an. Inzwischen hat er gelernt, darüber zu sprechen. Dank der Therapie, sagt er. Er spricht nur gut von seinen Therapeutinnen. Er spricht auch offen über seine Tat. Er bestreitet nicht, den Mann angeschossen zu haben. Nur sagt er, dass es anders abgelaufen sei. Dass er angegriffen worden sei und dann aus Notwehr und im Reflex einen Schuss abgegeben habe.

Das Obergericht sieht das anders. Das Bundesgericht hat die Einschätzung bestätigt. Aber verwahrt ist er nicht. Wie genau sieht sein juristischer Status aus?

Er referiert die Urteile aus dem Kopf: Das Bezirksgericht: zwölf Jahre plus Verwahrung. Die Verwahrung sei aber nicht rechtens gewesen, da die zwei unabhängigen Gutachten, die es für eine Verwahrung brauche, nicht vorgelegen hätten. Das Obergericht: vierzehn Jahre, hob die Verwahrung auf, verhängte aber einen »63er«, sprich ambulante Therapie. »Und sie sagten noch: Wenn Sie die Endstrafe verbüßt haben und weiterhin als gefährlich gelten sollten, kann man Sie immer noch nachträglich verwahren.«

Ich lese Steiner den Satz vor, den sein Gutachter über ihn geschrieben hat: »Es zeigte sich recht bald, dass er [Steiner] sämtliche Behörden und Ämter verachtete und sein Selbstbild daraus bestand, gegen dieses verhasste System zu kämpfen. Es ist absehbar, dass sich daraus ein Dilemma ergeben muss, da im Rahmen einer Maßnahme unter anderem gefordert wird, sich dem ›System‹ zu unterwerfen.«

Ohne Unterwerfung werde er schwerlich rauskommen, sage ich zu ihm.

Steiner zögert. »Wissen Sie, was der Gutachter zu mir gesagt hat? Wir saßen hier, im selben Zimmer.«

»Was?«

»Ein Schaf müssen Sie sein, Herr Steiner, ein Schaf. Wir sind alles Schafe.«

Er habe geantwortet: »Seien Sie ein Schaf, von mir aus, kein Problem. Aber ich bin sicher kein Schaf.«

Er schickt mir noch einen dicken Brief mit Plädoyers und Gerichtsentscheiden. Darunter ist auch der Bericht der Therapeutin. Darin listet sie die diversen Diagnosen auf, die Steiner erhalten hat. Hyperkinetische Störung des Sozialverhaltens, Störung der Persönlichkeitsentwicklung – da war Steiner vierzehn Jahre alt –, psychische Störung, dissoziale Persönlichkeitsstörung und eine Alkoholabhängigkeit – da war Steiner achtzehn Jahre alt.

Die Therapeutin kam zu anderen Schlüssen. Steiners aggressives Verhalten sei, ihrer Meinung nach, das Resultat der Gewalt, die er als Kind erlebt hat. Das habe bei ihm zu einer posttraumatischen Belastungsstörung geführt. Unter dem Stichwort »Therapieverlauf« schildert sie Steiner als zuverlässig, offen, zugewandt. Sie attestiert ihm auch, dass er sich ernsthaft mit seinem Delikt beschäftigt habe.

Steiner hat sie von der Schweigepflicht entbunden. Sie ist bereit, sich über ihren Klienten zu äußern. Zum Gutachten, dessen Einschätzung sie nicht teilt, will sie aber nichts sagen; das gebe sonst nur Probleme.

Über Steiner sagt sie, er habe sie nie belogen oder versucht, sie zu manipulieren. Sie kenne das von anderen Klienten. Aber er, nein, habe das nie getan. Und ja, seine Distanzierung von der rechten Szene nehme sie ihm ab. Sie finde es wichtig, dass er endlich Vollzugslockerungen bekomme.

Inzwischen hat sie als Gefängnistherapeutin aufgehört. »Ich habe genug davon, mich mit den Behörden herumzuschlagen«, sagt sie: »Wenn man über einen Klienten, der es auch verdient, positiv schreibt, wird man nicht ernst genommen, wenn man schlecht über Klienten schreibt, schon. Das ist frustrierend.«

Man könne nichts erreichen. Wer seinen Job ernst nehme, halte das auf Dauer nicht aus. »Oder es ist einem egal. Man hält sich raus, schreibt, was sie von einem erwarten, und hört auf, für seine Meinung zu kämpfen.« Deshalb hat sie gekündigt.

Hat ein Häftling die Hälfte der Strafe abgesessen, bekommt er für gewöhnlich als Vorbereitung auf die Entlassung Vollzugslockerungen. Er darf in den Ausgang oder ausserhalb der Anstalt arbeiten. Die Vollzugsbehörden müssen entscheiden, ob sie der Therapeutin oder dem Gutachter glauben. Ihre Menschenbilder könnten unterschiedlicher nicht sein. Die Therapeutin glaubt, dass sich ein Nazi zum Guten entwickeln kann. Der Gutachter hält das für unmöglich. Folgen die Behörden dem Gutachter, werden sie Steiner nicht entlassen.

7 Der Blick des Verteidigers

Verwahrt werden vor allem Männer. In der Schweiz gibt es laut Bundesamt für Statistik nur eine verwahrte Frau auf etwa hunderfünfzig verwahrte Männer (Stand Oktober 2021). Die eine ist weithin bekannt, Caroline H., die Parkhausmörderin. Sie ist seit über zwanzig Jahren weggesperrt. Gemäß Gerichtsurteil hat sie eine Frau in einem Park, eine zweite Frau in einem Parkhaus erstochen. Ihre Opfer habe sie willkürlich ausgewählt, steht im Urteil. Vor Gericht sagte Caroline H., sie habe es getan, weil sie Frauen hasse.

In jedem Text über Caroline H. wird sie »die gefährlichste Frau der Schweiz« genannt. Jahrelang saß sie in Einzelhaft. Man hat sogar das Frauengefängnis Hindelbank extra für sie umgebaut, um sie alleine unterbringen zu können. Niemand wurde in der Schweiz so lange in Isolation gehalten wie sie. Seit Jahren kämpft ihr Anwalt Matthias Brunner dafür, dass Caroline H.s Haftbedingungen verbessert werden.

Keiner hat so viele Erfahrungen im Maßnahmenrecht wie Matthias Brunner. Er ist der beste, sagen erfahrene Anwält:innen über ihn.

Wir treffen uns in der Kanzlei Gartenhof in Zürich, die er zusammen mit anderen Anwält:innen führt. Sie ist schlicht und modern eingerichtet. Brunner hat gerade Tee aufgebrüht. Er hat nicht viel Zeit, muss noch ein Referat vorbereiten. Am kommenden Wochenende wird er Anwält:innen beibringen, wie sie Klient:innen verteidigen, denen eine Maßnahme droht oder die schon eine kassiert haben.

Er schenkt Tee ein und erzählt von einem aktuellen Fall. »Unspektakulär. War nie in den Medien. Ist aber repräsentativ«, sagt Brunner. Nennen wir ihn Herrn Schubert. Zweieinhalb Jahre Gefängnis mit Maßnahme, inzwischen seit zwanzig Jahren weggesperrt. Als er seine Tat beging, war er etwas über vierzig, sexuelle Nötigung. »Das ist nie harmlos, aber wenn du dafür zweieinhalb Jahre bekommst, kann auch kein extrem schweres Delikt vorgelegen haben«, sagt Brunner. Er skizziert den Fall. Seit vielen Jahren mache Schubert nun Therapie. Alle fünf Jahre überprüfe ein Gericht, ob er so weit Fortschritte gemacht habe, dass er entlassen werden könne.

Ein Monat, bevor die Maßnahme einmal mehr auslief, erfuhr Schubert, dass er nicht freikommt. Ein Psychiater hatte in einem Gutachten empfohlen, Schubert solle weitere vier Jahre Therapie machen. Der Präsident des Bezirksgerichts verfügte deshalb eine »einstweilige Verlängerung« der Maßnahme um ein Jahr. Schubert hatte zu jenem Zeitpunkt keinen Anwalt.

Da übernahm Brunner den Fall; das war vor eineinhalb Jahren. Er schrieb gegen die »einstweilige Verlängerung« eine Beschwerde und bekam Recht. Das zuständige Gericht befand, es sei nicht in der Kompetenz des Gerichtspräsidenten, eine »einstweilige Verlängerung« anzuordnen. Das Gesetz kennt nämlich keine »einstweilige Verlängerung«. Das Bezirksgericht hatte den Begriff erfunden.

Bis entschieden war, was mit Schubert passiert, ordnete der Haftrichter Sicherheitshaft an. Schubert blieb in der Strafanstalt.

Der Psychologisch-psychiatrische Dienst (PPD) des Kantons Zürich, der mit Schubert therapeutisch arbeitet, beurteilt ihn positiv. Anders als der Gutachter findet der PPD, Schubert habe große Fortschritte gemacht. Er sei absprachefähig, die Rückfallgefahr sei gesunken. Man solle ihm eine Chance geben und ihn auf die Freiheit vorbereiten – ähnlich wie bei Steiner.

Wegen formalen Mängeln brauchte es ein neues Gutachten. Man einigte sich auf eine Psychiaterin. Doch es kam anders als erwartet. Sie lieferte ein Gutachten, das für Schubert ungünstiger ausfiel als die Beurteilung des PPD.

Brunner ärgert sich, weil er sich in der Gutachterin geirrt hat. Das Gericht gibt Schubert drei weitere Jahre. Die Hälfte hat er bereits in Sicherheitshaft verbracht, also bleiben noch eineinhalb Jahre. »Das ist absurd«, sagt Brunner. »Nach zwanzig Jahren Therapie sollen es nun eineinhalb Jahre richten – bei einer Strafe von ursprünglich zweieinhalb Jahren.«

Dieses Beispiel zeigt eine Reihe von Mechanismen, die regelmäßig greifen. Brunner zählt sie auf. »Erstens stützen sich die Gerichte auf Gutachten, die oft oberflächlich sind und vor allem eine übervorsichtige Haltung des Gutachters spiegeln. Zweitens bist du mit einem negativen Gutachten verloren. Drittens hat man nur die Chance, ein schlechtes Gutachten zu neutralisieren, wenn in ihm grobe Fehler gemacht wurden; andernfalls bleibt das Gutachten bestehen. Viertens hast du fast keine Chance, wenn ein Gutachter sagt, ich in meiner hochwohlgeborenen gutachterlichen Superkenntnis weiß es besser als der psychologische Dienst, der jahrelang mit dem Klienten arbeitet. Fünftens folgt das Gericht dem Gutachter, wenn er sich gegen eine Entlassung ausspricht. Auch in diesem Fall war das so. Der Gutachter befand, Schubert solle in eine andere Maßnahmeninstitution und dort eine Deliktaufarbeitung machen. Schubert hat in den letzten Jahren in der Pöschwies nichts anderes gemacht als Deliktaufarbeitung.«

»Und jetzt?«

»Stehe ich da wie der Esel am Berg. Schubert kann im Moment nur darauf hoffen, dass die Justizvollzugsbehörden die schwer nachvollziehbare gutachterliche Empfehlung nochmals gründlich überprüfen.«

Brunner spricht von einem allgemeinen typischen Mechanismus. »Jedes Nein setzt sich durch. Wenn auf der untersten Stufe das leiseste Nein kommt, zum Beispiel von einem Wohngruppenleiter, kann das schon reichen. Das Nein vom Gutachter sowieso. Oder das Nein vom Justizvollzug. Jedes Nein hat die Durchsetzungskraft, jemanden drinzulassen.«

Die Entlassung aus der kleinen Verwahrung sei wie ein großes Labyrinth mit Ampeln. Alle Lampen müssten auf Grün schalten. Stehe eine einzige auf Rot, blieben alle Türen zu. Dieser Mechanismus sei alt, sagt Brunner. Moritz Leuenberger habe ihn eingeführt. Er spielt auf Leuenbergers Satz an, den er nach Hauerts Tat im Kantonsrat gesagt hat: »Bei der Frage der Gefährlichkeit oder Rückfälligkeit eines Täters hat die Öffentlichkeit den Anspruch, dass im Zweifel für ihre Sicherheit entschieden wird.«

Es wäre interessant zu hören, wie Schubert seine Situation erlebt. Man könne mit ihm reden, meint Brunner zunächst. Bald würden die Weichen gestellt. Gehe es in die falsche Richtung, ende Schubert in einer Endlosschlaufe. Eine andere Anstalt, die nächste Therapie, in eineinhalb Jahren fänden die Behörden vielleicht, er sei immer noch nicht so weit, und brummten ihm weitere Jahre auf. Brunner seufzt. Die Behörden dürften aber nicht den Eindruck bekommen, dass über die Medien Druck ausgeübt werde. Deshalb doch besser kein Interview mit Schubert.

Das gibt zu denken.

»Unterscheidet sich eigentlich die Arbeit mit Verwahrten, verglichen mit normalen Verteidigungen?«

»Die Arbeit ist dieselbe wie bei einer Strafuntersuchung«, sagt Brunner, »mit dem Klient diskutieren, strategisch denken, juristische Möglichkeiten ausschöpfen, Eventualitäten prüfen – das ist genau dasselbe. Bei einer Strafuntersuchung, also vor der Verurteilung, gilt für mich die Formel, im Zweifel nicht kooperieren.«

»Gilt das auch bei Gutachten?«

»Ja. Weil das Gutachten immer ein Einfallstor für eine therapeutische Maßnahme ist, die ständig verlängert werden kann – im Gegensatz zur Strafe, die immer ein klares Ende hat. Ohne Gutachten darf das Gericht keine Maßnahme anordnen. Eine Kooperation kann verhängnisvoll sein. Dieser Grundsatz gilt verstärkt, wenn es noch kein psychiatrisches Material gibt.«

»Wenn sich jemand weigert, mit einem Psychiater zu sprechen, macht er einen schlechten Eindruck.«

»Ja, aber das ist nicht das relevante Argument.«

»Warum nicht?«

»Ein Gericht darf nur eine Maßnahme anordnen, wenn ein Gutachten eine Maßnahme empfiehlt. Das gilt selbst dann, wenn das Gericht einen schlechten Eindruck vom Beschuldigten hat. Oft ist es ausgerechnet der kooperierende Beschuldigte selbst, der einem Gutachter die Argumente für eine Maßnahme liefert. Wenn er nicht kooperiert, fehlen dem Gutachter oft die Argumente für eine Maßnahme.«

»Gilt die Regel ›nicht kooperieren‹ auch nach der Verurteilung?«

»Es kommt darauf an, ob jemand zu einer zeitlich limitierten Strafe oder zu einer zeitlich unbegrenzten Maßnahme verurteilt worden ist. Bei einer zeitlich limitierten Strafe gilt dieselbe Regel. Bei Gewalt- und Sexualstraftätern ist es klassisch, dass derjenige im Strafvollzug höflich gebeten wird: ›Können wir ein paar Abklärungsgespräche führen?‹ In einem solchen Moment gilt rigoros: ›Ich verweigere jede Kooperation mit dem therapeutischen Dienst und mit dem Gutachter, ja sogar auch mit dem Sozialdienst. Die hören nichts von meinem Innenleben, nichts.‹ Radikale Verweigerung. Das muss man den Klienten im Regelfall raten, sonst verletzt man seine Anwaltspflichten.«

»Das werden die Therapeuten im Vollzug nicht gerne hören.«

»Klar löst das auf Vollzugsseite einen enormen Unwillen aus. Es gibt Druck, es gibt Disziplinierung – aber da gibt es kein Pardon.«

»Ab wann gilt man als renitent?«

»Wenn jemand bereits in der kleinen oder normalen Verwahrung ist, kommt er ohne Gutachten nicht mehr raus. Man ist im Schwitzkasten und muss genau abwägen, wann man kooperiert. Für die Verteidigung stellen sich zum Teil andere Fragen, das Handwerkszeug bleibt jedoch dasselbe.«*

* Zur Frage, ob die Verwahrung mit der Europäischen Menschenrechtskonvention konform geht, siehe Anhang S. 233

8 Wenn Häftlinge regieren

Ueli Graf kennt das Gefängnis. Jeden Morgen ging er hinein und kam am Abend wieder heraus. Ursprünglich ist er Sozialpädagoge und Psychologe, arbeitete in Heimen mit schwierigen Jugendlichen. Danach war er viele Jahre Direktor der Strafanstalt Pöschwies.

Inzwischen lebt er in einer kleinen Gemeinde im Mittelland, ist Gemeindeammann und Hundetrainer. Gemeindeammann sei ein spannender Job, sagt er. »Da hat man nichts zu befehlen. Man muss alle überzeugen, sonst geht gar nichts.« Man sei vor allem Moderator und Vermittler. Er lacht, steht ein bisschen wackelig auf einem Bein und stützt sich auf zwei Krücken. Vor einigen Wochen hat er sich im Urlaub den Knöchel gebrochen.

Über Graf reden die Gefangenen gut. Er war immer allein im Gefängnis unterwegs, ohne Aufseher. Das getrauen sich nicht alle Gefängnisdirektoren. Ein Verwahrter sagte einmal, daran erkenne man ein gutes Gefängnis, »wenn sich der Direktor getraut, ohne Wärter durch die Anstalt zu gehen«.

Bei Graf war das immer so. Er führte sogar einen Bundesrat allein durch die Pöschwies. Nur der Weibel des Bundesrates war noch dabei, der Notizen machen musste. Sie gingen von Trakt zu Trakt, redeten mit Gefangenen, schüttelten Hände. Da muss man keine Angst haben, sagt Graf. In der Pöschwies sei die Stimmung meistens friedlich gewesen, nur einmal pro Woche gab es eine Schlägerei.

In seinen fünfzehn Jahren als Gefängnisdirektor hätte er nur einmal fast aufgegeben. Es war eine wüste Geschichte. Roland K. hatte zwei Jugendliche umgebracht. Deswegen wurde er verwahrt. Im Gefängnis fiel er nicht auf. Er bekam eine Therapie, weil man fürchtete, er tue sich selbst etwas an. Dann freundete er sich mit einem Mitgefangenen an. Sie hatten eine Verabredung. Der junge Mann lieferte ihm Zigaretten, Roland K. versorgte ihn mit Medikamenten. An jenem Sonntag, so erzählte K. später vor Gericht, habe er seinem Kumpel einen Cocktail mit Tabletten und Sirup und Pornoheften angeboten. Dieser leerte die ganze Flasche und schlief ein. Roland K. fesselte den jungen Mann und missbrauchte ihn sexuell. Der junge Mann wachte auf, wehrte sich. Roland K. würgte ihn, weil er ihn zum Schweigen bringen wollte. Vor Gericht sagte er, er habe das so nicht gewollt, es sei einfach alles aus dem Ruder gelaufen. Am Ende war der andere Häftling tot.

Diese Geschichte, sagt Graf, habe ihm fast den Boden unter den Füßen weggezogen. Damals wohnte er gleich neben dem Gefängnis im alten Direktorenhaus. Es gab diesen einen Moment, da schaute er hinüber und dachte, da gehe ich nie mehr hin. Er nahm sich eine Auszeit. Am Ende kehrte er zurück. So wollte er sich nicht aus dem Staub machen.

»Wissen Sie«, sagt er, »das System hätte dieses Tötungsdelikt verhindern müssen. Und wir haben es nicht verhindert. Das war ganz schlimm für mich.«

Es passierte an einem Sonntag. Logisch. Die Zellen werden am Morgen aufgeschlossen, die Gefangenen können sich den ganzen Tag frei in ihrer Abteilung bewegen. Ab und zu schaut ein Aufseher vorbei; deren Büros liegen einen Stock tiefer. Sie kriegen vieles nicht mit, was unter den Gefangenen abläuft. Eigentlich eine Fehlkonstruktion, aber das sei nun mal so in der Pöschwies.

Ob es Lehren gibt aus der schlimmen Geschichte?

Graf überlegt kurz und antwortet: »Wenn man ein lockeres Regime hat, kann das passieren.«

»Was ist ein lockeres Regime?«

»Nehmen wir an, Sie sitzen im Frauengefängnis Hindelbank auf der Zelle. Am Morgen um acht geht sie auf, abends um fünf Uhr geht sie zu. Zwischendurch kommt ein Aufseher und schaut kurz, was sie machen. Sie besuchen eine Kollegin in ihrer Zelle, gehen Kaffeetrinken oder Mittagessen, niemand kontrolliert sie. Das ist die einzige Möglichkeit, bei der etwas passieren kann.«

»Der junge Mann, der Opfer wurde, hat aber vorher schon geklagt, er würde von Roland K. belästigt. So stand es in den Zeitungen. War das nicht so?«

»Das stimmt, aber dann hat dieser Mann alles wieder zurückgenommen. Sicher haben wir vorher nicht genug hingeschaut; es gab Anzeichen. Aber nachher weiß man es immer besser.«

»Es wäre nicht passiert, wenn sie in Einzelzellen eingesperrt gewesen wären.«

»Das ist richtig. Darüber haben wir auch diskutiert. Aber wir wollten das offene System nicht einfach abschaffen.« Gefangene vor Gefangenen zu schützen sei nicht immer einfach. Er habe einen Leitsatz, der stamme vom französischen Philosophen Jean-Jacques Rousseau: »Wo der Starke auf den Schwachen trifft, ist das Gesetz die Freiheit des Schwächeren.« Man dürfe sich nichts vormachen, es passierten auch Übergriffe, ohne dass einer zu Tode kommt. Es werde gedroht, erpresst, sexuell ausgebeutet. Es sei vielleicht nicht so spektakulär wie der Fall von Roland K. »Sobald man das System der offenen Zelle hat, passiert etwas. Das kann man nicht verhindern. Außer man hat mehr Personal, viel mehr Personal.«

Graf berichtet von Frau Osterwalder. Sie war die Frau von René Osterwalder, einem der Schrecklichsten überhaupt, der vom ersten Moment mit vollem Namen in der Zeitung stand. Seine Frau besuchte ihn jahrelang. Zu ihm als Direktor habe sie gesagt: »Herr Graf, Sie sind für meinen Mann verantwortlich. Schauen Sie bitte, dass keiner ihm etwas antut!« Das war eine berechtigte Bitte. Denn wer Dinge getan hat wie René Osterwalder, hat im Gefängnis kaum Freunde.

Die deutsche Autorin Ulla Fröhling hat Osterwalders Geschichte zusammengefasst: »1993 geht ein Schweizer Bürger namens René Osterwalder, 38 Jahre, Besitzer dreier Computerfirmen, zur Polizei und behauptet, ein Bekannter handle mit Kindern. Die Polizei vernimmt den Bekannten, der bestreitet das, behauptet aber, Osterwalder habe ihn aufgefordert, kleine Kinder aus Osteuropa zu beschaffen. Das hätte er – trotz Anzahlung – nicht getan. Nun observiert die Schweizer Polizei Herrn Osterwalder und stellt fest, dass er auch noch eine Residenz in Amsterdam hat. Bei einer Haussuchung findet die niederländische Polizei sechs Videos, auf denen der Observierte deutlich sichtbar Kinder im Alter von zehn und 18 Monaten (!) foltert, unter anderem mit Elektroschocks. Außerdem wird eine Vielzahl medizinischer Geräte, Waffen, Spritzen, Peitschen, Elektroschockgeräte gefunden. Im Kofferraum seines Wagens findet man Handschellen und Kisten mit Luftlöchern. [...] In seinem Schweizer Haus findet man einen Tank mit Salzsäure sowie Knochenreste. Man schiebt ihn in die Schweiz ab. Anzeichen deuten auf Verbindung zu internationalen Pädophilenringen, aber die Behörden betrachten Osterwalder als psychopathischen Einzeltäter. In der Schweiz hat er gute gesellschaftliche und politische Kontakte; seine Firmen sind für verschiedene Großbanken tätig.«

Fröhling schreibt auch, dass er mit einer »pietistisch-frommen Krankenschwester« verheiratet war und zwei Kinder hatte. Sie war es, die Graf inständig gebeten hatte, auf ihren Mann aufzupassen.

Die Strafgefangenen im Vollzug zu beschützen sei ein großes Thema, sagt Graf. »Im Normalvollzug gibt es am Abend einen Aufseher auf 24 Gefangene. Einen! Der sitzt, wie gesagt, nicht mal auf demselben Stock, sondern einen Stock weiter unten im Büro. Der kann nicht wissen, was oben passiert. Das heißt, die Schwachen sind den Starken mehr oder weniger ausgeliefert. Über dieses Thema wird nicht gerne gesprochen. Auch ich habe nicht gerne darüber geredet, als ich noch im Amt war. Aber seien wir ehrlich, aufgrund des Personalschlüssels sind wir nicht in der Lage, die Gefangenen genügend zu schützen und genügend Einfluss auf sie zu nehmen. Mit anderen Worten, die Mitgefangenen haben mehr Einfluss auf die Gefangenen als das Personal.«

Anders sei es nur auf der Maßnahmenstation, in der forensisch-psychiatrischen Abteilung; da sind die Gefangenen untergebracht, die Therapie verordnet bekamen. Nicht jeder werde da aufgenommen. Als er noch Direktor gewesen sei, hätten die Leute ein Jahr lang auf einen Platz warten müssen. Es gebe zwei Abteilungen mit je zwölf Plätzen. Da sei der Betreuungsschlüssel eins zu eins, ein Betreuer auf einen Gefangenen. »Von morgens bis abends sind die Männer in einem milieutherapeutischen Prozess drin. Schon am Frühstückstisch kontrolliert einer, wie man als Gefangener drauf ist, ob man zum Beispiel ständig alle beschimpft oder der Therapeutin hinterher pfeift.«

Das sei der einzige Ort, wo die Mitarbeiter und Mitarbeiterinnen mehr Einfluss auf die Gefangenen hätten als die Mitgefangenen, sagt Graf. Aber das sei teuer. »Schauen Sie sich diese Abteilung einmal an«.

Dann spricht er vom Fall Hauert. Der Mord geschah drei Jahre, bevor Graf Direktor wurde. Aber der Fall habe ihn wie ein Supergau begleitet, der alles für lange Zeit verstrahlt habe.

»Heute reicht es nicht einmal, wenn jemand zu lebenslänglich verurteilt wird«, sagt er. »Man packt noch eine Verwahrung oben drauf. Das ist absurd, geht eigentlich gar nicht, weil lebenslänglich lebenslänglich ist. Freilassen darf man jemanden, der lebenslänglich bekommen hat, nur, wenn die Person nicht mehr als gefährlich gilt.«

Er erzählt von einem Strichjungen, der seinen Freier umgebracht hat. Eine schlimme Tat. Er bekam dafür lebenslänglich. Er stellte immer wieder Entlassungsgesuche. Aber er kam nicht raus, weil man ihm nicht traute. Kürzlich traf Graf ihn im Saxerriet wieder, einem offenen Gefängnis im Rheintal. Jetzt sei der Mann weit über fünfzig Jahre alt, und langsam werde der Vollzug gelockert – nach mehr als einem Vierteljahrhundert Gefängnis. »Man kommt nicht einfach nach fünfzehn Jahren raus, wenn man lebenslänglich hat, wie die Leute das glauben. Das ist einfach nicht so.«

Als Direktor konnte Graf nur Tätern Urlaub gewähren, die nie gewalttätig waren, zum Beispiel Dieben oder Betrügern. Aber auch bei denen habe er den Urlaub abgelehnt, wenn er nur den leisesten Zweifel hegte. »Das System ist außerordentlich defensiv geworden.«

Ähnlich wie der Forensiker Urbaniok rechnet auch Graf, nur kommt er zu anderen Schlüssen. »Der Strafvollzugskommission werden zehn Fälle von Verwahrten vorgelegt. Alle haben ein zehnprozentiges Risiko, eine schwere Straftat zu begehen. Was macht der Ausschuss damit? Er hält alle zehn zurück. So ist die Situation heute. Die Gesellschaft will keinen einzigen Rückfall mehr. Es interessiert sie nicht, ob es gerecht ist, jemanden präventiv einzusperren. Im Zweifelsfall entlässt man nicht. Also bleiben die Leute drin und werden alt.«

»Wie Beat Meier. Solange er seine Tat nicht zugegeben hat, kann er gar nicht therapiert werden und bleibt verwahrt.«

»Beat Meier war schon da, als ich kam, und ist immer noch drin. Es ist ein Teufelskreis ohne Notausgang. Er kann nicht plötzlich sagen: Oh, jetzt kommt es mir wieder in den Sinn, ich habe die beiden Jungs doch missbraucht; jetzt könnt ihr mich therapieren.«

Graf findet, Meier hätte schon lange in den offenen Vollzug versetzt werden sollen. »Das ist ein weiteres Thema. Da, in diesem Bericht steht viel davon drin, was ich denke.«

Graf legt ein Heft auf den Tisch. Auf dem Titelblatt das Foto eines kahlen Baumes auf einer Herbstwiese im Nebel. »Alt werden im Justizvollzug« steht darüber. Graf hat den Bericht zusammen mit anderen Experten für die Justizdirektion des Kantons Zürichs erstellt. Sie fordern größere Zellen, gemeinsames Kochen und nachts keinen Einschluss mehr. Das ist schon einige Jahre her. Das meiste, was darinsteht, wurde nicht realisiert.

»Wer kümmert sich denn darum, dass gebrechliche Gefangene wie Meier anders untergebracht werden?«

»Er ging schon am Stock, als ich ihn vor ein paar Jahren das letzte Mal gesehen habe; gesünder ist er seither kaum geworden. Das ist auch eine Quintessenz des Berichts, dass man alte Verwahrte in speziellen Altersheimen unterbringen sollte. Im Bericht erwähne ich ein privates Altersheim, das bereit ist, solche Leute aufzunehmen. Vielleicht müsste man auch einfach eine offene Anstalt umbauen. Haben Sie Meier mal auf seiner Abteilung besucht?«

»Nein, nur im Besucherraum.«

»Wenn Sie dort aus dem Fenster schauen, sehen Sie auf die Mauer. Da kommt kein Spitzensportler drüber.«

9 Die Bessermacher

Es ist Mittag, zwei Uhr. Meier ist noch nicht im Besucherraum. In der Familienecke neben dem grauen Spielzeugteppich mit den aufgedruckten Straßen steht der einzige freie Tisch. Von hier sieht man draußen Rasen, den Doppelzaun, die Mauer, ein Stück grauen Himmel.

Meier kommt auf seinen Stock gestützt herein. Er sagt, der Platz sei okay, obwohl er lieber am anderen Fenster säße.

»Was ist denn dort besser?«

»Da muss ich nicht auf die Mauer schauen.«

Wir holen uns einen Kaffee. Er hat einen Franken dabei; der reicht für zwei Kaffees. Er sei im Moment knapp bei Kasse, wegen Bußen und so.

Mein grobes Frageraster hatte er zuvor per Post erhalten. Ich frage ihn, was er über das deutsche »Abstandsgebot« denke. Diese neue Regel besagt, dass Verwahrte nicht mit Strafgefangenen zusammen untergebracht werden dürfen. Sie haben Anspruch auf größere Zellen und genießen diverse Privilegien. Deutsche Jurist:innen begründen dies mit dem »Sonderopfer«.

Damit ist folgendes gemeint: Da die Verwahrten nicht frei leben dürfen, ihre Freiheit also geopfert wird, um die Bevölkerung vorsorglich vor ihnen zu schützen, sollten sie drinnen möglichst selbstbestimmt sein.

Zuerst erzählt Beat Meier von seinem Verfahren. Er ist enttäuscht, weil der Europäische Menschenrechtsgerichtshof aufgrund eines Formfehlers nicht auf seinen Fall eingegangen ist.

Er kramt einen Zettel hervor. Die Antworten auf meine Fragen hat er sich aufgeschrieben. Zum Abstandsgebot notierte er mehrere Punkte. »Die Jüngeren, die gerne Computer- oder Kartenspiele machen, brauchen Abwechslung. Sie mögen keine separate Verwahrtenabteilung. Sie fühlen sich nicht wohl, wenn sie nur mit Älteren zusammen sind.«

Er blickt auf den Zettel, der vor ihm auf dem Tisch liegt.

»Ein eigenes Telefon, das wäre wichtig. Zugang zum Internet. Bei den heutigen technischen Möglichkeiten können sie alles überwachen und monatelang aufzeichnen oder gewisse Seiten sperren; das sollte machbar sein. Und ein besseres Besuchsregime.«

»Wie soll das aussehen?«

»Keine Limitierung auf zwölf Personen im Jahr. Und vor allem soll der Besuch auf die Abteilung kommen dürfen, damit man auch mal im Zimmer Kaffee trinken kann.« Der Besuchsraum sei ja ganz angenehm, er wolle nicht reklamieren. Aber im eigenen Zimmer sei es doch persönlicher.

Dann kommt er auf den »begleiteten Ausgang« zu sprechen. Bei guter Führung habe man einen Anspruch darauf.

»Einfach so raus?«

»Nein, natürlich nicht, zuerst mit dem Sicherheitspersonal. Und wenn sich jemand wirklich bewährt hat, kann er vielleicht auch mal mit Bezugspersonen raus.«

»Wann waren Sie das letzte Mal draußen?«

Meier denkt nach. »Das war vor über einem Jahr, als ich ins Spital musste.« Er streckt die Arme vor, die Hände nebeneinander. »Gefesselt natürlich. Vom Gefängnis ins Spital und zurück mit dem Gefangenentransporter.« Seit seiner Verhaftung am 13. Februar 1993 – das Datum hat er genau im Kopf – habe es keine Haftlockerung, keinen normalen begleiteten Ausgang gegeben.

Als wir auf die »Beurteilung der Gefährlichkeit« zu sprechen kommen, wird seine Stimme bestimmter. »Die Gefährlichkeit darf nicht mehr pauschal aufgrund des Deliktkatalogs definiert werden. Das ist nicht seriös. Das muss man differenziert anschauen, das Alter berücksichtigen, den Gesundheitszustand und die Person allgemein.«

Als letztes frage ich nach den Bußen, die er bei der Begrüßung erwähnte. »Die Schikanen nehmen zu.« Wegen seiner Rückenschmerzen brauchte er eine Zeit lang einen Rollator. Den musste er abends jeweils in die Zelle hineinnehmen. Doch dann kam ein Aufseher und sagte, der Rollator müsse vor der Zelle bleiben. Meier hielt sich daran. Als er es einmal vergaß, verwarnte ihn der Aufseher; drei Verwarnungen geben eine Buße.

Wegen der Rückenschmerzen bat er einen anderen Gefangenen, für ihn zum Gefängniskiosk zu gehen und ihm eine Stange Zigaretten zu kaufen. Ein Aufseher bekam das mit und nahm ihm die Zigaretten mit der Begründung weg, Meier habe sie nicht selbst am Kiosk gekauft. Meier bekam eine Buße von fünfzig Franken; die Zigaretten kosteten 55 Franken. »Ich bezahlte also insgesamt 105 Franken für keine einzige Zigarette.«

Ein anderes Mal hätten die Aufseher seine Zelle kontrolliert. Sie fanden neun Gegenstände, die er nicht hätte haben dürfen. Manche habe er schon seit Jahren besessen, zum Teil explizit bewilligt, ein leeres Sturmfeuerzeug und einen Meterstab zum Beispiel; inzwischen gälten sie als »verbotene Gegenstände«. Das gab achtzig Franken Buße.

Dann habe es eine Buße für etwas Verbotenes gegeben, ein Geschäft halt. Er bekam dafür zwei Wochen Zellenisolation. Das bedeutet, zwei Wochen nicht arbeiten, kein Verdienst. Er arbeitet fünfzig Prozent und erhält hundertdreißig Franken im Monat. Wegen der Bußen, die er in den letzten Monaten bezahlen musste, ist er jetzt klamm, denn er raucht viel.

Der Gong schlägt. Meier ergänzt hastig, das Essen könne man auch verbessern. »Es ist nicht möglich, selbst zu kochen.«

Einige Wochen später mache ich einen offiziellen Besuch in der Pöschwies. Gefängnisdirektor Andreas Naegeli empfängt mich im dunklen Anzug und roter Krawatte. Sein Büro liegt im Verwaltungsgebäude im ersten Stock. Gelbe Ziegelmauern, blaue Linoleumböden, blaue Fensterrahmen, geräumig mit breiter Fensterfront. Man sieht auch von hier auf den Doppelzaun mit Stacheldraht, dahinter die Mauer und ein Stück Wald.

Wir setzen uns an den großen Tisch, der einen Großteil seines Büros füllt. Naegeli nimmt einige Grafiken hervor und gibt einen Überblick über die Anstalt. Es ist ein Großbetrieb mit siebenhundert Menschen, dreihundert Angestellte und vierhundert Häftlinge. Der Grundriss zeigt den Aufbau der Anstalt. Auf die Hochsicherheitsabteilungen folgt die Forensisch-Psychiatrische Abteilung (FPA) und dahinter die Abteilung Alter und Gesundheit (AGE), in der Beat Meier lebt. Schräg zu diesem Gebäude steht der langgezogene Trakt für die gewöhnlichen Häftlinge. Dazwischen liegt der Spazierhof des Normalvollzugs und ein Sportplatz. 21 rote Punkte markieren die Unterbringung der »64er«, fast vierzig gelbe Punkte die der »59er« und sieben violette Punkte die der sieben Lebenslänglichen, zwei davon mit einer zusätzlichen Verwahrung – einer ist Thomas N., der Rupperswiler Mörder. Punkte aller Farben finden sich in den verschiedenen Abteilungen.

Ein roter Punkt fällt auf; er hat noch einen dünnen gelben Rand. Das ist der einzige lebenslänglich Verwahrte der Schweiz, Mike A. Er stand 2010 vor Gericht. Ein Sadist, der es schon als Jugendlicher geliebt habe, Tiere zu quälen; so stand es im Gutachten. Die Staatsanwaltschaft warf ihm vor, eine Prostituierte ermordet zu haben. Die Beweise waren erdrückend. Das Bezirksgericht verhängte eine Strafe von zwanzig Jahren und lebenslängliche Verwahrung. Mike A. hat die Tat jedoch stets bestritten. Trotzdem wollte er nicht, dass sein Anwalt das Urteil anfocht, was dieser nicht verstehen konnte. Doch gegen den Willen eines Klienten kann ein Anwalt nicht prozessieren. Eine Journalistin der *Zeit* besuchte damals Mike A. in der Pöschwies und zitiert in ihrem Artikel aus ihrem Gespräch. Sie fragt, warum er das Urteil nicht angefochten habe, worauf er antwortet: »Das ganze Theater noch einmal? Ohne mich. Mir war alles zu viel. Ich wollte einfach Ruhe.« Als sie ihm zu bedenken gibt, dass er dann aber den Rest seines Lebens hinter Gitter bleibe, sagt er, das interessiere ihn nicht. Er klammere sich an die Idee, einmal allen seine Unschuld beweisen zu können. Er versuche, ein neues Gutachten zu bekommen. Wenn er aber freikomme, habe er Angst, gesteht er der Journalistin. »Ich würde mir einen Chip in den Arsch montieren lassen, damit ich jederzeit beweisen kann, wo ich mich aufhalte, mit wem und was ich tue. Damit mir keiner je wieder etwas anhängen kann.«

Naegeli rechnet vor, wie viele Verwahrte in den letzten vier Jahren neu hinzukamen und wie viele verlegt wurden. »Wir haben damit einen Saldo von minus 17.«

»Dann stimmt es also gar nicht, dass immer mehr Leute in der Verwahrung stecken bleiben?«

»Nein, für uns kann ich das nicht bestätigen. In den letzten Jahren kamen mehr raus als Neue rein.«

»Aber die, die schon drin sind, bleiben länger drin?«

»Das ist vermutlich so. Vor allem werden sie älter. 2002 hatten wir zwei Gefangene, die über sechzig waren. Jetzt sind es über dreißig.«

Die Hälfte der über Sechzigjährigen sind in der Altersabteilung AGE, die anderen im Normalvollzug. »Weil sie das wollen«, sagt Naegeli. »Viele ältere Männer schätzen den Austausch mit den jüngeren. Es gibt dort mehr Abwechslung, mehr Normalität. Und sie genießen einen gewissen Respekt, weil sie schon lange drin sind und weil das Alter in vielen Kulturkreisen eine gewisse Autorität verleiht. Es kommt auch vor, dass sich Ältere dagegen wehren, in die AGE verlegt zu werden, weil sie das Gefühl haben, das sei eine Endstation.«

Wir sprechen über das deutsche Abstandsgebot. Naegeli sagt, er sei skeptisch.

»Diese Gefangenen können aber zum Beispiel frei telefonieren. Das fordert Beat Meier ja auch. Finden Sie das nicht nachvollziehbar?«

Schon, sagt er. Über Meier könne er aufgrund des Amtsgeheimnisses nicht sprechen. »Er ist nicht der Prototyp des Verwahrten. Er hat noch viele Kontakte. Ein Drittel der Verwahrten bei uns hatte in den letzten zwei Jahren keinen Besuch, keinen Telefonanruf, keine Post.«

»Aber die, die Kontakte haben, sollten diese Kontakte doch pflegen können. Verwahrte erbringen ja ein sogenanntes Sonderopfer.«

Naegeli widerspricht. »Mit dem Sonderopfer habe ich so meine Mühe. Als juristisches Konstrukt kann ich es verstehen. Aber den Bürgern ist es zu abstrakt und wird wohl von einer großen Mehrheit kaum verstanden.«

»Das mag sein. Aber Leute wie Meier haben eine Strafe von einigen wenigen Jahren und sitzen seit 25 Jahren drin, weil man die Öffentlichkeit vor ihnen schützen will, nicht um sie zu bestrafen.«

»Klar. Aber die Verwahrung ist für die Bevölkerung die Konsequenz einer schweren Straftat und eine sichernde Maßnahme zum Schutz vor gefährlichen Tätern. Fälschlicherweise wird sie oft als Höchststrafe angesehen; da muss man immer wieder Aufklärungsarbeit leisten. Angesichts des Leids der Opfer wird nicht verstanden, wenn man bei diesen Tätern den Freiheitsentzug als Sonderopfer bezeichnet.«

In einem Gefängnis habe man es mit schwierigen Menschen zu tun. Bei jedem Freiraum bestehe die Gefahr, dass dieser ausgenutzt werde. Deshalb gebe es so viele strikte Regeln. »Wir müssen immer auch die schlechteste Möglichkeit mitdenken. Bei allem kann es Missbrauch geben.« Er nennt als Beispiel die Gefängniskleidung; alle trügen dieselbe Kleidung. Nur in der Freizeit sind individuelle Schuhe und Mützen erlaubt. »Aber da beginnt schon das Problem. Alles hier drin kann Handelsware und Zahlungsmittel werden. Wir mussten Zulassungskriterien für Schirmmützen einführen. Wenn wir das nicht tun, spart einer für eine teure Armani-Kappe. Wir wollen nicht, dass sich Gefangene Statussymbole zulegen und sich dadurch eine Hierarchie bildet. Deshalb sind Kappen von Luxus- und Designermarken verboten. Die vielen Regeln sind da, um die Schwachen zu schützen.«

Das klingt nach einem zermürbenden Alltag. So frage ich ihn, warum er Gefängnisdirektor sei.

»Ich habe die Leute gerne. Ich mag alle, die hier sind.« Er zeigt auf drei Mappen, die auf seinem Schreibtisch liegen. »Solche Mappen bekomme ich jede Woche. Da sind mit den Disziplinarverfügungen auch die sogenannten ›Schandtaten‹ drin, die die Gefangenen begangen haben.« Mit dem Disziplinarwesen müsse wieder Ordnung und Gerechtigkeit hergestellt werden. Wegen der Verfehlungen sei er von den Leuten nicht enttäuscht. »Das gehört dazu. Man muss daran arbeiten. Schließlich ist der Weg in ein deliktfreies Leben nach der Strafverbüßung nicht einfach.

Und wenn dann einer seinen Lehrabschluss hat oder mir stolz zeigt, was er im Atelier kreiert hat, freut mich das einfach.«

Er kommt noch mal auf das Abstandsgebot zu sprechen. Es gebe die Idee, auf dem freien Gelände in der Pöschwies ein neues Gebäude zu bauen, ein Haus, das speziell für Langzeitgefangene sei. Sie könnten dort in kleinen Wohngruppen miteinander leben. Er fände es gut, so einen Sondertrakt zu haben.

Angelika Oberhauser zeigt mir die Forensisch-Psychiatrische Abteilung. Wir gehen vom Verwaltungsgebäude am Spazierhof entlang. Auf der anderen Seite des Zauns stehen Männer in olivgrünen Jacken. Sie reden, rauchen, warten. Zu zweit, zu dritt, allein.

Angelika Oberhauser stammt aus Österreich und hat in Hamburg Psychologie studiert. Seit 2015 leitet sie die Abteilung. Sie gibt einen kurzen Abriss über die FPA. Die Gefangenen sind in zwei Gruppen eingeteilt mit je zwölf Personen. Aber hier sprechen sie nicht von Gefangenen, sondern von Klienten. Auf einen Klient komme etwa ein Behandler, wie Oberhauser sagt.

Wir steigen die Treppe hoch in die Abteilung. Auch hier gelbe Ziegelsteinwände, blaue Türrahmen, blaue Gitter vor den Fenstern. Im Essraum ist der lange Tisch schon gedeckt. Jemand hat einen großen Garfield an die Wand gemalt. Er hockt in einem Kochtopf und grinst.

Hier wird gemeinsam gegessen, Frühstück, Mittag, Abend; das ist Teil der Therapie. Einmal im Monat kochen die Klienten selbst. Wer, wird ausgelost, damit nicht immer dieselben in der Küche stehen.

Oberhauser zeigt eine Zelle, die zurzeit leer steht, eine Standardzelle von zwölf Quadratmetern. Links neben der Türe Klo, Waschbecken, eine Wand, dahinter ein Holzregal, ein Bett, vorne am Fenster ein Tisch mit Stuhl, rechts ein Schrank, Klötzchenparkett.

Man hat dieselbe Aussicht wie aus dem Direktorenbüro, Doppelzaun, Mauer, Wald. Zwischen den beiden Zäunen geht ein Aufseher mit einem Schäferhund. Der Hund sucht nach Sachen, die über die Mauer geworfen worden sein könnten, vor allem Handys oder Drogen.

Es gibt einen Gemeinschaftsraum mit einer schwarzen Polstermöbelgarnitur, einer hölzernen Schrankwand und einem großen Fernseher. Der Raum wirkt nüchtern und unpersönlich wie eine lieblos möblierte Ferienwohnung. Er wird nicht viel genutzt; Radio und Fernsehen haben die Insassen in ihren Zellen.

Wir nehmen die Treppe hinunter ins Parterre. Hier kann man in den Garten hinaus. Eine Bank aus einem großen geschälten Baumstamm steht da. Im Teich treiben drei Enten und schlafen. Echte Enten, wild und frei. Sie schlüpfen unter den Zäunen durch und wandern zwischen den Abteilungen hin und her.

Hunde oder Katzen gibt es keine. Das wäre schwierig wegen der Hunde, die zwischen den Zäunen patrouillieren, meint Oberhauser. Vögel dürfen die Klienten halten, wenn sie wollen. Manchmal lassen die Klienten die Vögel im Zimmer fliegen. Es sind schon welche weggeflogen, hinaus in die Freiheit. »Was vermutlich für den Vogel nicht so gut ist, denke ich«, sagt Oberhauser.

Die Abteilung arbeitet mit einem Tierheim zusammen. Die Klienten könnten dort hin, wenn sie begleiteten Ausgang haben. »Mit den Tieren können sie oft besser Kontakt aufnehmen als mit Menschen.« Deshalb sei das wichtig, sagt Oberhauser.

Wir kommen an der Sportecke vorbei. Es gibt ein Laufband, ein Rad, eine Rudermaschine und einen professionell ausgestatteten Kraftraum. Zurzeit ist keiner da; noch sind alle in den verschiedenen Werkstätten und arbeiten. Aber Oberhauser sagt: »Die Geräte werden immer gut genutzt.«

In Oberhausers Büro setzen wir uns an einen runden Tisch. »Ziel der Therapie ist, dass sie innerhalb von zwei bis maximal vier Jahren obsolet ist«, sagt sie. In dem Zeitraum sollten die FPA-Klienten die Abteilung eigentlich wieder verlassen haben. Die Realität sehe oft anders aus. Die meisten träten erst Monate nach dem erstinstanzlichen Urteil die Therapie an. »Fast alle ziehen bis ans Bundesgericht weiter. Eine Maßnahme hat etwas Erschreckendes – wegen der potenziellen Unbeschränktheit.« Das könne sie verstehen, aber eigentlich sei es klüger, sich an die Arbeit zu machen, dann kämen die Leute oft schneller raus.

Sie holt eine kleine Broschüre hervor, die die Abteilung erklärt. Ein Diagramm mit einem großen Pfeil veranschaulicht, wie die »sequenzielle Behandlung« gedacht ist. Der Pfeil beginnt unten im normalen Strafvollzug und geht hoch in die FPA. Da findet die Therapie statt mit Deliktanalyse, Deliktprävention, Evaluation. Im nächsten Schritt kommen die Klienten hinaus ins Wohn- und Arbeitsexternat. Dort lernen sie Risikomanagement. Pädophile oder Vergewaltiger sollten danach wissen, was sie tun müssen, damit sie sich nicht mehr an Kindern vergehen oder gewalttätig werden.

Zwei Drittel der Klienten hätten ein Sexualdelikt begangen. Die Hälfte davon seien Pädosexuelle, sagt Oberhauser. Das andere Drittel betreffe Gewaltdelikte oder gefährliche Brandstiftungen.

Laut Broschüre gibt es auch »untherapierbare Täter«.

»Wie viele?«

»Wenige. Von den 54 ehemaligen und aktuellen Klienten, die wir in den letzten fünf Jahren behandelt haben, sind wir nur bei dreien zur Überzeugung gelangt, dass sich da durch Therapie nichts machen läßt.«

»Wie stellt man das fest?«

»Wenn man jemanden nicht erreichen kann, läuft die Therapie ins Leere. Es gibt auch Leute, die machen oberflächlich mit, setzen sich aber eigentlich nicht mit ihrer Problematik auseinander. Da bringt eine Therapie auch nichts.«

»Werden diejenigen dann in die normale Verwahrung versetzt?«

»Wir entscheiden das nicht. Wir sagen lediglich dem Gericht, wir seien der Meinung, dass die Therapie nicht zweckmäßig sei. Danach muss das Gericht entscheiden. Aber wie gesagt, das passiert sehr selten.«

»Wie erfolgreich sind Sie bei Leuten mit hohem Rückfallrisiko?«

»Ob jemand ein hohes Risiko hat, ist gar nicht der Punkt. Es geht um die Beeinflussbarkeit. Ist eine Person erreichbar oder hört sie auf niemanden und lässt sich auf nichts ein. Wenn letzteres der Fall ist, kann man nicht viel machen.«

»Kluge Klienten können Therapeuten doch auch gezielt täuschen?«

Oberhauser schüttelt den Kopf. Das glaube sie nicht. »Bei einem einzigen Therapeuten könnte das passieren. Aber bei uns haben sie es mit vielen verschiedenen Betreuern und Betreuerinnen zu tun. Da ist es schwer, etwas glaubhaft vorzutäuschen.«

Ich berichte ihr von Scherrer, dem Pädosexuellen. Der im Kanton Bern zwölf Jahre in einer Maßnahme saß, weil er ständig renitent war. Inzwischen ist er freigekommen.*

Sie kenne den Fall nicht, sagt Oberhauser, das grundsätzliche Problem aber sehr wohl. Man müsse vorsichtig sein, ob man sich vielleicht auf etwas Falsches fokussiert, weil man sich in einem »geschlossenen Setting« befindet. »Nimmt einer aus dem Kühlschrank ein Joghurt, das ihm nicht gehört, ist das nicht korrekt, spielt aber bei einem Pädosexuellen keine Rolle. Im geschlossenen Setting jedoch kann es plötzlich ganz wichtig werden.«

Bei Pädophilen müsse man abschätzen, »wie groß das Risiko

* Siehe Kap. 4 »Die Vermessung der Gefährlichkeit« S. 37 f.

ist, das man bereit ist zu tragen. Wenn jemand nur Bilder im Internet anschaut, aber keine Kinder anfasst, ist das Risiko kleiner. Erst wenn ein sadistisches Moment dabei ist, wird es schlimm und gefährlich – sadistische Gewalt nimmt für gewöhnlich zu.«

Scherrer ist seit einigen Monaten frei, hat aber keine eigene Wohnung und keine Arbeit. Zwangsläufig musste er bei seiner Mutter einziehen.

Das kenne sie auch, sagt Oberhauser. »In Zürich finden schon gewöhnliche Leute, die wenig Geld haben, keine Wohnung. Ein Exhäftling, der einen Strafregisterauszug mitbringen muss, oft mit Betreibungen konfrontiert ist, hat gar keine Chance. Da erreicht selbst ein engagierter Bewährungshelfer nicht viel. Die Gesellschaft ist da in der Verantwortung. Wir wollen Wiedereingliederung. Also braucht es geeignete Arbeitsplätze, anständige Unterkünfte.«

Die Klienten von der FPA kommen fast alle wieder raus und müssen dann lernen, mit den Freiheiten draußen umzugehen. Das ist eine extreme Herausforderung.

»Bildet sich hier eine verlorene Generation, die vor sich hingammelt, nichts will, nichts kann?«

Oberhauser sagt: »Die Schere zwischen denen, die an der Gesellschaft teilhaben können, und denen, die das nicht können, geht immer weiter auf. Wir haben jüngere Männer ohne Wunsch ans Leben. Wenn sich bei ihnen nicht fundamental etwas ändert, werden sie auf der Couch liegen, Pizza essen, Pornos gucken und warten, bis das Leben vorbei ist. Ihnen fehlt jeder Antrieb. Sie haben keinen Schulabschluss, keine Ausbildung, keine Partnerschaft. Sie vermeiden das Erleben von Frustration und Unlust. Das einzige, was sie gut können, ist, andere unter Druck setzen, damit sie bekommen, was sie gerade zum Leben brauchen.« Früher habe es dieses Phänomen weniger gegeben. Da hätten die jungen Leute noch geträumt, von einem schnellen Auto, einem Haus, von Geld, von irgendetwas, Hauptsache, das Leben werde besser. Die neue Generation sei bereit, mit ganz wenig auszukommen. Wichtig sei diesen Leuten nur, dass sie sich nicht anstrengen müssten. »Es führt kein Weg daran vorbei, die müssten einfach eine Ausbildung machen.« Selbst mit einer Ausbildung sei es schwierig. Im Schnitt blieben die Klienten vier Jahre auf der FPA. Bei den Antriebslosen könne es schon mal sechs Jahre dauern. »Wir wollen aber nicht, dass sie zu Pensionsgästen werden.«

Ein Tag in der FPA kostet 900 Franken. Das ist viel. Ein normaler Gefangener kostet in der Schweiz zwischen 350 und 700 Franken. In der forensischen Abteilung der psychiatrischen Klinik Rheinau kostet ein Tag 1500 Franken.

Michael Leibacher holt mich in Oberhausers Büro ab; er wird mir noch seine Abteilung zeigen, »Alter und Gesundheit«. Die AGE sieht aus wie die forensische. Auch hier gelbe Ziegel, blaue Gitter. Leibacher führt mich zuerst in sein »Prunkstück«, den Garten. Auch hier ein Teich, auch hier Blumenrabatten. Ein Mann kehrt Blätter zusammen. In einer Ecke steht ein rechteckiger Topf mit Kräutern. Ein Gefangener habe die Idee für die Kräuterecke gehabt, sagt Leibacher. Alle Gartenarbeiten machten die Gefangenen selbst. Unter dem Vordach stehen Tische mit Aschenbechern, ein Billardtisch und ein Tischfussballkasten. Die beißende Kälte treibt uns wieder hinein.

Drinnen herrscht ein reges Treiben. Alle können sich im ganzen Gebäude frei bewegen. Sogar den Lift dürfen sie benutzen, was in keiner anderen Abteilung erlaubt ist. »Für manche wäre es besser, sie würden die Treppe nehmen«, sagt Leibacher. Er wirkt gemütlich und trotz Uniform nicht wie ein strammer Aufseher.

Im Erd- und im Untergeschoss sind die Ateliers. Eine Holzwerkstatt mit Rundsägen und Bohrmaschinen. Skulpturen aus

Schwemmholz stehen herum. Ein Tisch ist vollgestellt mit filigranen Windlichtern, gefertigt aus leeren Blechdosen. Auf einem anderen liegen Grußkarten mit aufgeklebten Weihnachtsmotiven. In einer Ecke hat sich eine Truppe eleganter Katzen aus Ton versammelt. Manche sind mit kleinen Rosen verziert. Ein ehemaliger Konditor sei hier am Werk, sagt Leibacher.

Der Geruch von Abendessen zieht durchs Haus. In einem Raum im zweiten Stock stehen zwei Männer vor großen Töpfen mit Gemüsereis. Gefangene und Aufseher gehen an den Töpfen vorbei und lassen sich schöpfen. Einige gehen nebenan in den Esssaal, setzen sich an einen langen Tisch. Gefangene essen neben Aufsehern, frei durchmischt. Es macht den Eindruck wie ein Abendessen in einer Jugendherberge. Manche Gefangene nehmen den Teller mit aufs Zimmer und essen dort.

Am einen Ende des Flurs befindet sich ein großes Bad mit Dusche und Badewanne. In der freien Zeit können die Gefangenen duschen und baden, wann sie wollen. Türe abschließen geht nicht. Aus Sicherheitsgründen, wie es heißt. Jederzeit kann also jemand reinkommen.

Der jüngste Gefangene in der AGE ist Mitte zwanzig. Manche würden aus dem Normalvollzug hierher versetzt, weil sie drüben im Normalvollzug von anderen Gefangenen bedroht würden, sagt Leibacher. Beat Meier ist mit Mitte siebzig der Älteste. Bald werde einer kommen, der schon über achtzig sei, sagt Leibacher.

Er schließt eine Zelle auf, die zurzeit nicht bewohnt ist. Sie sieht aus wie die in der forensischen Abteilung. Beliebt sind die Zellen im obersten Stock. Da hat man einen weiteren Blick und sieht über die Mauer. Unbeliebt sind die Zellen neben dem Treppenhaus, zu laut.

»Unser Glück ist, dass wir selbst definieren können, was Arbeit ist«, sagt Leibacher. Wenn einer die Blätter im Garten zusammenkehre oder den Gang putze, sei das Arbeit, wenn sie das so definierten. Bei der Arbeitsvergabe würden die Fähigkeiten der Gefangenen berücksichtigt. Die Arbeit helfe den Tag zu strukturieren. »Man könne AHV-Rentnern erlauben, freiwillig etwas dazuzuverdienen.« Auch ein paar begleitete Ausgänge fände er eine gute Idee.

Wenn er könnte, wie er wollte, gestaltete er das Leben der Alten hier drin so normal wie möglich, ließe mehr Freiheiten und Öffnung zu. Sie sollten zum Beispiel die Kleider selbst waschen, das Telefon frei benutzen, mehr Besuch empfangen können, all das würde er gerne ausprobieren. Die Zellentüren möchte er nachts nicht mehr abschließen müssen, sondern zum Beispiel nur noch den Gang.

Meier ist an diesem Abend nicht zu sehen. Er isst ja für gewöhnlich auf seinem Zimmer.

10 Warum will Vogt sterben?

Peter Vogts Sozialarbeiterin meldet sich, und wir vereinbaren einen Termin. Montagnachmittag, 13.30 bis 15.30 Uhr, sagt sie. Aufnahmegerät sei okay. Fotos könne ich leider keine machen.

Das Gefängnis Bostadel liegt abseits, ist mit dem öffentlichen Verkehr nur schwer zu erreichen.

Eine Bekannte fährt mich mit dem Auto hin. Warum Vogt denn dort einsitze? Ich fasse zusammen, was die Zeitungen über Vogt geschrieben haben: Er missbraucht 1971 ein siebenjähriges Mädchen, wird wegen Unzurechnungsfähigkeit aber freigesprochen. Zwischen 1974 und 1994 begeht er zahlreiche Sexualstraftaten, es folgen Verurteilungen und drei Verwahrungen, die damals zeitlich befristet waren. 1993 – noch während seiner bedingten Entlassung – würgt er erneut eine Prostituierte. Er wird zu zehn Jahren Zuchthaus und der vierten Verwahrung verurteilt.

Jetzt wird er nie mehr rauskommen, deshalb möchte er sein Leben mit Exit beenden.

Die Sonne bricht durch, als wir von Baar nach Menzingen fahren, am Kloster vorbei zwischen grünen Hügeln runter ins Tal zur Sihl. Hier, am nordöstlichsten Zipfel des Kantons Zug, liegt die interkantonale Strafanstalt Bostadel, halb versteckt im Wald. Das Gefängnis wird von den Kantonen Basel-Stadt und Zug gemeinsam betrieben.

Ein bisschen erhöht halten wir auf dem Besucherparkplatz. Vom Parkplatz sieht man auf das Gefängnis hinunter. Ein Schild verbietet, zu fotografieren, bei Buße von zweitausend Franken.

Bostadel empfängt Besucher:innen mit einer gläsernen Schiebetür. Man kann rein und drinnen warten, bis man durch die Schleuse darf. Auch hier gibt es Fächer, in die man alles einschließen muss.

Ein Aufseher überreicht ein schwarzes Ding, das aussieht wie ein klobiges altes Handy, ein »Personenschutzgerät«. »Stecken Sie sich das an den Gürtel. Wenn Sie sich unwohl fühlen sollten, drücken Sie mindestens zweimal drauf. Dann sind wir gleich bei Ihnen.« Er führt in ein karges Zimmer, mit einem Tisch, vier Stühlen und einem Fenster in den Innenhof. Man sieht an die nächste Fassade mit vergitterten Fenstern. Die Türe des Besucherraums werde nicht abgeschlossen. »Wenn etwas ist, gehen Sie zum Empfang nach vorne. Wir sind da.« Herr Vogt werde gleich kommen. Das Klo sei hinten rechts.

Es ist still im Gebäude. Nach fünf Minuten stakst Herr Vogt an zwei Stöcken in den Raum. Ein großer, übergewichtiger Mann mit Bürstenschnitt. Er stellt die Stöcke schwer atmend an die Wand, gibt mir die Hand. Er will einen Kaffee offerieren, drüben im großen Besucherzimmer stehe ein Automat. Zwei Frauen sind seit fünf Uhr in der Früh am Putzen; aber sie liebe den Job, sagt die eine.

Mit den Plastikbechern gehen wir zurück ins Besucherzimmer. »Was ist passiert, seit das Fernsehen berichtet hat?«

»Gar nichts. Der Ball liegt jetzt bei den Vollzugsbehörden, die müssten darüber befinden, ob Gefangene Exit beanspruchen dürfen.«

»Gibt es Reaktionen?«

»Wichtige Behördenleute haben klipp und klar gesagt, man könne mir den begleiteten Suizid nicht verbieten. Es geschieht nicht im Strafvollzug, ich bin in der Verwahrung. Verschiedene Rechtsprofessoren sind zum selben Schluss gekommen.«

»Kritisch war niemand?«

»Der Vorsteher der protestantischen Kirche hat es hinterfragt, im Sinn von: Da werde durchs Hintertürchen wieder die Todesstrafe eingeführt.«

Vogt erzählt, warum er überhaupt begonnen hat, sich mit Exit zu beschäftigen.

Von 2005 bis 2011 durfte er regelmäßig begleitet in den Ausgang. Es gab nie Probleme. Er konnte jeweils im Voraus angeben, welche Leute er treffen wollte. Ein, zwei Personen aus dem Vollzug begleiteten ihn. Er traf sich oft mit Verwandten oder Bekannten in einem Einkaufszentrum.

Das erste Mal durfte er am 30. Mai 2005 begleitet raus; daran erinnert er sich gut. Er traf sich mit Carmen, seiner »Gänsefüßchentochter«, wie er sie nennt. Sie kümmere sich um seine Finanzen. Weil sie in einem öffentlichen Amt stehe, wolle sie nicht namentlich genannt werden. Carmen heißt also nicht Carmen. Verwandt sind die beiden nicht. Bevor er 1992 verhaftet wurde, hatte er ein Pferd. Carmen kam damals zu ihm reiten. Sie war noch ein Teenager; heute ist sie über vierzig, verheiratet, hat zwei Kinder und ein Haus. Über all die Jahre blieben sie in Kontakt. Am 30. Mai 2005 traf er sich mit ihr, weil sie einen Monat zuvor ihr erstes Kind geboren hatte.

Vogt kann jeden Ausgang aufs Datum genau abrufen. 2005 und 2006 durfte er zweimal raus, 2007 und 2008 dreimal, 2009 viermal. Das Jahr darauf sogar sechsmal, weil man ihm zum sechzigsten Geburtstag einen Ausgang schenkte.

2011 floh ein Häftling bei einem begleiteten Ausgang. Vogt ist überzeugt, dass den Behörden diese Flucht von Jean-Louis B. zupass kam; sie hätten das zum Anlass genommen, das Haftregime zu verschärfen. Auf jeden Fall seien danach in Bostadel die begleiteten Ausgänge gestrichen worden. Seit 2011 war Vogt nie mehr draußen.

Er wollte sich unbedingt von seiner Mutter verabschieden. Die Behörden verlangen, das Treffen müsse in der Nähe von Bostadel stattfinden. Die neunzigjährige Frau lebt heute in Österreich und kann nicht mehr reisen. »Ich werde also meine Mutter nie mehr sehen. Das kann ich nicht verstehen«, sagt Vogt.

Seine Mutter musste im Leben viel aushalten. Vogts Vater war Knecht. Er trank. Im Vollrausch machte er Zoff. Danach war dann immer alles weg, Job, Lohn, Unterkunft. Die Familie musste weiterziehen. Peter Vogt hat ausgerechnet, wie oft er als Kind neu anfangen musste. Nach der sechsten Klasse verließ er die Schule, hatte aber acht Jahre lang die Schule besucht, weil er Klassen wiederholen musste. In dieser Zeit hatte er an sechzehn verschiedenen Orten gelebt. Selten war er länger als ein halbes Jahr an derselben Schule.

Vogt hat keine Ausbildung genossen. Aber er ist belesen und klug. Ein Intelligenztest bescheinigte ihm einen IQ von 136 – ab einem IQ von 130 gilt man als hochbegabt. Er arbeitete auf dem Bau, in einer Verzinkerei oder als LKW-Fahrer. Zweimal war er verheiratet, hat drei leibliche Kinder und vier durch Partnerinnen hinzugewonnene, die ihn ebenfalls Papi nannten. Keines der Kinder kommt ihn mehr besuchen, nur die letzte Ehefrau, sie hält noch zu ihm.

»Warum ist es zu den brutalen Übergriffen gegen Frauen gekommen?«

Er seufzt. »Das ist eine schwierige Frage«, sagt er. »Ich habe ja Gewalt innerhalb der Familie erlebt.«

»Ihr Vater hat Sie geschlagen?«

»Ja, und zwar nicht nur uns Kinder. Öfters hat uns unsere Mutter mitten in der Nacht aus dem Bett geholt. Wir sind zusammen auf den Estrich und haben uns auf die Estrichklappe gesetzt, damit er nicht raufkommt. Ich habe mir geschworen, egal was passiert, ich werde innerhalb von meinen Beziehungen nie zuschlagen. Und das habe ich auch geschafft. Nun sitze ich seit siebzehn Jahren hier im Gefängnis Bostadel, und absurderweise muss ich sagen, hier bin ich zum ersten Mal irgendwo daheim. Ich habe über das Personal, die Betreuung, den medizinischen Dienst so etwas wie ein soziales Umfeld.«

»Sind das stabile Beziehungen?«

»Ja, sie haben sich über die Jahre entwickelt. Der Werkmeister, der die Werkstatt leitet, in der ich arbeite, hat im selben Jahr angefangen wie ich. Siebzehn Jahre schaffen eine gewisse Vertrautheit. Wenn mich etwas wurmt oder belastet, kann ich jemanden fragen: ›Haben Sie kurz Zeit? Können wir kurz reden?‹ Das gab es noch nie für mich. Ich bin als Wurzelloser durch die Gegend gestrauchelt.«

»Sie machen eine Therapie?«

»Ja. Ich habe erlebt, wie sich die Therapien verändert haben. Heute ist kein Vergleich mehr zu früher.«

»Ist es besser?«

»Gewisse Therapeuten meinen immer noch, sie müssten eine deliktorientierte Therapie machen – das ist einer der dümmsten Begriffe, die ich kenne. Immer nur über das Delikt reden bringt nichts. Wenn jemand wie ich von sich aus in die Therapie geht, setzt er sich mit seinem Leben, mit seiner Vergangenheit und damit zwangsläufig auch mit dem Delikt auseinander. 1988 war mein letztes Delikt, nicht die letzte Verurteilung. Verurteilt wurde ich für ein Delikt, das ich angeblich 1993 begangen hatte. Das stimmt aber nicht. Das letzte war 1988.«

»Für wie viele Vergewaltigungen wurden Sie verurteilt?«

Vogt denkt nach. »Jetzt muss ich grad aufpassen, dass ich nichts durcheinanderbringe. Die erste Vergewaltigung war 1973, eine Prostituierte in der Brunau. Die ersten drei waren eine versuchte Nötigung, ein versuchter … weiß ich nicht mal mehr genau. Und dann war das Heidi mit der schweren versuchten Nötigung und Körperverletzung und versuchter Notzucht. Dann kam Liz mit der vollendeten Vergewaltigung, wobei … es wurde als vollendete Vergewaltigung ausgelegt, weil ich sie nicht bezahlt hatte.«

»Warum immer wieder Prostituierte?«

»Eigentlich hatte ich ganz gute Beziehungen zu diesen Frauen, hatte überhaupt keine Probleme mit ihnen.«

»Warum sind Sie denn gewalttätig geworden?«

»Als es zum Beispiel mit der Liz passierte, arbeitete ich auf dem Bau im Akkord und war völlig am Ende. Das war mir damals nicht bewusst, ich konnte das erst in der Therapie herausarbeiten. Ich habe meinen Frust abreagiert.«

»Es heißt aber auch, Sie hätten Mädchen missbraucht?«

Ja, das stimme, sagt er und erzählt die Geschichte aus seiner Perspektive. Was genau war, daran könne er sich nicht mehr erinnern. Es gab Probleme in der Familie, er drehte fast durch. Vor Gericht sei er aber in diesem Fall freigesprochen worden.

»Sonst hatten Sie nie etwas mit Kindern?«

»Kommt darauf an«, antwortet er und beginnt erneut nachzuzählen. Da war eine Zwölfjährige, eine Vierzehn- oder Fünfzehnjährige, eine Siebzehnjährige und eine Frau, die schon über fünfzig war. Die Fälle passierten in den siebziger Jahren.

»Sie haben mich als Sexual- und Triebtäter eingestuft«, fährt er fort. »Das hieß, man verabreichte mir Androcur – eine chemische Kastration.«

»Haben Sie das Medikament eingenommen?«

»Zuerst habe ich es in Form von Pillen geschluckt. Es ging um Kleinstrafen, zehn oder zwölf Monate Gefängnis; man hat sie aufgeschoben.«

»Sie wurden vor die Wahl gestellt, Gefängnis oder Androcur?«

»Genau. Ich war noch völlig naiv und obrigkeitsgläubig. So wie ich aufgewachsen bin, hat man das Wort vom Lehrer, vom Pfarrer und vom Doktor nie angezweifelt. Die hatten immer recht, egal ob sie recht hatten oder nicht. Und dann kam es zum nächsten Zwischenfall.«

»Obwohl Sie Androcur schluckten?«

»Ja, ja. Ich habe schon damals gesagt, ich bin mit dem Androcur zwar sexuell absolut inaktiv, aber es hilft mir nicht bei meinen Aggressionen. Der Frust und die Aggressivität sind immer noch da. Dass ich die anderen runtermache, hat rein gar nichts mit Sexualität zu tun. Das habe ich ihnen gesagt. Die Antwort war: ›Sie nehmen das Androcur nicht richtig.‹ Dann hat man die Gefängnisstrafe wieder aufgeschoben und hat mir das Androcur gespritzt, als Depotspritze. Diese Spritze hätte sechs Wochen lang wirken sollen. Ich habe sie alle drei Wochen erneuert.«

»Hat diese doppelte Dosis gewirkt?«

»Zusätzlich haben sie noch ein Depotneuroleptikum gespritzt. Und dann ist es trotzdem zu einem Rückfall gekommen. Ich habe nachgefragt, ob sie sicher seien, dass die Medikamente helfen. Ich war bei verschiedenen Ärzten und wollte es wirklich wissen. Ich wollte mich physisch kastrieren lassen. Ich bin in der Landwirtschaft aufgewachsen. Wenn wir einen Rüden hatten, der immer abgehauen ist, haben wir ihn kastriert, dann ist er auf dem Hof geblieben, dann hatte er Ruhe. Ich habe damals gedacht, die haben einen weißen Kittel, die müssen es wissen. Das waren nicht Doktoren, das waren Professoren. Und ich Dummkopf, ich habe sechs Jahre Primarschule, was weiß ich schon.«

»Wie hat sich die Medikation angefühlt?«

Vogt schnauft hörbar verbittert und sagt: »Ich weiß auf jeden Fall, was Schmerzen sind, wenn sich eine ölige Flüssigkeit im Körper verteilt.«

»Also unangenehm?«

»Unangenehm ist nur der Vorname. Aber ich musste etwas machen, so konnte ich nicht mehr leben.«

»Sie hatten selbst das Gefühl, dass Sie Ihre Gewaltbereitschaft, Ihre Aggressionen nicht in den Griff bekommen?«

»Ich habe gewusst, dass das, was sie mit mir machen, nichts nützt. Ich selbst hatte auch kein Werkzeug, keinen Schlüssel, damit umzugehen. Erst Jahre später sagte ein Psychiater zu mir: ›Wie kommen die darauf, dass Sie ein Sexualtäter sind?‹ Ich antwortete ihm, ich sei immer als solcher eingestuft und behandelt worden. Der Psychiater sagte: ›Völlig daneben, Sie sind eindeutig ein Aggressionstäter. Sie müssen schauen, dass Sie Ihre Aggressionen bearbeiten können.‹ Das hat dann Schritt für Schritt angefangen. Einen Vorteil hat es, dass ich nun schon jahrelang in der Kiste sitze; ich wäre vermutlich sonst nie an dem Punkt angelangt, an dem ich heute bin.«

»Sie sehen eine Verbesserung?«

»Ich wäre nicht da, wo ich jetzt bin. Aber das wird schlichtweg nicht anerkannt. Lesen Sie die Therapieberichte und das Gutachten, dann können Sie sich selbst ein Bild machen! Das wird aber nie helfen, weil sich niemand von den Verantwortlichen hinstellen und sagen wird: Es ist gut, lasst ihn raus! Das Problem ist, ich will ja nicht einmal raus. Ich will sterben.« Das Datum stehe fest: »Mein siebzigster Geburtstag. Das heißt der 13. August 2020.«

11 Zwei Frauen mittendrin

Frauen kamen bislang kaum zu Wort. Das hat Gründe. Frauen sind in aller Regel Opfer. Der fundamentale Grundsatz des modernen Rechtsstaates besteht darin, dass Opfer nicht über die Bestrafung der Täter befinden. Unbeteiligte Dritte sollen das tun.

Frauen haben mit diesem Thema anders zu tun, freiwillig und unfreiwillig. Zwei habe ich getroffen, eine Heilsarmeeoffizierin und die Mutter von Ralf Scherrer.

Der pädophile Ralf Scherrer, der für seine sexuellen Übergriffe eine Strafe von drei Jahren bekommen hatte, saß zwölf Jahre in der kleinen Verwahrung – ein »59er«. Als er rauskam, musste er zuerst bei seiner Mutter wohnen. Das sei sehr schwierig gewesen.

Irgendwann fand er in einem kleinen Dorf eine günstige Wohnung. Er kaufte sich ein Auto, schaffte sich einen Hund an. Alles schien gut zu laufen. Doch eines Tages erschien die Polizei und verhaftete ihn. Er hatte im Darknet kinderpornografische Filme angeschaut.

Ein gutes Jahr nach seiner Entlassung sitzt er wieder in Haft. Er schämt sich. Sagt aber, es seien nur Hands-off-Delikte gewesen. Er habe keinen Kontakt mit Kindern gehabt. Er wisse, dass auch das Anschauen solcher Filme nicht gut sei. Inzwischen wurde er zu einer Strafe von dreißig Monaten verurteilt. Die sitzt er im Moment ab.

Wie geht seine Mutter damit um? Scherrer willigt ein, dass ich mit ihr sprechen darf.

Sie ist sofort bereit, mit mir zu reden. Eine wache Frau mit kurzem grauem Haar öffnet die Türe. Sie wirkt jugendlich, muss aber schon Mitte siebzig sein. Wir setzen uns in die Küche. Die Sonne scheint herein. Sie nimmt Zigaretten hervor, fragt mich, ob sie rauchen dürfe. Ralf möge nicht, wenn sie raucht. Er habe immer geschimpft.

Sie erinnert sich nicht gerne an die Zeit, als ihr Sohn bei ihr wohnte. Er zog ins dritte Zimmer, schloss die Türe und verbrachte die meiste Zeit vor dem Computer. Am Abend machte er für eine karitative Organisation Fahrdienste.

Er half nie im Haushalt, benahm sich wie ein Pascha. Es klingt nicht verbittert, wenn Frau Scherrer das erzählt. Sie hätte ihm gerne geholfen, aber wie soll eine Mutter ihrem über fünfzigjährigen Sohn helfen?

Der Rückfall sei vorherzusehen gewesen. Wenn die Behörden ihm geholfen hätten, eine Wohnung oder eine Arbeit zu finden, wäre es einfacher gewesen. »Aber da kam keine Hilfe. Nichts. Niemand hat mit mir geredet. Und für mich war es einfach zu viel. Er hat ja auch nie mit mir gesprochen.« Aber jetzt sei es halt so. Man könne nichts machen.

Frau Scherrer hat viel über die Pädophilie ihres Sohnes nachgedacht. »Warum müssen es Buben sein? Er könnte sich doch auch mit Burschen abgeben, die schon volljährig sind und immer noch sehr jung aussehen. Ich verstehe das nicht.« Er steht nicht auf junge Buben, sagt sie. Die Jungs waren um die dreizehn oder vierzehn Jahre alt, am Anfang der Pubertät. Er habe sie immer verwöhnt, Geschenke gekauft, Reisen gemacht. »Er war sicher immer lieb zu ihnen. Aber es ist verboten. Es geht einfach nicht.«

Sie hat für sich eine Erklärung, wie es dazu kam. Sie war erst achtzehn, als Ralf zur Welt kam. Alleinerziehend, kein Vater, der sich kümmerte. Sechs Jahre später heiratete sie einen anderen Mann. Der verstand sich nicht mit dem Stiefsohn. Sie brachte ihren Ralf in ein Kinderheim. Dort blieb er, bis er fast volljährig war. »Heute würde ich es umgekehrt machen. Ich würde den Jungen niemals weggeben und den Mann wegschicken. Aber damals wusste ich es nicht besser.« Sie zündet sich eine Zigarette an. Sie besuchte ihn oft im Heim. In den Ferien kam er zu ihnen. Sie waren immer nur kürzer zusammen, höchstens zwei, drei Wochen. Erst als er nach dem Gefängnis bei ihr einzog, lebten sie für längere Zeit zusammen.

Sie habe ein schlechtes Gewissen. Sie vermute, dass da im Heim etwas gewesen sei, Übergriffe vielleicht, aber sie wisse es nicht. Er sei immer gerne dort gewesen. Den Direktor habe er sehr gemocht. Auch später habe er das Heim immer wieder besucht.

»Einmal, als Ralf nach dem Gefängnis bei mir wohnte, kam die Polizei. Die Beamten wollten die Wohnung durchsuchen. Ralf war im Zimmer und hörte, dass ich im Gang mit den Polizisten sprach. Er öffnete das Fenster, stellte sich auf das Sims. Falls die Polizisten das Zimmer beträten, springe er runter, schrie er. Die Nachbarn öffneten die Fenster und guckten zu. Es war schlimm. Und sehr peinlich. Am Ende konnten die Polizisten Ralf bewegen, wieder reinzukommen.« Was danach geschah, wisse sie nicht.

Verhaftet wurde er damals nicht, nur befragt. Ralf habe nie mit ihr über den Vorfall gesprochen, nie. Wenn sie danach fragte, habe er zugemacht.

Ein Teil der Verwandten habe mir ihr gebrochen; auch Bekannte, die sie früher für Freunde hielt, redeten nicht mehr mit ihr – weil Ralf bei ihr wohnte, weil sie immer noch Kontakt zu ihm hielt. »Die können das nicht verstehen. Aber er ist doch mein Sohn. Er wird immer mein Sohn bleiben. Auch wenn ich nicht gutheiße, was er gemacht hat.«

Die zweite Frau heißt Hedy Brenner. In der Öffentlichkeit ist sie kaum bekannt. Sie will das auch nicht. Denn Heilsarmee und die Medien, das sei immer so eine Sache. In einem der wenigen Artikel, in denen sie vorkommt, wird zum Beispiel reklamiert, dass die Heilsarmee an Weihnachten in den Gefängnissen gesungen habe. Die Muslime möchten das nicht, schrieb die Zeitung. Sie hätten an die Türen gepoltert.

Frau Scherrer kennt Frau Brenner, weil sich die Heilsarmistin auch um Ralf gekümmert hat. »Mit der müssen Sie reden. Die ist gut. Die weiß viel«, sagte Scherrer zu mir. »Sie hat nie versucht zu missionieren, nie.«

Anwälte, Anwältinnen, Menschenrechtsorganisationen und Gefangene reden mit viel Respekt und Bewunderung über Brenner. Wir treffen uns in der Heilsarmeezentrale der Schweiz, mitten in Bern. Sie befindet sich in einem alten stattlichen Haus.

Brenner trägt ihre Uniform, schlichtes weißes Hemd mit Schulterpatten, blaue Hose. Wir gehen über den Innenhof in ein Nebengebäude, kommen in einen Raum mit Bänken, Stühlen, in einer Ecke liegt Kinderspielzeug. Hier finde die Sonntagsschule statt. Es gebe leider kein anderes freies Zimmer, entschuldigt sie sich. Viele Jahre lang hat sie Gefangene besucht und das Gefängnisteam der Heilsarmee geleitet.

Aufgewachsen ist Hedy Brenner in Kreuzlingen im Thurgau. Sie lernte Musikhändlerin, ging nach der Ausbildung nach Österreich, arbeitete dort mit Obdachlosen und kam so mit der Heilsarmee in Kontakt. Sie war fasziniert, wie nahe die Heilsarmee an den Leuten dran war, die am Rande der Gesellschaft gelandet waren. Da wollte sie mitarbeiten. Sie wurde Mitglied, kehrte in die Schweiz zurück und machte die Ausbildung zur Offizierin.

Die Heilsarmee ist in der Schweiz ein großes Unternehmen mit einem Umsatz von zweihundert Millionen Franken und zweitausend Angestellten. Brenner hatte eine leitende Position, war aber nicht glücklich damit. Es war ihr zu weit weg von den Menschen. Bis sie in die Gefängnisarbeit einsteigen konnte.

»Außerhalb der Gefängnisse wären wir als Freikirche vielleicht verzichtbar, aber drinnen macht es für die betroffenen Leute einen Unterschied, ob es uns gibt oder nicht.« Mit ihr muss man nicht beten. Ihre Mission ist, präsent zu sein, zuzuhören. Die Heilsarmee besucht nur Leute, die sich Besuch wünschen.

In den letzten Jahren habe sie die Verschärfungen im Maßnahmenrecht sehr zu spüren bekommen. Es seien vor allem ältere Männer, die sich Besuch von der Heilsarmee wünschten, Männer, die von niemandem mehr besucht würden.

Der ganze Zynismus, der im Verwahrungssystem drinstecke, mache ihr immer mehr zu schaffen. Sie erzählt von einem Mann, den sie begleitet, seit er in Untersuchungshaft kam. Er stammt aus einem Kriegsland. Nennen wir ihn Hoshyar Aslan. Im ersten Gutachten steht, er sei schizophren. Ein zweiter Gutachter kommt zum Schluss, Aslan sei nicht psychisch krank. Dieser Gutachter führt über fast neunzig Seiten aus, warum die Diagnose des ersten Kollegen falsch sei. Auf den letzten Seiten schreibt er, was die Einschätzung der Gefährlichkeit betreffe, möchte er folgenden Vorschlag machen: Wenn man den Mann in sein Herkunftsland zurückschicken könne, solle man das tun. Aber wenn er in der Schweiz bleiben müsse, empfehle er, die Maßnahme zu verlängern. »Das nenne ich Zynismus.«

Ein zweiter beschäftigt sie, ein Türke, nennen wir ihn Hassan Türköz. Er beging ein Gewaltdelikt und bekam dafür vier Jahre und drei Monate plus eine therapeutische Maßnahme. Ein Gutachter diagnostizierte eine schizoaffektive Persönlichkeitsstörung. Im Gefängnis verschrieben sie Türköz Psychopharmaka. Er merkte, dass sie ihm nicht gut taten; unter anderem nahm er massiv zu. Er setzte die Medikamente eigenmächtig ab.

Bald nahm Türköz die Tabletten nur in Empfang, steckte sie aber heimlich in die Hosentasche und sammelte sie. Er dachte sich, wenn die Diagnose stimmt, müsse er Symptome entwickeln. Türköz weihte einen Mithäftling ein, um einen Zeugen zu haben. Er merkte nichts, bekam keine schizophrenen Schübe, blieb symptomfrei. Nach eineinhalb Jahren gab es ein Standortgespräch. Die Therapeutin machte ihre Einschätzung, sagte, die Therapie greife gut und die Medikamente hülfen offensichtlich. Da griff Türköz in die Hosentasche und legte die gehorteten Medikamente auf den Tisch.

Danach passierte nichts. Tabletten bekam er keine mehr. Nachdem er zwei Drittel seiner Strafe verbüsst hatte, wiesen ihn die Behörden aus der Schweiz aus. Aufgrund seiner Gefährlichkeit bekam er ein Schengen-Einreiseverbot. Türköz erzählte Brenner später am Telefon, dass er bei der Einreise am Flughafen in Istanbul festgenommen worden sei. Die türkischen Behörden teilten ihm mit, aufgrund eines Schreibens, das sie von der Schweiz erhalten hätten, würden sie ihn überwachen.

Das ist nun zwei Jahre her. Türköz versuchte, Arbeit zu finden. Immer wenn er eine Zusage hatte, kam wenig später von der Firma eine Absage. Man teilte ihm mit, man sei von den türkischen Behörden informiert worden, »dass wir Sie nicht einstellen dürfen, sonst bekommen wir selbst Probleme«. Schon dreimal sei das passiert, immer dasselbe Spiel.

Sie sei nicht blauäugig, sagt Frau Brenner, wirklich nicht. Aber den Glauben an die hehren Ziele des Strafvollzugs hat sie in den letzten zehn Jahren verloren. »Wenn ich höre, dass der Strafvollzug eine Zeit sein soll, in der die Gefangenen auf die Gesellschaft draußen vorbereitet werden, muss ich auf den Stockzähnen lachen. Das ist so weit weg von der Realität.«

Brenner wirkt unscheinbar. Doch wenn sie erzählt, geht eine unglaubliche Kraft von ihr aus. Eine Empörung glüht in ihr. Einmal habe sie selbst erlebt, wie man einem Psychiater ausgeliefert sein könne. Ein Gefangener fragte an, ob er einem Gutachter ihren Namen geben dürfe. Sie sagte Ja. Der Gutachter rief an. Er wolle ein paar Fragen stellen. »Und ich war so blöd und habe die Fragen am Telefon beantwortet. In gutem Glauben.« Es ging um die Resozialisierbarkeit des Mannes. Sie sagte dem Gutachter, wie sie ihn erlebe. Dass sie ihn für fähig halte, sich draußen wieder einzugliedern, und dass die Heilsarmee bereit sei, ihn dabei zu unterstützen.

Wochen später erhielt der Gefangene das Gutachten. Er schickte Brenner die sieben Sätze, in denen der Psychiater sie zitierte. »In diesen sieben Sätzen gab es vier massive inhaltliche Fehler. Zum Teil stand da das genaue Gegenteil von dem, was ich gesagt hatte. Das meldete ich dem Gutachter zurück und wies ausdrücklich darauf hin, dass ich das so nicht gesagt habe. Von ihm kam keine Antwort.«

Sie sei nicht grundsätzlich gegen Gefängnisse. Sonst könne sie diese Arbeit nicht machen. »Ich denke, dass es leider noch ein notwendiges Übel ist. Mit Betonung auf Übel und auf notwendig. Man hat bis jetzt einfach keine bessere Alternative.«

12 War das gut?

Das Gespräch ist beendet. Wir stehen vor der Bürotür, zum Abschied bereit. Thomas Manhart, ein fülliger Herr mit Schnauzbart und herzlichem Lachen, wird nochmals ernst. »Die schwierigen Fälle hatte ich wohl immer auf dem Radar.«

Das klingt wie das Resümee eines langen, erfolgreichen Berufslebens – alles lief plus, minus rund. Nie mehr habe ein Häftling auf Freigang etwas Schlimmes getan. Es passierten keine schweren Fehler. Aber die im Dunkeln, die habe er nicht gesehen; die im Lichte, die Hauerts, die Hochgefährlichen, die absorbierten alle Aufmerksamkeit.

Mit ihnen hatte Manharts Karriere auch angefangen. Moritz Leuenberger, zu jener Zeit Zürcher Regierungsrat, fragte Manhart, ob er nicht Generalsekretär der Justizdirektion werden möchte; beide waren Mitglied der Sozialdemokratischen Partei. Manhart sah sich aber nicht als Politiker. Er arbeitete als Gerichtsschreiber und dachte, er werde vielleicht einmal Richter. Von Vollzug hatte er keine Ahnung. Er sagte Leuenberger ab. Doch dieser blieb hartnäckig. Am Ende sagte Manhart zu.

Kurz danach ermordete Erich Hauert bei Zollikerberg Pasquale Brumann. Manhart ahnte, dass dieser Fall die Justizdirektion durchschütteln werde. Er hätte noch absagen können, aber er blieb dabei. Er machte zielstrebig Karriere, vom Generalsekretär zum Oberstaatsanwalt bis hin zum Chef Justizvollzug. Inzwischen hat er ein Vierteljahrhundert für die Justizdirektion gearbeitet. Bald geht er in Pension.

Sein Büro befindet sich im selben Gebäude, in dem Psychiater Frank Urbaniok gewirkt hatte, im eintönigen Büroviertel beim Bahnhof Zürich Altstetten. Manhart erzählt von der allgemeinen Stimmung in der Zeit, als er sein Amt übernahm. »Da sagte man: ›Ist ja unglaublich, was da im Strafvollzug alles abgeht. Jetzt muss man die Schrauben anziehen. Ich habe die Zeit vom Schraubenanziehen all die Jahre mitgemacht und zum Teil mit befeuert.« Er macht eine Pause und fügt nachdenklich an: »Alle haben ins selbe Horn geblasen. Und heute, wo ich gehe, stelle ich mir halt doch die philosophische Frage: War das jetzt wirklich meine Lebensaufgabe, in diesem Bereich tätig zu sein?«

»Was ist Ihre Antwort?«

»Wenn ich ganz tief in mich hineinhorche, würde ich sagen: Eigentlich habe ich mir das nie so vorgestellt.«

Für einen Moment blickt er still vor sich hin.

»Warum?«

»Leute einsperren heißt vor allem auch, Lebenszeit vernichten. Aber für den gesellschaftlichen Konsens, für die Wiederherstellung von Rechtsfrieden sind Gefängnisse wichtig. Ich sehe keine Alternative.«

Somit hat er das System mitgetragen. Dazu gehört die Fachkommission. Sie ist eine mächtige Institution. Ursprünglich ging sie aus der Untersuchungskommission Bertschi hervor, die den Mordfall Hauert analysierte; Marcel Bertschi war damals der Erste Staatsanwalt des Kantons Zürich. Leuenberger hatte den

Gefangenen spontan alle Urlaube gestrichen. Die Kommission musste dann jedes Gesuch überprüfen. Ohne Zustimmung der Kommission gab es keinen Urlaub mehr. Neben Bertschi waren noch jemand aus dem Vollzug und ein Psychiater oder eine Psychiaterin Teil des Gremiums, und es musste mindestens eine Frau dabei sein.

Im Strafvollzug gibt es die Zeit vor dem Mord am Zollikerberg und die Zeit danach. Bertschi verkörperte die Zeit danach. Er verkündete im September 1996 im *Tages-Anzeiger:* »Es gilt der eiserne Grundsatz, im Zweifelsfall wird gegen den Inhaftierten entschieden.«* So wie das Leuenberger in seiner Erklärung im Kantonsrat vorgegeben hatte.

Längst ist die Kommission institutionalisiert. Sie hat eigene Richtlinien und ein eigenes Reglement. Das Grundprinzip ist aber dasselbe geblieben. Dem gegenüber warten alle Inhaftierten auf Vollzugslockerungen. Sie dürfen vielleicht mal in einen begleiteten oder unbegleiteten Ausgang. Wenn es gut läuft, extern arbeiten oder wohnen. Im letzten Schritt folgt die bedingte Entlassung. Aber vor jeder Lockerung schaut die Kommission die Akten an und gibt eine Empfehlung ab. Bestimmen kann sie nicht. Es ist nur eine Stellungnahme, mehr nicht.

Manhart sagt: »Ich selbst bin all die Jahre nie von den Empfehlungen der Fachkommission abgewichen. Auch ich habe mich sehr stark auf ›in dubio pro securitate‹ verpflichtet.«

Er könne sich noch gut erinnern, wann sich das geändert habe. »Das war 2011, als ich intern bei einem Führungstreffen gesagt habe, ich bekenne mich zur Fachlichkeit. Es gibt Fälle, wo wir uns doppelt und dreifach absichern müssen, aber immer im Rahmen unserer Fachlichkeit.«

* *Tages-Anzeiger*, 17. und 24. September 1996

»Was heißt das?«

»Es gab Fälle, bei denen ich zuvor gesagt hatte, die kommen unter meinem Regime nie raus, das müsste schon ein Gericht befehlen. Bis ich irgendwann gemerkt habe, so geht es für mich nicht mehr. Es gibt prominente Anwälte, die ich sehr schätze, die mir das nie verzeihen. Der Grundgroove ist nicht, Leute zu versenken. Der Grundgroove ist, mit allen Beteiligten einen Weg zu finden, der hinausführt.«

»Es werden aber auch Leute aus einer 59er-Verwahrung nachträglich verwahrt. Die verschwinden einfach im System.«

»Ja. Bei einer guten Handvoll haben wir die nachträgliche Verwahrung beantragt, obwohl wir starke Zweifel hatten, ob es sinnvoll ist.«

»Warum haben Sie es trotzdem gemacht?«

»Wir waren uns nicht sicher und wollten die Entscheidung dem Gericht überlassen.«

»Sie haben sich aus der Verantwortung gestohlen?«

»Ich finde, wir haben im Zusammenhang mit der Verwahrung zu viele Kompetenzen, die letztlich nicht legitimiert sind. Ein Gericht ordnet eine Verwahrung an – wir entlassen aus der Verwahrung. Ich halte das rechtsstaatlich gesehen für keine überzeugende Lösung.«

»Wie müsste es denn sein?«

»Ein Gericht müsste dafür zuständig sein. Jeden Hennenschiss lässt man heute richterlich beurteilen, das ist sinnvoll. Aber ob eine Haft gelockert werden kann, darf der Strafvollzug selbst entscheiden, ohne dass die Betroffenen Anspruch auf einen Anwalt haben. Die Klienten und ihre Anwälte möchten bei der Fachkommission das rechtliche Gehör haben. Das ist, um das Mindeste zu sagen, gut nachvollziehbar. Nun, das kann man mir als Nestbeschmutzung auslegen.«

»Haben Sie versucht, etwas zu ändern?«

»Nein. Das ist nichts, worauf ich speziell stolz wäre.«

»Sie hätten die Möglichkeit gehabt?«

»Ich habe es einfach nie angepackt. Ich denke, das ist ein größeres Thema. Klar, die hat man am liebsten, die 25 Jahre lang mitmachen und am Schluss sagen, was man alles ändern muss.«

Was ihm wirklich Sorgen mache, und da stehe er im Widerspruch zu seinem lieben Freund Frank Urbaniok – das sei nicht ironisch gemeint, er möge ihn wirklich sehr –, aber eben, was ihm Sorgen mache: »Urbaniok steht für den Paradigmawechsel vom Verschuldens- zum Präventionsstrafrecht. Ich finde das eine ganz, ganz schwierige Entwicklung.« Im Verschuldensstrafrecht wisse der Angeschuldigte, was ihn in etwa erwarte. Es sei wie mit einer Preisliste; jeder erhalte für dasselbe Delikt dieselbe Strafe. Jemand, der mit einem Kilogramm Heroin erwischt wird, könne sich ausrechnen, wie hoch die Strafe sein wird. Schmuggelt er mehrere Tonnen, wiegt das Delikt schwerer, die Strafe fällt schärfer aus. Es solle bei allen derselbe Maßstab gelten. Beim Präventivrecht sei das nicht der Fall. Das mache es rechtsstaatlich so fragwürdig. »Ich habe berührende Briefe bekommen von Leuten, die in einer Maßnahme oder der Verwahrung sitzen. Sie schrieben mir, sie seien Willens, jeden Beitrag zu leisten, der ihnen abverlangt werde, um wieder in die Freiheit zu kommen. Aber sie wüssten nicht, was sie machen sollten; entweder werde ihnen vorgeworfen, sie beteiligten sich zu wenig, oder aber, sie seien überangepasst.«

Nach seinem Verständnis gelte immer noch, jemand wird für etwas bestraft, was er begangen hat. Bei den schweren Delikten gelte das nicht mehr. »Da haben die Forensiker die Deutungshoheit übernommen. Ein wirklich ungünstiges Gutachten zu neutralisieren, ist für einen Anwalt fast nicht möglich. Wenn er ein Gegengutachten in Auftrag gibt, hat das sofort ein Gschmäckli.«

Manhart spricht vom Kampf zwischen den Forensikern und der Juristenzunft und findet, die Juristen müssten wieder mehr Verantwortung übernehmen. Thierry Urwyler habe eine Dissertation darüber geschrieben. Darin komme er zum Schluss, wenn ein Psychiater mit jemandem für ein Gutachten spreche, müsse eigentlich ein Verteidiger dabei sein. Noch vor kurzer Zeit hätte er, Manhart, gesagt, das sei überhaupt nicht richtig; damit nehme man Einfluss auf die Qualität des Gutachtens. Inzwischen sehe er das anders. »Es geht letztlich um dieselbe Logik wie beim Anwalt der ersten Stunde.«

Der Anwalt der ersten Stunde kommt in jedem Fernsehkrimi vor. Verdächtige, die verhört werden, wollen oft bald ohne ihren Anwalt kein Wort mehr sagen. »Wenn kein Anwalt dabei ist, offenbart der Klient vielleicht etwas, was zu seinen Ungunsten ist. Natürlich ist es für die Strafverfolgung schön, wenn ein Verdächtiger alles gleich rauskotzt. Aber das ist nicht wirklich fair. Und ähnlich ist es bei der Begutachtung. Ein erfahrener Anwalt müsste warnen können: Achtung, das ist eine Falle!«

Beim Rausgehen kommt uns zufälligerweise Thierry Urwyler entgegen, ein Mann um die dreißig, mit Brille, intellektuell. Wir reden über seine Dissertation. Sie ist im Druck. Er verspricht, ein Exemplar zu schicken. Wenig später trifft das dicke Buch ein. Es trägt den trockenen Titel »Das Teilnahmerecht der Verteidigung am Explorationsgespräch des psychiatrischen Sachverständigen mit der beschuldigten Person im Lichte der EMRK«.

Jurist:innen benutzen eine Sprache, die sich nicht leicht liest. Aber einfach zusammengefasst, weist Urwyler nach, so wie heute die Psychiater:innen ihre Gutachten erstellen – in der einsamen Kammer, abgeschottet und ohne Transparenz, so wie zum Beispiel Stefan Steiner das erlebt hat –, verstoßen sie gegen die Menschenrechtskonvention. Das ließe sich vermeiden, wenn »eine audiovisuelle Aufzeichnung der Exploration oder eben ein

Teilnahmerecht der Verteidigung« eingeführt werde. Im Resümee heißt es: »Diese Position wird zwar in Teilen der forensischen Psychiatrie zu Widerspruch führen. Die vorliegende Situation spiegelt gewissermassen die Ausgangslage vor der Einführung des Anwalts der ersten Stunde. Hätte man die damals aus Strafverfolgungskreisen geäußerten Stellungnahmen (Gefährdung der Wahrheitssuche durch den anwesenden Anwalt) zum Nennwert genommen, hätte die Einführung des Anwalts der ersten Stunde den unmittelbaren Zusammenbruch der Strafverfolgung bewirken müssen. Wir alle wissen, dass es so nicht gekommen ist. Analoges dürfte im vorliegenden Kontext gelten.« Urwylers Botschaft an die Psychiater:innen lautet, sie sollten sich nicht fürchten, wenn ihnen künftig Verteidiger bei der Arbeit zuschauten.

Als ich Thomas Manhart den Text zum Gegenlesen schicke, habe ich noch eine Frage: Gab es einen bestimmten Anlass, dass er von »in dubio pro securitate« abrückte?

Er mailt zurück: »Der Grund ist letztlich ein sehr persönlicher. Ich bin bereit, diesen offenzulegen, denn es ist wichtig zu erkennen, dass Entscheidungsträger auch immer von ihren ganz persönlichen Erfahrungen beeinflusst werden. Mein zweiter Sohn Martin leidet an schwerem frühkindlichem Autismus sowie an Epilepsie. Mit der einsetzenden Pubertät wurde er immer verhaltensschwieriger, fremd- und selbstaggressiv. 2011 war er 18 Jahre alt, 193 cm groß, schlank und sehr kräftig. Ein Heimplatz für ihn zu finden war außerordentlich schwierig. Aus einem Sonderschulheim war er rausgeflogen, nicht mehr tragbar. Er galt als hoffnungsloser Fall, und es ließ sich nur mit größter Mühe eine Anschlusslösung in einem spezialisierten Heim finden. Er musste immer wieder in der Epilepsieklinik stationär behandelt werden. Von dort kam er manchmal, wenn er in der Klinik untragbar geworden war, ins Burghölzli, die Psychiatrische Universitätsklinik (PUK). Ich habe schon viel erlebt, aber als ich ihn in der PUK mit einer Fünfpunkt-Fixation (manchmal auch Siebenpunkt-) gefesselt und schwer medikamentös sediert, ständig jammernd und an seiner Fesselung zerrend, angetroffen habe, war ich nicht nur schockiert, es hat sich bei mir auch innerlich etwas verändert. Ich konnte von da an auch beruflich nicht mehr akzeptieren, dass es hoffnungslose Fälle geben soll. Letztlich ist für mich daraus eine entscheidende Lebenshaltung geworden: Ich bin nicht bereit, auch nur einen einzigen Menschen verloren zu geben.«

Manhart hat noch ein Bild seines Sohns mitgeschickt. Er liegt da, am Bauch, an den Oberschenkeln, an den Fußgelenken festgebunden. Das ist Fünfpunkt-Fixation; bei Siebenpunkt werden auch noch die Arme festgebunden. Es mag zum Schutz des Patienten gedacht sein, sieht aber aus wie Folter.

11 Das Rückfallrisiko

Michael Alex ist Psychologe und Jurist und als solcher eine Koryphäe. Seine Studien sind bekannt und vielgelesen. Er hat darüber geforscht, wie zuverlässig Gefährlichkeitsprognosen sind. Einige Jahre lang hat er in Gefängnissen gearbeitet und Sexualstraftäter therapiert. Bis vor kurzem lehrte und forschte er am kriminologischen Lehrstuhl der Universität Bochum. Inzwischen ist er emeritiert und lebt in Hamburg-Altona in einer hübschen Dachgeschosswohnung in einem Altbau. Auf dem Küchentisch steht ein bunter Blumenstrauß. Alex setzt Kaffee auf.

Er hat buschige Augenbrauen, einen üppigen weißen Haarkranz. Fröhlich setzt er sich zu mir an den Küchentisch.

Deutschland hatte auch einen Fall Hauert, einen Mord, der die Öffentlichkeit aufwühlte und die Politiker:innen elektrisierte. Das Mädchen hieß Julia und war acht Jahre alt. Es verschwand Ende Juni 2001 aus Biebertal, einem Dorf in Hessen. Fünf Tage nach dem Verschwinden fand man die Leiche des Kindes in einem Wald, verbrannt.

Der damalige Kanzler Gerhard Schröder sagte am Tag darauf

zu *Bild am Sonntag*, er komme immer mehr zu der Auffassung, dass erwachsene Männer, die sich an kleinen Mädchen vergingen, nicht therapierbar seien. »Deswegen kann es da nur eine Lösung geben: wegschließen – und zwar für immer.« Dieser Satz habe fortan die Verwahrungsdebatte in Deutschland geprägt, sagt Alex. Schröder fügte noch an, in diesen Fällen sei eine Wiederholungsgefahr nie ganz auszuschließen, »deswegen gibt es nur ein Gebot: Die Kinder müssen geschützt werden«.

Der Täter wurde nach wenigen Wochen gefasst. Es war ein 33 Jahre alter Familienvater. Er hatte versucht, im Keller seines Hauses Beweise zu verbrennen. Dabei entzündete sich unkontrolliert Benzin, der Mann fing Feuer. Er zog sich schwerste Verbrennungen zu und ist seither auf fremde Hilfe angewiesen. Trotz aller Beweise hat er die Tat immer bestritten.

Der Mord und Schröders Aufruf führten dazu, dass das Parlament das Gesetz verschärfte. Es sollte künftig möglich sein, einen gefährlichen Täter während des Strafvollzugs nachträglich in eine unbefristete Sicherungsverwahrung zu versetzen. Vorher konnte das nur ein Gericht während des Prozesses anordnen, und die Verwahrung war auf zehn Jahre begrenzt.

Das neue Gesetz trat ein Jahr nach der Ermordung von Julia bereits in Kraft. Es hätte ihr allerdings auch nicht das Leben gerettet, wenn es früher gegolten hätte. Ihr Mörder war ein Ersttäter. Zuvor hatte er nie jemandem Gewalt angetan.

Die Gewalt- und Sexualstraftäter, die 2002 bereits im Gefängnis saßen, wollte man in die neue Regelung überführen; man nannte sie »Altfälle«. Mehrere dieser Altfälle wehrten sich dagegen, dass sie nachträglich in Sicherungsverwahrung kommen sollten. Sie gingen bis an den Europäischen Gerichtshof für Menschenrechte in Straßburg und bekamen recht. Danach zog das Bundesverfassungsgericht nach, das ihnen ebenfalls recht gab.

Dadurch passierte etwas Unvorstellbares: Viele Männer, von denen die Gutachter zuvor gesagt hatten, sie seien hochgefährlich, dürften auf keinen Fall auf freien Fuß kommen, mussten entlassen werden. Das war eine Art unfreiwilliges Experiment: Bundesweit wurden hundertfünfzig bis zweihundert Hochgefährliche entlassen. Und Michael Alex wollte nun wissen, wie sie sich in Freiheit bewährten.

»Wie sind Sie vorgegangen, Herr Alex?«

»Es war nicht einfach, herauszufinden, wer die Leute waren. Manche Bundesländer weigerten sich, Auskunft zu geben. Am Ende hatten wir aber die Informationen über 131 entlassene Männer. Von denen konnten wir die Akten der Staatsanwaltschaft und die Vollstreckungsakten einsehen. Wir wussten, wie es mit ihnen im Vollzug gelaufen war und warum die Sicherungsverwahrung beantragt worden war. Danach glichen wir die Daten mit dem zentralen Strafregister ab und konnten feststellen, wer nach drei Jahren rückfällig geworden war.«

»Der Psychiater Frank Urbaniok sagt, in einem so kurzen Zeitraum sei nicht festzustellen, ob jemand wieder straffällig wird. Weil es schon für die Untersuchung, das Verfahren und den Prozess mehr als drei Jahre brauchen würde.«

»Ja. Die Kritik kam gleich. Deshalb haben wir die Untersuchung später nochmals wiederholt. Technisch war das noch schwieriger. Das Bundesamt für Justiz war nicht gerade kooperativ. Aber das Ergebnis ist eindeutig: 15 Prozent sind schwerwiegend rückfällig geworden, also auch wieder mit einem Gewalt- oder Sexualdelikt. Diebstahl oder andere kleinere Delikte berücksichtigten wir nicht. 15 Prozent entspricht in etwa dem, was wir regulär bei Entlassungen aus dem Strafvollzug bei schwerwiegender Delinquenz haben. Bei Raub oder Sexualstraftaten liegt die Rückfallquote zwischen 15 und 25 Prozent. Höher war sie bei den vermeintlich Hochgefährlichen auch früher nie.«

Michael Alex berichtet von einer Untersuchung in der Charité in Berlin, eine der größten und bekanntesten Kliniken Deutschlands. Alle Hochgefährlichen, die in Berlin entlassen worden waren, hatte die Charité danach zehn Jahr lang intensiv begleitet. Zwölf Männer waren es. »Von den zwölf hat einer wieder etwas Geringfügiges getan. Keiner hat jemanden umgebracht oder so was Ähnliches.«

Der Psychiater Hans-Ludwig Kröber habe das Projekt betreut. »Der achtete darauf, in welches Umfeld die Leute entlassen werden. Da kann einer eine Macke haben, aber wenn er draußen gut betreut wird, ist die Wahrscheinlichkeit gering, dass er rückfällig wird. Inzwischen wird allgemein die Nachsorge viel wichtiger genommen; da hat sich viel getan.«

Die italienische Espressomaschine zischt auf dem Herd. Alex steht auf, stellt Milch und Zucker auf den Tisch und gießt Kaffee ein.

»Hat Urbaniok die Ergebnisse der zweiten Untersuchung akzeptiert?«

»Nein. Es gibt einen ganz bösen Artikel von ihm dazu, in dem er alle möglichen Bedenken vorbringt. Ein Großteil der Leute seien wahrscheinlich ins Ausland gegangen und tauchten deshalb nicht mehr in der Statistik auf. Was nicht stimmt. Zwei oder drei sind ins Ausland gegangen, das haben wir überprüft. Zehn von den 131 sind gestorben, bevor sie wieder etwas machen konnten. Wie lange jemand noch lebt, nachdem er entlassen wurde, kann man ja schlecht prognostizieren.«

Die meisten Delinquenten begehen ihre Straftaten zwischen zwanzig und dreißig. Danach kehren sie ins bürgerliche Leben zurück. Darüber sei man sich in der Kriminologie einig, sagt Alex: »Man ging davon aus, bei Sexualstraftätern sei das ganz anders, die würden bis ins hohe Alter delinquieren. Aber das stimmt nicht. Wir hatten in der Untersuchung achtzehn Sexualstraftäter, die über fünfzig Jahre alt waren, als sie entlassen wurden. Wir hatten natürlich viel mehr Sexualstraftäter, die waren aber jünger. Von den über Fünfzigjährigen ist nur einer wieder einschlägig aufgefallen. Das bedeutet, auch bei denen nimmt die Gefährlichkeit ab, je älter sie werden.«

Er holt ein vierzehnseitiges Papier hervor, das den Titel trägt: »Kriminalprognose und Legalbewährung. Wie zuverlässig lässt sich Rückfallgefahr vorhersagen?« Die Studie ist von ihm und 2014 erschienen. Sie enthält einen Überblick über die Rückfallforschung. 1966 mussten im US-Bundesstaat New York wegen eines Gerichtsentscheides fast tausend der gefährlichsten psychiatrischen Patienten entlassen werden, 920 Männer und 47 Frauen. Dreizehn wurden nach geraumer Zeit als gefährliche Geisteskranke wieder eingesperrt, elf begingen erneut eine schwere Straftat und kamen in eine Spezialanstalt, der große Rest, 97 Prozent, fiel nicht mehr auf.

Fünf Jahre später mussten in Pennsylvania ebenfalls aus juristischen Gründen 438 gefährliche, geistesgestörte Straftäter entlassen werden. Von ihnen wurden 14 Prozent innerhalb von vier Jahren wieder gewalttätig.

Die DDR hatte, als die Mauer fiel, 32 hochgefährliche sogenannte Maßregelpatienten. Nach der Wiedervereinigung übernahm die Bundesrepublik diese Patienten in ihren Maßregelvollzug. Das Bundesverfassungsgericht befand, das sei nicht rechtens, worauf die 32 Leute entlassen werden mussten. Innerhalb von sechs Jahren begingen fünf von ihnen erneut schwere Gewalt- oder Sexualdelikte. Der Jurist Stefan Rusche hat darüber seine Dissertation verfasst und kommt zu dem Schluss: »In Deutschland wie in anderen Ländern sind etwa 85 Prozent der vermeintlich gefährlichen Gefangenen und Patienten unnötig untergebracht.«

Michael Alex zitiert diverse andere Studien. Alle kommen zu

ähnlichen Ergebnissen: 85 Prozent der angeblich hoch rückfallgefährdeten Delinquenten werden nicht rückfällig.

»Die Befunde machen deutlich, dass Prognosen zur künftigen Legalbewährung von Haftentlassenen auch nach Einführung von Standards für Prognosegutachten weiterhin sehr unsicher sind«, konstatiert Alex in seiner Studie.

Dann folgt ein komplizierter, aber interessanter Satz: »Ohne konkreten Befund wird kein Sachverständiger sich ernsthaft mit der Frage beschäftigen, ob möglicherweise durch den nahen Tod des Begutachteten eine Rückfallgefährdung ausgeschlossen ist, obwohl nach den Ergebnissen unserer Untersuchung die Wahrscheinlichkeit dafür nicht wesentlich geringer ist als die, dass es tatsächlich zu dem erwarteten schwerwiegenden Rückfall kommt.« Einfach gesagt heißt das, wenn ein Gefährlicher frei gelassen wird, ist sein Risiko, bald nach der Freilassung zu sterben gleich groß wie sein Risiko, eine schwere Straftat zu begehen. Nur interessiert das erste Risiko keinen Gutachter, das zweite hingegen schon. Denn wenn jemand wieder mordet oder vergewaltigt, haben die Gutachter:innen ein ernsthaftes Problem.

»Es ist ja für einen Gutachter eine totale Belastung, wenn ein Rückfall passiert und man befürwortet hatte, dass derjenige rauskommt«, sagt Alex in seiner Küche.

Es gebe doch aber auch Leute, die man nicht draußen haben möchte. Leute wie zum Beispiel Thomas N., der Rupperswiler Mörder, der vier Leuten die Kehle aufgeschlitzt hat.

»Ja«, sagt Alex, »da haben Sie recht.«

»Und wie kann man die aus dem Haufen der möglicherweise Hochgefährlichen herausfiltern?«

»Das ist das große Problem. Norbert Leygraf, einer der Päpste der psychiatrischen Gutachter in Deutschland, hat gesagt, links und rechts vom Spektrum sei es ziemlich einfach. Wir könnten relativ gut vorhersagen, wer nichts mehr machen wird, und könnten bei bestimmten Leuten relativ sicher sagen, sie werden weiterhin gefährlich sein. Für die riesige Gruppe dazwischen stellt sich letztlich eine politische Frage: Welches Risiko ist eine Gesellschaft bereit, in Kauf zu nehmen?«

»Es beträgt immerhin 15 Prozent für ein schweres Delikt.«

»Ja. Aber es gibt ganz wenige Kriterien, an denen ich das festmachen könnte. Wir haben bei unseren siebzehn, die dann wieder etwas Schwerwiegendes getan haben, versucht rauszukriegen, worin sie sich von den anderen, die nichts Gefährliches mehr gemacht haben, unterschieden.«

»Was kam dabei heraus?«

»Signifikant anders war nur, dass sie relativ häufig schwerwiegende Delikte begangen hatten, also die Vielzahl der Delikte und die Schwere der Delikte. Das waren die einzigen Kriterien, mit denen sich von denjenigen unterschieden, die nicht wieder rückfällig wurden.«

Aber was sollen man mit denjenigen tun, von denen auch er glaube, dass sie gefährlich seien?

Die müssten angenehm untergebracht werden. Er habe vor kurzem eine sogenannte Long-stay-Institution in den Niederlanden besucht. Da seien die, bei denen keine Therapie geholfen habe und die vermutlich nie mehr rauskämen. Das sei eindrücklich gewesen, gegen innen völlig offen, ohne Mauern, nur Zäune. Die Leute könnten sich den ganzen Tag auf dem Gelände frei bewegen.*

Eine Zeitlang habe man darüber diskutiert, auch in Deutschland solche Einrichtungen zu bauen. Das sei dann aber zu teuer gewesen. Die Justizverwaltung habe deshalb versucht, die Sicherungsverwahrung wie in der Schweiz möglichst an den normalen

* Siehe Kap. 18 »Das Dorf der Supergefährlichen« S. 165

Vollzug anzubinden, damit es günstiger werde. »Die Gerichte haben aber gesagt, so gehe das nicht. Es könne zwar auf dem Gelände einer Anstalt sein. Aber Sicherungsverwahrung dürfe nicht mehr knastähnlich sein. In Deutschland wird vom ›Abstandsgebot‹ gesprochen. Gemeint sind Sonderabteilungen, die vom normalen Strafvollzug völlig getrennt sind.«

Derartige Sonderabteilungen sind inzwischen überall in Deutschland entstanden. Michael Alex kann ihnen nicht viel abgewinnen. »Eigentlich verwahren sie dich da drin und wissen ganz genau, dass du da drin kaputt gehst – und nicht geläutert daraus entlassen werden könntest.«

»Was würden Sie machen, wenn Sie entscheiden könnten?«

»Ich würde die Sicherungsverwahrung abschaffen und dafür den Druck erhöhen, eine ordentliche Entlassungsvorbereitung zu machen. Es wird immer Menschen geben, die was tun. Der Mörder, den Sie erwähnt haben, der hat vorher gar nichts gemacht und dann vier Menschen umgebracht. Wie wollen Sie das verhindern? Alle Männer einsperren? Das wäre die Konsequenz. 85 Prozent der schwerwiegenden Delikte werden von Ersttätern begangen. Es sind nicht die Rückfalltäter, es sind alle, die da frei herumlaufen. Ich könnte mir gut eine Gesellschaft ohne Sicherungsverwahrung vorstellen. Dafür bleibt man eben nach der Entlassung eng an den Leuten dran, bereitet sie richtig vor und kontrolliert sie auch, wenn sie draußen sind. Ein soziales Umfeld, das trägt, ist tausendmal wichtiger als jede Gefährlichkeitsprognose.«

14 Die Mörder sind frei

Peter Asprion trägt das Hemd leger über der Hose, sieht trotzdem nicht aus wie ein Bewährungshelfer. Eher wie ein Banker, der ausgestiegen ist und jetzt Lebensberatung macht. Doch das täuscht, der Mann hat seine Radikalität. Sein Raum befindet sich in einer alten Kaserne am Rand von Freiburg im Breisgau. Halterungen für Gewehre sind immer noch da; die Nazis hatten das Gebäude einst genutzt.

Wenn man unten reinkommt, riecht es muffig. Aber oben, unterm Dach bei Asprion, ist es luftig und hell. Die Stühle sind rot, die Kaffeemaschine ist rot, die Gummibärchen auf dem Tisch sind gelb, orange, rot – eine farbliche Harmonie.

Wir setzen uns an ein kleines rundes Tischchen. Er bringt einen Kaffee und erzählt, wie er es erlebt hat, damals, als die vielen Sicherungsverwahrten plötzlich rauskamen. Zeitweise hat er sieben betreut. Über zwei hat er ein Buch geschrieben, *Gefährliche Freiheit? Das Ende der Sicherungsverwahrung*. Asprion schildert darin, wie die beiden versuchten, in der normalen Welt anzukommen. Der eine hatte fast vierzig Jahre im Gefängnis verbracht. Für die unrechtmäßig erduldete Verwahrung bekam er nach der Freilassung eine Entschädigung, knapp siebzigtausend Euro. Davon hat er noch einige Jahre gut gelebt. Als sie aufgebraucht waren, ist er gestorben.

Den zweiten nennt Asprion in seinem Buch Ludwig Roser. Für die Behörden muss Roser ein Alptraum gewesen sein. Als er 2010 zusammen mit anderen freikam, wurde seine Gruppe rund um die Uhr von einer Gruppe Polizisten bewacht. Egal, wohin sie gingen, die Polizisten gingen mit. Eine Unterkunft ließ sich kaum finden. Am Ende bekommt Roser in einer städtischen Liegenschaft ein Zimmer zugewiesen. Die Polizisten beziehen einen Raum neben Rosers Zimmer. Die Wände sind dünn. Sie können jedes Wort mithören, das in Rosers Zimmer gesprochen wird. Asprions Erzählung endet ein Jahr nach der Entlassung von Roser.

Insgesamt wurde Roser fast drei Jahre von der Polizei bewacht. Er wehrte sich, klagte, zum Schluss bekam er recht, die Polizei musste abgezogen werden. Seither ist er ohne Begleitung unterwegs. Er zog aus der Gruppenunterkunft aus und hat inzwischen eine eigene Wohnung; die Vermieterin weiß um seine Vorgeschichte.

Vor Weihnachten bringe der Mann immer selbstgebackene Kekse vorbei, erzählt Asprion. Kann man mit Roser sprechen? Asprion sagt, er werde ihn fragen. Roser habe das immer gerne gemacht, sei schon einige Male im Fernsehen aufgetreten.

Und was hält Asprion von den Prognoseinstrumenten, die die Gefährlichkeit erfassen sollen, wie Frank Urbanioks Fotres? Asprion hebt etwas die Stimme; er ist kein Anhänger von Urbaniok. »Jedes Bundesland hat inzwischen eigene Risikobewertungsinstrumente für die Bewährungshilfe. Überall wo ich kann, wehre ich mich dagegen. Wer sich an Risiken orientiert, kriegt Risiken«, sagt er. Selbstverständlich wisse er, dass er es mit potenziellen Tätern zu tun habe. Er verlasse sich aber auf seine Intuition.

»Hatten Sie schon Angst?«

»Um mich nicht.«

»Um andere?«

»Angst ist nicht der richtige Ausdruck. Da liegst du abends im Bett und denkst, Klient XY könne vielleicht irgendwas anstellen. Das war für mich immer ein Anlass, aktiv zu werden. Banal erklärt: Wenn ich eine unruhige Nacht wegen eines Klienten habe, sorge ich dafür, dass nachher derjenige die unruhige Nacht hat, der meine verursacht hat. Das heißt, ich versuche herauszufinden, was mich irritiert hat; das gehört mit zu meinen Verpflichtungen. Ich bin nicht blauäugig und sehe nur Engel um mich herum. Ich glaube aber auch nicht, dass ich mechanistisch mit modularisierten Programmen etwas Positives erreichen könnte.«

»Wurden Klienten von Ihnen rückfällig?«

»Ich war schon daran beteiligt, dass Menschen entlassen wurden, die hinterher nochmals jemanden umgebracht haben. Das ist schrecklich, für alle. Für die Richter, die das verantworten, für die Gutachter, wirklich für alle. Nur werde ich das nie ausschließen können. Es ist die harte Wahrheit. Wenn ich mit Politikern rede, sage ich ihnen: ›Ihr könnt doch keine hundertprozentige Sicherheit versprechen.‹ Da pflichten die mir immer bei. Wenn mir das ein Politiker zugesteht, frage ich: ›Wie viele Morde sind denn noch vertretbar und angemessen?‹ Da gibt keiner eine Antwort. Ist ja logisch. Das ist ein Dilemma, dem entkommen wir nicht.«

Ich erzähle auch ihm von Thomas N., der in Rupperswil vier Menschen die Kehle durchgeschnitten hat. »Was tut man mit so jemandem, Herr Asprion?«

»Von meiner Überzeugung her stehe ich dem Abolitionismus nahe. Ich meine, dass man Gefängnisse und Strafrecht abschaffen darf und sollte. Die nächste Frage ist: Was machst du mit den

Gefährlichen? Mein kreativster Vorschlag ist: Wir legen eine Oberzahl fest, fünfhundert. Die fünfhundert Bösesten, Gefährlichsten, die so schlimme Sachen gemacht haben, wie dieser Mann aus Rupperswil, die verwahren wir. Aber nicht zur Strafe und nicht zur Besserung, sondern unter luxuriösen Bedingungen und zur Beobachtung. Die können uns sagen, wie sie zu dem geworden sind, der sie sind und der so schlimme Dinge tut. Sie sind quasi unser Wissensschatz. Die sollen uns sagen, was man mit Kindern tun soll, damit sie nicht so werden.«

»Und wenn ein Gericht einen Brutalo aburteilt?«

»Wenn wir einen haben, der noch gefährlicher ist, kommt einer der fünfhundert raus.«

»Der, der am wenigsten gefährlich ist?«

»Richtig. Mein Vorschlag wäre: Alle Richter haben pro Jahr eine bestimmte Zahl von Jahren zur Verfügung, die sie an Gefängnisstrafen verhängen dürfen. Wenn zum Beispiel die große Strafkammer pro Jahr achtzig Gefängnisjahre zu verteilen hat, muss sie sehr darauf achten, wem sie die gibt. So kann der Vollzug kalkulieren, wie viele Leute zu versorgen sind. Betriebswirtschaftlich eine einwandfreie Lösung. Jede Firma gibt ihren Abteilungen Budgets, nur die Richter haben kein Budget, was das Strafmaß angeht.«

Asprion macht noch einen Vorschlag: »Kain brachte seinen Bruder Abel um. Gott zeichnete für alle sichtbar Kain mit dem ›Kainsmal‹. Er ist als Mörder zu erkennen. Aber das Zeichen schützt ihn auch. Jeder wird mit Strafe bedroht, der Kain etwas antut. Das ist ein anderes Konzept des Strafens. Ich habe den Untersuchungshäftlingen, die jemanden umgebracht hatten, die Frage gestellt: ›Was würden Sie wählen, wenn Sie könnten: lebenslang Haft oder im Umkreis von zwei Kilometern vom Tatort leben und alle wissen, dass Sie der Täter sind?‹ Keiner hat den Kainsweg wählen wollen. Der ist viel härter.«

15 Herr Roser lädt ein

Ludwig Roser zögert keinen Moment. »Kommen Sie, wann immer Sie wollen. Ich habe Zeit«, sagt er am Telefon. Die Stimme klingt jung. Es ist schwer, sich diesen Mann vorzustellen, der mehrere Frauen vergewaltigt hat und als Hochgefährlicher 26 Jahre weggesperrt war. Er gibt mir seine Adresse irgendwo im Breisgau. Mehrfamilienhäuser, Reihenhäuser, Mittelklassewagen in den Einfahrten, geputzte Vorgärten. Eine gewöhnliche Vorstadt an einem gewöhnlichen grauen Wintertag. Im Hintergrund sieht man die Erhebungen des Schwarzwaldes.

Der Garten von Rosers Haus ist verwildert. Das Haus selbst wirkt in die Jahre gekommen. Laut Klingelschilder wohnen hier vier Partien. Klingeln, niemand öffnet. Warten, klingeln, nichts. Ich rufe ihn an. Er hebt ab, sagt, seine Klingel funktioniere nicht, er komme runter.

Ein rundlicher Mann öffnet die Türe. Mittelgroß, grau melierter Pagenschnitt, Ende fünfzig. Das Hemd hängt über den Hosen. Die nackten Füße stecken in Badelatschen. Er stellt sich vor, sein Händedruck ist weich.

Unterm Dach bewohnt Roser zwei Zimmer. Von der Treppe kommt man direkt in eine halbdunkle Küche. Daneben liegt die Stube. Unter einem Giebelfenster steht ein schwarzes Sofa, ein Stuhl, dazwischen ein Tischchen. Im Fernsehen schlägt Bugs Bunny Kapriolen. Links in der Ecke hat Roser eine Büroecke eingerichtet mit Schreibtisch und Computer. Auf dem Tischen liegt ein Stapel Zeitschriften mit Rezepten. Roser räumt die Zeitschriften beiseite. Die bekomme er jeweils von der Nachbarin geschenkt, wegen der Rätsel, sagt er und macht den Fernseher aus.

Er wirkt belesen, ist über die Schweizer Verwahrungsdebatte informiert, kennt Frank Urbaniok und nennt ihn »einen richtigen Hardliner«. Er sagt, bei ihnen seien auch so richtig blöde Rückfälle passiert, die dazu geführt hätten, dass man das Verwahrungsregime radikal verschärft habe. Mitte der neunziger Jahre habe es in Deutschland nur noch hundertsiebzig Verwahrte gegeben, heute seien es über fünfhundert. 2010 hätten sie die Sicherungsverwahrung revidiert. »Da kamen alle frei, die nur wegen Diebstahls oder Betrugs einsaßen. Heute sollte es eigentlich nur noch die Schlimmsten treffen.«

»Sie sind auch der Meinung, dass es Leute gibt, die man nicht mehr rauslassen sollte?«

»Ja, ja. Kann man schon verstehen.«

»Wann kamen Sie raus? Wie war das damals?«

»Am 10. September 2010. Dann war direkt die Polizei an mir dran. Mit fünf Leuten haben sie mich verfolgt. Bis 2013. Da war alles tot. Sogar das Wohnungsamt hat sich geweigert, uns zu empfangen. Ich bekam keinen Job, nicht einmal einen Ein-Euro-Job. Alle hatten Angst, Angst, Angst! Bloß, weil die Polizei immer da war. Das ist, als sähen Sie in der Fußgängerzone einige Männer, und einer trägt Handschellen. Da haben Sie doch sofort den Gedanken: Oh, ist der gefährlich.«

Er wird lebhaft: »Und dann dieser Therapiemist, der hat bei den meisten nur eine Alibifunktion. Die sagen zu allem Ja und Amen, weil sie keine andere Möglichkeit haben. Das Verfassungsgericht hat schon lange entschieden: Es ist egal, ob jemand sagt, er war es oder er war es nicht. Man ist verurteilt worden und fertig.

»Wie war das bei Ihnen?«

»Ich habe gleich alles zugegeben. Mein Fehler, andernfalls wäre vielleicht eine Tat gar nicht rausgekommen.«

»Was haben Sie getan?«

»Eine Vergewaltigung war es. Eine Anhalterin. Damals hatte ich noch einen Führerschein. Den musste ich abgeben, habe ihn nicht wieder gekriegt. Jetzt fahre ich halt Fahrrad.«

»Wann haben Sie Ihr erstes Delikt begangen?«

»1976. Beim ersten Mal war es nur eine versuchte Vergewaltigung. Da war ich mit dem Fahrrad unterwegs.«

»Warum versucht man so etwas?«

»Ich war nur geil. War auf Frauen scharf. Wissen Sie, wenn man so richtig im Saft steht, und man findet kein Ventil. Das kommt noch vom Elternhaus daheim, dass man darüber nicht reden konnte. Oder man hatte Angst – weil es hieß, dass Sexualität etwas Schlechtes ist.«

»Kommen Sie aus einem katholischen Elternhaus?«

»Ich wurde katholisch erzogen, aber religiös waren meine Eltern nicht. Habe mit so vielen Geschwistern auf engem Raum gelebt, da gab es keine Privatsphäre, nix.«

»Wie oft sind Sie verurteilt worden?«

»Beim ersten Mal war ich noch in der Lehre und bekam Bewährung. Das zweite Mal war in einer Silvesternacht. Damals machten sie ein erstes Gutachten über mich. Ich galt als schuldunfähig und kam in eine Jugendanstalt. Eine Therapie gab es damals nicht. Zwei, drei Jahre später habe ich dann meine Frau kennengelernt.«

»Sie waren verheiratet?«

»Ja, ja. Und habe das trotzdem gemacht«, sagt er.

»Mit ›das‹ meinen sie die Vergewaltigungen. Wie ist Ihre Frau damit umgegangen?«

»Am Anfang hat sie mir noch verziehen, als sie es erfahren hat. Als ich das zweite Mal wegen Vergewaltigung ins Gefängnis kam, hat sie mich noch ein paar Mal besucht. Danach nicht mehr. Sie hat wieder geheiratet. Und jetzt hat sie schon wieder einen neuen. Und hat noch ein paar Kinder gekriegt. Sie ist Kindergärtnerin, mag Kinder.«

»Sie haben keine Kinder?«

»Doch. Der ist jetzt über dreißig, ist 1983 geboren worden.«

»Wie ist die Beziehung?«

»Nix. Er wurde vom neuen Mann meiner Frau adoptiert und hat seinen Namen gekriegt. Es geht alles auseinander durch den Knast.«

Ludwig Roser kommt 1959 im Saarland in bescheidenen Verhältnissen zur Welt, hat fünf Geschwister. Zwei sind jünger als er, drei älter. Ursprünglich lernte er Stahlbauschlosser. 1977 reißt er eine Frau vom Fahrrad, lässt dann von ihr ab. Weil er noch in der Lehre ist, passiert nichts. Ein gutes Jahr später nimmt er im Auto eine Frau mit. Er möchte Sex mit ihr. Sie machen ein bisschen rum, wie er es ausdrückt. Das habe sie zugelassen. Plötzlich beginnt sie sich zu wehren. Er gibt ihr eine Ohrfeige und versucht sie zu vergewaltigen. Sie gibt auf, muss es über sich ergehen lassen. Sie geht zur Polizei, Roser wird verhaftet. Ein erstes Gutachten wird erstellt. Roser gilt als schuldunfähig und kommt in eine psychiatrische Klinik, wird dort kaum behandelt. 1982 kommt er frei. Im selben Jahr trifft er seine Frau. Sie kennt seine Vorstrafen, heiratet ihn aber trotzdem. Ein Jahr später kommt der Sohn auf die Welt.

Wegen der Arbeit ziehen sie nach Baden-Württemberg. Er ist oft auf Montage, hat immer mal wieder gut bezahlte Jobs. Dann verliert er aus gesundheitlichen Gründen die Arbeit. Er fährt mit dem Auto herum und nimmt öfters Autostopperinnen mit. Zwei vergewaltigt er. Danach versucht er es noch ein drittes Mal, was ihm aber nicht gelingt. Im Frühling 1984, knapp 25 Jahre alt, wird er wieder verhaftet. Für die drei Delikte bekommt er fünf Jahre Haft plus Sicherungsverwahrung. – Zu der Zeit ist die Sicherungsverwahrung noch auf zehn Jahre beschränkt. Später wird die Befristung vom Gesetzgeber aufgehoben, womit sie vergleichbar wird mit der Schweizer Verwahrung nach Artikel 64. Roser war also in einem ähnlichen Haftregime wie Peter Vogt oder Beat Meier.

Roser steht auf, geht in die Küche und setzt Teewasser auf. Als er zurückkommt, sagt er: »Also, in der Sicherungsverwahrung ist es schlimm. Ich bin 1989 da hineingekommen. Es war eine Sonderabteilung mit wenigen Häftlingen, siebzehn vielleicht. Laut war es und dunkel. Richtig übel. Man durfte nur arbeiten gehen und brav sein. Das war schon schlimm für mich, das Ganze. Und dann so lange durchhalten – 26 Jahre! Dass man nicht verrückt wird, Drogen nimmt oder sonst was!«

»Wie war das, als sie rauskamen?«

»Das war eine ziemliche Herausforderung. Auch weil so viele Leute etwas von mir wollten, jeden Tag bei der Polizei melden und so.«

»Jeden Tag?«

»Ja. Obwohl ich ständig fünf Beamte nebendran hatte. Dann gab es einen Abgeordneten, der hat mich dann zwei Tage nach der Entlassung begleitet. Er hat mir gezeigt, wo der Tafelladen ist; da kann man billig einkaufen. Dort in der Nähe habe ich am Anfang auch gewohnt, in einer Notunterkunft. Gottseidank hatte ich ein Zimmer mit eigener Dusche, die andern mussten sich eine teilen. Aber egal, wo ich hinging, die Polizisten waren immer dabei.«

»Immer fünf Leute?«

»Ja, und einer im Auto hinterher.«

»Dann waren es sechs?«

»Vier zu Fuß und einer im Auto. Ich habe immer widersprochen und mit denen diskutiert, dass das scheiße ist. Das hat dazu geführt, dass die Bewachung länger gedauert hat. Bei manchen Sicherungsverwahrten haben sie die Polizeibegleitung nach einem Dreivierteljahr aufgehoben.«

Bei der Entlassung sei er verpflichtet worden, weiter eine Therapie zu machen. »Da soll man alles bereuen und und und. Immer die gleiche Leier. Ich habe schon so oft darüber geredet. Das ist doch, wie wenn ein Angeklagter ständig vor Gericht sitzt und seine Schandtaten vorgekaut bekommt. Der hat das, bis es zur Verhandlung kommt, schon so oft gehört. Was soll er da noch machen? Wie soll er reagieren? Wenn er sagt: ›Ach, es tut mir ja so leid‹, das glaubt ihm doch eh keiner.«

»Gibt es eine Therapie, die Ihnen etwas gebracht hat?«

»Was ist überhaupt der Grund, warum ich das gemacht habe? Warum? Weshalb? Das hat noch keiner rausgefunden. Es gibt auch keine Begründung. Die suchen sich nur eine zusammen.«

»Haben Sie heute für sich selbst eine Erklärung?«

»Ja, Geilheit. Ich mag Frauen. Ja, und ...«, er stockt. »Ich war schüchtern.«

»Sie haben sich nicht getraut, jemanden anzusprechen?«

»Genau. In der Schule schon. Die Eltern haben einen nicht gefördert. Die anderen Schüler sind in den Tanzunterricht gegangen, ich nicht. Ich habe auch nicht gesungen, das war daheim nicht üblich. Von der Erziehung ist vieles gekommen. Das habe ich schon gemerkt. Hinterher weiß man das dann.

Er geht in die Küche, schaut nach dem Teewasser, setzt sich wieder hin.

»Ich rede viel; hat schon mal jemand gesagt. Und nicht immer das Richtige. Sie müssen halt fragen.«

»Wie haben Sie diese Wohnung gefunden?«

»Habe gesucht. Konnte aber erst suchen, als die Überwachung weg war. Einen mit der Polizei im Schlepptau, das will keiner haben. Auch bei anderen, die bewacht worden sind, war das so. In Freiburg wurden ja fünf Leute bewacht. Das müssen Sie sich mal vorstellen: Dreißig Polizisten, in drei Schichten rund um die Uhr.«

»Fünf mal fünf gibt nur 25.«

»Da war immer noch einer in der Zentrale, der alles koordiniert hat. Es waren sechs Mann pro überwachte Person.«

»Und wie haben Sie die Wohnung gefunden?«

»Als die Bewachung weg war, hat der Asprion zu mir gesagt, ich soll mir mal eine Wohnung suchen. Aber die städtische Wohnungsvermittlung wollte mich nicht haben. Dann habe ich inseriert. Darauf hat sich diese Vermieterin gemeldet. Sie hatte vorher einem anderen Sicherungsverwahrten die Wohnung hier vermietet, der ist weggezogen. Da habe ich sie gekriegt. Wir haben sie gestrichen, ein bisschen hergerichtet. Bett war da und eine gute, teure Matratze. Jetzt ist halt das Problem, dass ich auch Frauen suche. Meistens kriege ich dann halt Frauen, die leicht zu haben sind – in Anführungszeichen. Da beim Bahnhof, manche nehmen Drogen oder so. Und wenn da eine mitkommt, dann übernachtet sie da. Aber es funktioniert. Ein bisschen Geld habe ich durch die Entschädigungszahlung erhalten.«

»Welche Entschädigung?«

»Ich habe Haftentschädigung beantragt. Der Europäische Gerichtshof für Menschenrechte hat das entschieden; da gibt es ein Urteil.«

Er erzählt, wie er das ganze Verfahren praktisch allein durchgezogen hat. Die Anwälte wollten nur gegen Vorschuss für ihn arbeiten. Er hatte aber kein Geld. So hat er die Eingabe selbst geschrieben und mit dem Gerichtshof korrespondiert. Am

Schluss brauchte er doch noch einen Anwalt; das Gericht schreibt das vor. Er hat dann einen gefunden, der gegen eine Gewinnbeteiligung von zwanzig Prozent seinen Namen gab.

Am Ende hat er siebzigtausend Euro erhalten.

Er wünscht sich eine Beziehung. Aber sobald die Frauen merken würden, dass kein Geld da ist, seien sie weg, sagt er. »Sexuelle Bedürfnisse hat man ja auch. Wenn man so lange keine Frau hatte, 26 Jahre. Das ist schon ein hartes Los. Staut sich an. Aber heute ist es fast eingeschlafen. Die Lust ist zwar noch da, aber die Potenz ist nicht mehr so stark.«

Roser steht auf, geht zum Pult und holt eine Kopie der *Bild*-Zeitung vom August 2010. »Irrsinn Justiz! 5 Polizisten bewachen einen freigelassenen Vergewaltiger.« Illustriert mit einem großen Foto mit fünf Männern. Alle Gesichter mit Balken verdeckt. Auf den Mann, der vorne geht, zeigt ein breiter Pfeil, in dem steht: »Der Sex-Verbrecher«. Hinter ihm gehen Männer in Zivil, angeschrieben mit »Polizist 1«, »Polizist 2«, »Polizist 3«, »Polizist 4«, »Polizist 5«. Darunter: »Dieses Foto sagt mehr als alle Politikerdebatten zum Thema Sicherungswahrung! Ein Vergewaltiger läuft nachmittags durch Freiburg.«

16 Ein Gefängnis, das keines sein soll

Auf einer Tagung in Zürich referiert Regina-Christine Weichert-Pleuger, Direktorin des Gefängnisses Rosdorf, über ihre Abteilung für Verwahrte. Auf den Bildern, die sie zeigt, sieht man hübsche kleine Wohnungen. Sie sind mit Duschen und Klo ausgestattet. Die Leute können ihre Räume einrichten, wie sie wollen. So also sieht das Abstandsgebot im Alltag aus: hinter Mauern leben fast wie draußen.

Die Direktorin sagt, sie hätten in Rosdorf das Problem, dass manche der Sicherungsverwahrten nicht mehr raus wollten. Die meisten seien ja schon älter. Draußen müssten sie von der Sozialhilfe leben. Sie kämen vermutlich in ein Heim, müssten sich das Zimmer mit jemandem teilen. In Freiheit geht es ihnen schlechter als in Haft. So direkt sagt es die Direktorin zwar nicht, aber die meisten Leute im Saal haben sie so verstanden. Es sind fast nur Profis anwesend, Anwältinnen, Aufseher, Vollzugsbeamte oder Bewährungshelferinnen. Sie wundern sich, weil das, was diese Gefängnisdirektorin erzählt, sich sehr von der Verwahrung in der Schweiz unterscheidet.

In Gang gesetzt wurde dieses Abstandsgebot von Herrn M. Er wird mit vierzehn erstmals bei einem Ladendiebstahl erwischt. Er kommt vor ein Jugendgericht und wird verwarnt. Er klaut wieder, räumt Autos aus, kommt in eine Jugendhaftanstalt. Drei Wochen nach der Entlassung begeht er den nächsten Bruch. So geht es weiter, rein, raus, rein, nur dass M. immer gewalttätiger wird. Bald wird er wegen räuberischer Erpressung und versuchten Mordes verurteilt. Im Gefängnis attackiert er einen Beamten, sticht mit einem Schraubenzieher auf ihn ein. Beinahe erwürgt er einen Mithäftling. Sie verlegen ihn in eine forensische Psychiatrie. Dort scheint sich die Situation zu beruhigen. Er geht nun auf die Dreißig zu. Seit er vierzehn ist, hat er nur wenige Monate in Freiheit verbracht. Langsam versucht man ihn auf die Entlassung vorzubereiten. Eine ehrenamtliche Helferin begleitet ihn in den Ausgang. Sie lädt ihn zum Mittagessen ein. Danach gehen sie spazieren. Plötzlich geht Herr M. auf sie los, wirft sie zu Boden, würgt sie und will sie töten. Nur weil sich Leute nähern, lässt er von ihr ab und flieht. In den kommenden Tagen versucht er nochmals eine Frau zu überfallen, wird aber gefasst. Das Landgericht Marburg verurteilt ihn zu fünf Jahren Haft und Sicherungsverwahrung.

1991 hat Herr M. seine Strafe abgesessen, die Verwahrung beginnt. Im Gefängnis wandelt er sich zum Neonazi. Die Justizvollzugsanstalt berichtet: »Aus seiner Zelle sind SS-Zeichen, Hakenkreuze sowie Bilder von Hitler und Goebbels entfernt worden. Er verweigert die Zusammenarbeit mit ausländischen Gefangenen.«

Herr M. ist etwa das, was man sich unter einem unkontrollierbaren, gewalttätigen, bösen Menschen vorstellt. Als seine Sicherungsverwahrung zu Ende ist, wird sie – wie bei Ludwig Roser – in eine unbefristete umgewandelt.

Herr M. wehrt sich dagegen. Am 5. Februar 2004 entscheidet das Bundesverfassungsgericht über den Fall. Herr M. muss in Sicherungsverwahrung bleiben. Trotzdem ist das Urteil eine Sensation. Deutschland muss danach die Sicherungsverwahrung vollkommen neu denken. Die Richter finden nämlich, die unbefristete Verwahrung sei grundsätzlich rechtens, aber so, wie sie umgesetzt werde, verstoße sie gegen die Verfassung. Laut Urteil müsse die Sicherungsverwahrung »ebenso wie der Strafvollzug darauf ausgerichtet sein, die Voraussetzungen für ein verantwortliches Leben in Freiheit zu schaffen«. Nach den ersten zehn Jahren sei die Verlängerung der Verwahrung »nur ausnahmsweise gestattet«. Wird trotzdem verlängert, muss ein Gericht sie alle zwei Jahre überprüfen. Der alles entscheidende Satz lautet: Im Ergebnis müsse »sichergestellt sein, dass ein Abstand zwischen dem allgemeinen Strafvollzug und dem Vollzug der Sicherungsverwahrung gewahrt bleibt«. Daraus leitet sich das biblisch anmutende Wort »Abstandsgebot« ab. Verwahrte dürfen nicht zusammen mit Strafgefangenen eingesperrt werden. Sie haben Anspruch auf ein möglichst normales Leben. Das will Rosdorf ihnen bieten.

Das Gefängnis liegt am Stadtrand von Göttingen. Auf der einen Seite Felder, auf der anderen ein Verteilzentrum der Deutschen Post, dahinter die Bahnlinie Berlin–Frankfurt. Vor der Eingangspforte lustige Kunstwerke. Ein Männchen mit blauen Glupschaugen und einem roten Schmollmund, eine sitzende Kuh, ein Mischwesen aus Engel und Teufel.

Die Eingangskontrolle ist wie in allen Gefängnissen. Ausweis abgeben, private Sachen einschließen. Aufnahmegerät und Kamera sind ausnahmsweise erlaubt.

Direktorin Weichert-Pleuger hat inzwischen die Leitung einer anderen Strafanstalt übernommen. Klaus-Dietrich Janke leitet nun die Justizvollzugsanstalt Rosdorf. Er wartet schon in seinem

Büro. Ein schlanker, sportlicher Mann, man sieht ihm seine sechzig Jahre nicht an. Ursprünglich war er Sozialarbeiter, danach studierte er Betriebswirtschaft. Fast sein ganzes Arbeitsleben hat er im Justizministerium von Niedersachsen gearbeitet. Ein sicherer Job, er hätte bequem auf die Rente warten können. Aber als die Stelle in Rosdorf frei wurde, bewarb er sich und ist jetzt der neue Direktor.

Das Gefängnis ging vor gut zwölf Jahren »ans Netz«, wie er sagt. Janke spricht von »Produkten«; im Sinne der praktizierten Kosten- und Leistungsrechnung ist ein normaler Strafgefangener ein Produkt und kostet pro Tag 119,97 Euro; ein Sicherungsverwahrter kostet 281,46 Euro. Teuer wird es, weil bei den Verwahrten mehr Personal eingesetzt wird. Die Therapien sind auch nicht billig. Und dann kommen noch die Gutachten hinzu, die regelmäßig erstellt werden müssen.

Janke sagt, man habe hier versucht, alles umzusetzen, »was das Bundesverfassungsgericht zwischen den Zeilen« gemeint habe.

Jeder Sicherungsverwahrte habe Anspruch auf zwölf Ausführungen pro Jahr; bald solle das auf vier Ausführungen reduziert werden. Janke spricht konsequent von Sicherungsverwahrten, nie von Verwahrten. Und Ausgang heißt hier Ausführung; Ausgang gibt es auch, nur ist das etwas anderes. Sicherungsverwahrte bekommen Ausgang, wenn keine Flucht- oder Missbrauchsgefahr mehr besteht. Dann dürfen sie zum Beispiel mit einem freiwilligen Helfer oder auch alleine raus. Aber erst, wenn die Behörden überzeugt sind, dass sie niemandem etwas antun.

Der Großteil der Männer gilt als zu gefährlich. Sie werden noch lange keinen Ausgang erhalten. Aber eben Ausführungen. Die Ausgeführten werden immer von zwei Angestellten begleitet, damit einer auch mal aufs Klo kann.

Gefährliche werden gefesselt. Es ist eine dezente Fesselung, die unter der Kleidung getragen wird. Sie besteht aus einer knapp zwei Meter langen Kette. An beiden Enden hat sie ein Schloss. Das eine Ende wird um das rechte Handgelenk gelegt und abgeschlossen. Der Mann hält die Hand in der Hosentasche. Die Kette wird durch das Hemd verdeckt. Durch ein Loch in der Tasche geht sie unter den Kleidern durch ins linke Hosenbein. Am linken Sprunggelenk wird die Kette wieder mit einem Schloss festgemacht.

Bei jemandem, der gewalttätig werden könnte, macht man das so eng, dass die Person leicht gebückt gehen muss. Das schränkt die Bewegungsfreiheit ein. Die Person kann nicht einfach einen Sprung nach vorne machen und davonrennen. Sollte ein Sicherungsverwahrter wirklich abhauen, würden die Beamten nicht schießen.

»Es geht darum, die Lebenstüchtigkeit des Sicherungsverwahrten zu erhalten. Er soll den Anschluss an die Gesellschaft nicht verlieren. Es ist wichtig, dass er die Entwicklungen draußen mitbekommt. Und er soll sich beim Einkaufen unter Menschen erproben. Aber nicht mit Handschellen, das würde zu sehr auffallen. Da wäre er sofort stigmatisiert«, sagt Janke. Keine Verkäuferin bediene entspannt einen Mann, wenn er in Handschellen vor ihr steht.

In sechs Jahren sind drei Sicherungsverwahrte abgehauen. Jedes Mal wurden sie nach wenigen Tagen wieder gefasst. Jedes Mal gab es Aufregung. Aber keiner hat während der Flucht eine Straftat begangen. Zum Glück, sagt Janke. Danach müsse man analysieren. »Wurden Fehler gemacht? Es bleibt ein Restrisiko. Wenn es vom Gesetzgeber gewollt ist, dass es solche Lockerungsmaßnahmen geben soll, dann ist es so.«

Janke muss in eine Sitzung. Alexander Fischer übernimmt. Er hat ursprünglich Sozialarbeit studiert, war früher in einem Altenheim tätig. Heute leitet er die Abteilung für Sicherungsverwahrte.

Wir gehen durch den langen Verbindungsgang. Alle Türen sind verriegelt. Das fällt nicht groß auf; Fischer öffnet sie mit einer leichten Handbewegung. Mitte 2013 wurden die ersten fünf Sicherungsverwahrten aufgenommen. Der Bau kostete 12,5 Millionen Euro. Es hat Platz für 45 Männer. Zwei Drittel sind Sexualstraftäter, die mehrfach vergewaltigt oder Kinder sexuell missbraucht haben. Der Rest wurde wegen schwerem Raub, Erpressung, Geiselnahme, Mord oder anderen Gewalttaten, immer mehrfach, verurteilt. Im Durchschnitt sind sie 55 Jahre alt; der älteste ist 74, der jüngste 37. Es gibt drei zusätzliche Plätze in der ehemaligen Sicherungsstation. Dort werden die sehr Gefährlichen in Einzelhaft untergebracht und dürfen nur allein im Hof spazieren. Im Moment sind dort zwei Plätze besetzt. Der eine hat schon früher im Vollzug eine Geisel genommen. Ein sehr gefährlicher Mann, sagt Fischer, besonders für Frauen. Aber auch er hat Anspruch auf Ausführung.

Im gesamten Gefängnis ist niemand bewaffnet. Die Beamten haben Pfefferspray dabei. »Es ist gut, dass es hier keine Waffen gibt. Jede Waffe kann auch gegen einen verwendet werden«, sagt Fischer.

Wir gehen an einem Raum mit matter Glasscheibe vorbei. Die externen Therapeuten halten hier drin ihre Sitzungen ab. Ein schwarzes Ledersofa und ein Ledersessel stehen im Raum. Die Therapeuten müssten zwar berichten, ob ihr Klient Fortschritte macht. »Aber sie sind an die Schweigepflicht gebunden. Ein Therapeut hat es einmal schön ausgedrückt. Therapie ist nicht wie eine Waschstraße – der Sicherungsverwahrte bekommt den Kopf durchgebürstet und nachher ist alles gut. Er muss es selbst machen, sonst geht nichts.«

Einige Schritte weiter findet sich ein Büro mit einem großen Glasfenster. Auf dem Pult stehen sieben Bildschirme. Eine junge uniformierte Frau beobachtet die Bildschirme. Überall im Haus hängen Kameras, die Bilder laufen auf diesen Bildschirmen zusammen. Man sieht in die sechs Wohngruppen hinein, sieht Gänge, Küchen, Aufenthaltsräume und den Garten. Doch man sieht nicht in die Zimmer der Sicherungsverwahrten hinein; dort gibt es keine Kameras.

Die junge Beamtin erklärt, worauf sie achtet. Dauert zum Beispiel ein Gespräch zwischen einem Kollegen und einem Sicherungsverwahrten länger, schaut sie genauer hin, wie sich das entwickelt. »Oder wenn keine Kollegen auf der Abteilung sind, weil alle irgendwo beschäftigt sind, dann schaue ich, dass die Sicherheitsverwahrten keinen Blödsinn machen.« Manchmal werde sie auch von einem Kollegen informiert, dass ein schwieriges Gespräch anstehe, dann verfolge sie das. »Kameras wirken präventiv und abschreckend. Alle wissen, dass noch jemand zuschaut.«

Fischer sagt: »Es hat noch nie einen Angriff auf Bedienstete gegeben. Das wäre mein Worst-Case-Szenario: dass es zu einer Geiselnahme kommt. Hier sind ja doch viele psychisch gestört.«

»Sind es vor allem Ältere?«

»Seit einiger Zeit spüren wir einen frischen Wind, wenn ich das so sagen darf. Es kommen jüngere Sicherungsverwahrte, die eine Suchtproblematik mitbringen. Drogen sind immer da.«

»Was heißt hier jünger?«

»Mitte vierzig, Anfang fünfzig. Für sie ist es wegen der fehlenden Perspektive schwieriger. Sechzigjährige, die schon vierzig Jahre in Haft sind, sagen sich, wenn sie nicht mehr rauskommen, auch gut, dann sterben sie halt hier drinnen.«

Wir verlassen das Büro mit den Bildschirmen. Auf dem Gang begegnen uns noch zwei Frauen in Uniform. Fischer sagt, das sei kein Zufall, sie hätten viele Frauen. »Es ist das Ziel der Landesregierung, Gleichberechtigung umzusetzen. Auch im Strafvollzug sollten es fünfzig zu fünfzig sein.«

Wir kommen am Beschwerdebüro vorbei. Hier arbeitet eine

Juristin. Die 45 Verwahrten legen zusammen doppelt so viele Beschwerden ein wie die restlichen dreihundert Gefangenen.

»Was für welche?«

»Gegen von uns erlassene Entscheide, dass zum Beispiel bestimmte Gegenstände verboten wurden.«

»Zum Beispiel?«

»Schokoladenweihnachtsmänner oder -osterhasen. Schokohohlkörper sind verboten. Darin kann man Sachen verstecken. Mit unseren Mitteln – Röntgen oder einem Drogenspürhund – können wir nicht herausfinden, ob Drogen darin versteckt sind. Oder eine Mikrowelle. Oder Sexspielzeug. Pornografisches Material ist verboten. Alkohol auch. Ebenso gefährliches Werkzeug.«

»Und warum ist die Mikrowelle verboten?«

»In jeder Wohngruppe gibt es eine Küche. Dort steht auch eine Mikrowelle. Wir wollen, dass sie die Gemeinschaftsräume nutzen.«

Ein Mann im Rollstuhl fährt an uns vorbei. Ein junger Mann begleitet ihn und zieht einen Transportwagen mit dem Einkauf des Herrn im Rollstuhl. Ein Harass alkoholfreies Bier, mehrere gefüllte Taschen und einige Kohlköpfe.

»Sie haben aber viel eingekauft, Herr Neopil«, sagt Fischer.

»Nein«, antwortet Herr Neopil, der eigentlich anders heißt: »Das ist für einen ganzen Monat.«

»So viel Kohl?«

»Ja, um Sauerkraut selbst zu machen.«

Der Lift kommt. Herr Neopil fährt hinein. Weg sind sie.

»Alkoholfreies Bier ist erlaubt«, sagt Fischer, »aber nur wirklich 0,0 prozentiges. Auch das ist nicht unproblematisch. Bei einem schweren Alkoholiker kann allein das Öffnen einer Flasche etwas triggern.«

»Wie ist es mit Glasflaschen? Die könnten als Waffe genutzt werden.«

»Stimmt. Aber wir können nicht alles verbieten. Und wenn man gewisse Dinge zulässt, nimmt das auch Druck weg.« Ein Satz, den er noch mehrmals sagen wird.

Wir gehen Richtung Wohngruppen. Linker Hand liegt ein großer Raum. Durch die Scheiben sieht man Gestelle mit Büchsen und Kartonschachteln. Es ist der hauseigene kleine Supermarkt. Zweimal die Woche können die Verwahrten mit einem Einkaufswagen einkaufen. So wie draußen. Eine externe Supermarktkette betreibt den Laden. »Das gibt es sonst nirgends in einem deutschen Gefängnis«, sagt Fischer. Die Leute können auch Bestellungen aufgeben. Die meisten nutzen aber die Ausführung, um einzukaufen. Auch, weil es draußen günstiger ist.

»Wie steht es eigentlich mit dem Geld?«

»Geld. Das ist ein großes Thema. Ich glaube, da sind wir übers Ziel hinausgeschossen. Sicherungsverwahrte sind nicht zur Arbeit verpflichtet. Ich fände es besser, wenn es so wäre, weil es Struktur in den Tag bringt. Jedem Sicherungsverwahrten steht ein Taschengeld von 116 Euro pro Monat zu. Ein normaler Strafgefangener hat 35 bis 40 Euro pro Monat. Sie sollen sich selbst verpflegen – das begrüße ich. Es gibt einen Verpflegungszuschuss von 250 Euro pro Monat. Sie dürfen dieses Geld nur für Nahrungsmittel ausgeben. Sie kaufen oft mehr, als sie essen können, und werfen dann Lebensmittel weg.«

Wir gehen weiter zur Küche der einen Wohngruppe. Sie ist gut ausgestattet, weiß, sehr sauber, sehr aufgeräumt.

Ein schlanker Herr in Jeans und grauem T-Shirt steht am Herd und brät ein Stück Fleisch. Fischer fragt ihn, ob wir einen Blick in seinen Wohnbereich werfen dürften. »Klar.«

Die Türe steht offen. Ein kleines, schmuckes Appartement. Links neben der Türe steht ein Kühlschrank, ein Pult, darüber ein Gestell. Kunstblumen und drei Windlichter sind hübsch drapiert. An einer Pinnwand hängen Postkarten mit Sprüchen wie »Ich bin wie ich bin«, »Sie kapieren es nicht«, »Hier kann jeder meine Meinung sagen!« oder »Wenn du ein Problem mit mir hast, kannst du es behalten. Es ist ja schließlich deins!«.

Vor dem Fenster steht ein Ledersofa und ein Tischchen mit einem Stapel *Men's health*. Zwischen den Möbeln ein roter Teppich. Rechts geht es ins Badezimmer mit Klo und Dusche. Hinter der Ecke – von der Türe her nicht einsehbar – befindet sich die Schlafnische. Es ist die Wohnung eines ordentlichen Junggesellen. Sie umfasst 23 Quadratmeter. Einem normalen Gefangenen stehen in der Schweiz wie in Deutschland nur etwa sieben Quadratmeter zur Verfügung und das Klo befindet sich im selben Raum. Das hier ist angenehmer.

Bett, Tisch, Kühlschrank und Sofa werden vom Gefängnis gestellt. Der Herr dieser Wohnungszelle hat noch Möbel gekauft. Allerdings dürfen nur Möbel ohne Hohlrohre angeschafft werden. Weil einmal einer daraus eine Schusswaffe gebaut hat. Alle dürfen von allem nur ein Stück haben. Ein Wasserkocher, ein TV-Gerät, ein Sofa, ein Irgendwas. »Wegnehmen ist immer schwierig«, sagt Fischer.

Unter dem Fernsehgerät steht eine kleine Box. Das sei was ganz Schönes, das Haftraum-Medien-System. Es enthalte viele Fernsehkanäle, das Beste daran sei aber das Telefonsystem. Damit könnten die Sicherungsverwahrten nach draußen telefonieren. Und sie können jederzeit angerufen werden, unbeschränkt. Sie müssen zwar die Nummern anmelden. »Aber wir können nicht sagen, mit dem oder der darfst du nicht telefonieren, außer es ist ein ehemaliges Opfer. Das sperren wir.«

Am Anfang sei es turbulent gewesen. Manche hätten häufig Politiker:innen und Journalist:innen angerufen und sich über die unterschiedlichsten Dinge beklagt. Inzwischen habe es sich eingespielt.

»Und Internet?«

»Internet gibt es prinzipiell nicht. Nur speziell ausgewählte Seiten, zum Beispiel mit Kochrezepten oder Nachrichten, sind zugänglich.«

Der Mann im grauen T-Shirt steht in der Tür. Den Teller mit Bratkartoffeln und Schnitzel hält er in der Hand.

»Ein schönes Zimmer haben Sie. Was würden Sie ändern?«

»Alles. Keine Gitter vor den Fenstern. Und ich möchte, dass die Türe Tag und Nacht auf ist, dass man nicht dieses Gefühl von Eingesperrtsein hat. Sie könnten ja die Türe der Abteilung schließen.«

»Fürchten Sie, dass es brennt und Sie nicht rauskommen?«

»Nein, es gibt ja Brandmelder. Das ist die einzige Anstalt, wo in jedem Zimmer Rauchmelder sind. Und es gibt viele, die hier im Bett rauchen; da ist man schnell mal eingeschlafen.«

»Ist es gut, dass Sie hier selbst kochen können?«

»Das konnte ich vorher auch.«

»Wie lange sind Sie schon in Haft?«

»Seit 2003.«

»Wo ist es besser? Da, wo Sie vorher waren, oder hier?«

»Schon hier«, sagt er, »meine Zelle war am anderen Ort drei mal drei Meter groß. Ich konnte, wenn ich auf dem Bett saß, den Kühlschrank öffnen und an den Tisch reichen. Die Toilette war im selben Raum und offen. Das war nicht angenehm, wenn man am Kochen war. Ich koche alles Mögliche. Gestern habe ich Bohnensuppe gemacht. Ich mache auch Nudeln selbst.«

»Kochen Sie manchmal zusammen?«

»Früher habe ich mit einem anderen zusammen gekocht. Das mache ich nicht mehr. Allein ist es am besten, dann muss man nicht immer auf die Vorlieben des anderen Rücksicht nehmen.«

»Was machen Sie den ganzen Tag?«

»Früher habe ich gearbeitet, war im Hausdienst. Das geht nicht mehr, habe mir beim Sport die Schulter verletzt. Ich mache Kraft- und Ausdauertraining. Und ich lese viel und höre Musik.«

»Machen Sie alles allein?«

»Am Morgen hat man die Pflicht, mit einem Kollegen Kaffee zu trinken. Der kommt immer schon um sieben Uhr.«

Fischer sagt: »Aber das ist doch gut so. Ist ja auch der Sinn der Sache, dass Sie ein bisschen untereinander Kontakt pflegen. Auch wenn es mal einen Konflikt gibt, auch das braucht es.«

Der Herr nickt und meint: »Eigentlich ist es wirklich angenehm hier.«

»Das sagen Sie nur, weil Herr Fischer daneben steht?«

»Nein. Sie sind wirklich nett hier. Man kann mit ihnen reden. Ist viel besser als in anderen Anstalten. Ich will nicht eingesperrt sein, aber wenn schon, dann so.«

In jeder Wohngruppe leben sieben bis neun Männer. Am Anfang hätten sie gedacht, dass man viel über Putzpläne werde reden müssen, sagt Fischer. Aber es sei immer sauber und gebe kaum Konflikte. Weil in jeder Gruppe einer sei, der viel putze, auch für die anderen.

Seit die Sonderabteilung in Betrieb ist, konnten vier Insassen entlassen werden. Zwei waren sogenannte Altfälle, Leute wie Ludwig Roser, die schon früher in Verwahrung saßen und wegen des Urteils von Straßburg entlassen werden mussten. Der eine trug noch eine Zeit lang eine elektronische Fußfessel. Inzwischen sei die weg, und er könne sich frei bewegen.

Der zweite habe sich den Auflagen entzogen. Dafür sei er zwar verurteilt worden, sei aber noch in Freiheit. »Die Behörden trauen sich nicht an ihn ran«, sagt Fischer. »Meiner Meinung nach ist das ein schlechtes Signal – für alle, die noch drin sind. Was bedeutet das? Dass man sich ungestraft über Auflagen hinwegsetzen kann?«

Zwei weitere wurden altersbedingt entlassen. Die meisten,

die rauskommen, leben in einem Wohn- oder Pflegeheim. Fischer bestätigt, was die frühere Direktorin Weichert-Pleuger an der Tagung in Zürich sagte: »In einem Heim haben sie dann vielleicht kein Einzelzimmer mehr und müssen mit fünfhundert Euro alles selbst bezahlen. Einige sagen sich deshalb: Was erwartet mich schon draußen, da bleibe ich lieber drin.«

»Wie viele wollen nicht raus?«

»Drei bis vier sagen offen, ich will nicht entlassen werden. Weitere vier sagen es nicht, wollen aber auch nicht mehr raus.«

»Gibt es Leute, die zu Unrecht hier sind?«

»Sicher gibt es einige, die kein schweres Delikt mehr begehen würden. Gott sei Dank bin ich nicht derjenige, der darüber befinden muss.«

»Gibt es Leute, die Sie rauslassen würden?«

»Ja, gibt es. Wir haben zwei ältere, die sind meiner Meinung nach bei uns übersichert. Wenn es eine geeignete Einrichtung gäbe, sollten sie raus können.«

Wir gehen runter in die Kreativabteilung. Auf den Gängen ist Betrieb. Männer kommen und gehen. Die einen haben Putzzeug dabei. Einer trägt einen vollen Abfalleimer raus. Jeder Sicherungsverwahrte hat eine Chipkarte. Darauf ist gespeichert, welche Türen sie benutzen dürfen und welche für sie gesperrt sind.

»In einer totalitären Institution wie einem Gefängnis ist es ein großes Thema, wie viel man noch selbst bestimmen kann. Durch die neue Technik ist es möglich, den Sicherungsverwahrten innerhalb der Einrichtung sehr viel mehr Freiheit zu geben.« Wenn etwas passiert, können sofort alle Türen automatisch für alle Insassen verriegelt werden.

Auf dem Gang kommt uns ein kleiner Herr in Trainingshose und Karohemd entgegen.

»Schicken Sie mir ein Exemplar?«, fragt er mich unvermittelt.

»Klar, aber dann können Sie vielleicht ein paar Fragen beantworten.«

»Ich habe keine Zeit.«

»Okay.«

»Sie wissen ja gar nicht, was sie schreibt«, sagt Fischer zu dem Herrn.

»Für die Zeitung, habe ich gehört.«

»Ja, richtig. Und wie gefällt es Ihnen hier?«

»Gefallen? Hier gefällt mir gar nichts.«

»Warum?«

»Zu wenig Freiheit. Es ist ja keine Strafe, was ich hier absitze.«

»Aber ist es nicht besser hier zu sein statt in einem gewöhnlichen Gefängnis?«

»Ja, aber trotzdem. Ich bin jetzt 73, ich werde hier sterben. Das ist nicht gut. Deshalb will ich raus.«

»Wann kamen Sie in Haft?«

»2003.«

»Seit wann sind Sie hier?«

»Seit drei Jahren.«

»Wann waren Sie das erste Mal im Gefängnis?«

Er überlegt kurz: »Mit Windeln noch nicht, aber kurz danach.«

»Als Jugendlicher?«, fragt Fischer.

»Ja.«

»Warum?«

»Dummheiten gemacht. Man denkt nicht groß nach, nimmt das Leben nicht so ernst. Kommt in die falsche Clique. Fährt ohne Führerschein. Nachher bekommt man keinen mehr.«

Dann wendet er sich zum Gehen, sagt, er müsse jetzt zur Fußpflege.

Im Erdgeschoss befindet sich die Kreativwerkstatt. Eine Frau in schwarzer Uniform hantiert mit Stoff. Drei Männer werkeln.

Einer hat eine kleine Föhre vor sich. Die Baumnadeln bestehen aus vielen winzigen Perlen, die er auf einen Draht aufgefädelt hat. Das Bäumchen verkaufe er für vierzig Euro, sagt er. Siebzig Stunden Arbeit steckten da drin. Aber Zeit und Geld seien hier relativ.

Ein anderer Mann formt aus Ton Tierfiguren. Einige Ratten sind schon fertig. Sie reiben obszön an ihren riesigen erigierten Penissen.

Die Frau in der schwarzen Uniform sagt aus dem Hintergrund: »Diese obszönen Figuren kommen nicht in den Garten – nicht solange ich da bin.« Alle lachen. Es herrscht eine fröhliche, aufgeräumte Stimmung wie in einem Bastelkurs.

Ein älterer Herr fläzt in einem Stuhl. Blättert in einem Buch mit Tonfigürchen. Woran er arbeitet, ist nicht klar. Das spielt hier keine Rolle. Alle können machen, was sie wollen. Nichts machen geht auch. Hier gibt es keinen Zwang, keine Vorgaben.

Wir gehen in Fischers Büro. Ein Computer, Akten, an der Wand hängt ein Poster mit einem Segelschiff. Fischer sagt: »Es ist eine kleine Anzahl von Personen, die große Aufmerksamkeit erregen und viel Arbeit machen. Manchmal frustriert das.« Nach fünf bis zehn Jahren sollte man etwas anderes machen. Es brauche doch auch Therapieerfolge, die seien hier schwierig zu erlangen.

»Strafen ist nicht unsere Aufgabe.« Er wisse, dass es draußen Leute gebe, die die Sicherungsverwahrung gerne als Nachstrafe bei Wasser und Brot sahen. »Hier drin sieht es aber anders aus. Das führt zu einem inneren Konflikt.«

»Was frustriert Sie?«

»Dieser Rechtfertigungsdruck von außen. Wenn man es gut macht, interessiert es keinen. Wenn etwas nicht ganz planmäßig läuft, muss man sich rechtfertigen. Und dann muss man die Kollegen bei Laune halten. Und alle wollen etwas, die Sicherungsverwahrten, ihre Anwälte, alle. Aber es ist auch spannend und schön.

Man kann gestalten. Es ist eine einmalige Sache. Vor uns hat das noch keiner gemacht, was wir hier machen.«

»Was würden Sie ändern, wenn Sie könnten?«

»Ich würde intern das Fordern wieder mehr in den Vordergrund rücken. Das Anreiz- und Belohnungssystem für die Insassen ist sehr gering. Es fällt uns schwer, jemanden dazu zu bringen, dass er mitmacht. Die Hoffnungslosigkeit schwingt hier schon mit. Das kann ich auch verstehen. Ich kann keine konkrete Perspektive geben. Zum Glück hat es noch nie einen Suizid gegeben.«

17 Der Mann, der das Böse kennt

Ein Samstag morgen in Berlin Steglitz. Eine Frau parkt und steigt mit leeren Einkaufstüten und quengelnden Kindern aus. Ein Mann führt seinen winzigen Hund aus. Hans-Ludwig Kröbers Büro liegt gleich neben einem Waffengeschäft. Klingeln, warten, in Kröbers Büro tut sich nichts. Das Waffengeschäft hat eine spektakuläre Auslage. Messer, Pfeil und Bogen, Armbrüste, noch mehr Messer, mit langen Klingen, manche haben gezackte kurze Klingen, andere sind fein wie eine Nadel. Gerätschaften zum Töten. Nicht ganz billig. Wer kauft das?

Bei Kröber öffnet keiner.

Nach einigen Minuten kommt er die Straße entlang. Ein Mann im eleganten Mantel, Ende sechzig, mit vollem weißem Haar und randloser Brille. Viele Jahre stand er dem Institut für Forensische Psychiatrie der Freien Universität Berlin vor und leitete die Forensisch-Therapeutische Ambulanz (FTA) der Charité, die die zwölf Hochgefährlichen betreut hat, die wegen des Straßburger Urteils freigelassen werden mussten. Seit Kröber emeritiert ist, hat er sein Büro im Zentrum für Forensisch-Psychiatrische Begutachtung (ZFPB) in Berlin Steglitz.

Bei Wikipedia findet man viel über seine berühmtesten Fälle. Er hat Terroristen begutachtet und den Vatikan beraten. Sein neustes Buch heißt *Mord im Rückfall*, heftig, grausamer als jeder Krimi, weil es Wahres erzählt.

Gemäß Statistiken würden drei Prozent der Tötungsdelinquenten nach der Haftentlassung erneut töten. Kröber rechnete hoch, dass es demnach in Berlin pro Jahr einen Rückfall geben müsste. Nach seinem Gefühl waren es mehr. Und so begann er Rückfallfälle zu sammeln. Am Ende hatte er 45 Mehrfachmörder beisammen, deren Geschichten er im Buch erzählt.

Richtig schlimm wird Kröbers Buch im Kapitel »Vergewaltigung und Tötung«. Torben L. etwa, um die dreißig, lernt eine Frau kennen, die schon fast fünfzig ist. Er will Sex und geht mit ihr aus. Sie bekommen Streit. Aus dem Sex wird nichts. Er schlägt sie. Sie will sich wehren, ergreift ein Brotmesser. Er nimmt es ihr weg, sticht auf sie ein. Sie lebt aber noch. Er nimmt eine leere 0,7-Liter-Wasserflasche und zwei leere 1-Liter-Coca-Cola-Flaschen und stößt »diese nacheinander mit aller Kraft in die Scheide und in den After des Opfers«. Die Frau schreit. Der Mann knebelt sie mit Stoff. »Schließlich war Frau P. tot«, schreibt Kröber trocken. »Noch danach biss Torben L. der Frau heftig in die linke Wange, den linken Unterarm und in die linke Brust.« Er löscht das Licht und geht.

Torben L. kommt in Haft. Wird therapiert. Macht eine Ausbildung. Kommt frei. Stürzt wieder ab. Und begeht nochmals eine ähnlich brutale Vergewaltigung. Die Frau überlebt mit viel Glück.

Kröber will wissen, ob es ein Muster gibt. Torben L. wie die anderen, beschriebenen Täter stammen aus schwierigen Verhältnissen, Armut gepaart mit Gewalt in der Familie; nur ein einziger stammte aus einer wohlhabenden Familie. Alkohol spielt in fast allen Fällen eine zentrale Rolle. Die Erkenntnis hilft wenig. Die Männer sind unkontrollierbar. Die möchte man nicht mehr draußen haben.

Wir setzen uns in seinem Büro an den Tisch. Er schenkt Wasser ein.

»Herr Kröber, Ihr Buch liest sich über weite Strecken horrormäßig.«

»Das lässt sich nicht vermeiden.«

»Was war die Initialzündung?«

»Ich beschäftige mich ja schon lange mit Straftätern. Die, die getötet haben, sind die dramatischsten und interessantesten Fälle.«

»Weil es kribbelig ist?«

»Nein, weil es der größtmögliche Verstoß gegen die Regeln des Zusammenlebens ist. Diese Täter wissen, dass die Wahrscheinlichkeit, geschnappt zu werden, sehr hoch ist. Danach ist ihr bisheriges Leben vorbei. Das ist das erste Rätsel: Warum machen sie es trotzdem? Was sind das für Leute, die alles riskieren? Sie sind das Gegenteil von einem selbst. Das betrifft natürlich nicht nur Mörder, sondern auch Räuber. Ich habe persönlich relativ viel Respekt für Räuber, begutachte sie auch ganz gerne. Die meisten sind völlig normal, auf ihre Art tüchtig und haben organisatorisches Talent.«

»Die Rückfalltäter, die Sie beschreiben, haben ihre Taten meist nicht oder sehr schlecht geplant.«

»Das ist so. Der Blick auf die realen Täter ist im Hinblick auf ihre Leistung im technischen Sinne immer wieder enttäuschend. Ich habe eine Doktorandin, die hat alle Berliner Lebenslänglichen untersucht. Es waren hundert Männer und sechs Frauen.

Die Erwartung, dass man da viele Beziehungstäter oder romantische Täter fände, die aus emotionalen Beweggründen etwas gemacht haben, hat sich nicht erfüllt. Der Großteil war hochgradig kriminell geprägt. Siebzig Prozent hatten eine oder mehrere Vorstrafen. Das sind keine sympathischen Menschen. Wenn man sie aber etwas genauer anschaut, kann man vieles nachvollziehen. In dieser Gruppe findet sich ein hoher Anteil mit miserablen Aufwuchsbedingungen – höher als bei jeder anderen Menschengruppe, die ich kenne. Das berechtigt natürlich nicht dazu, schlecht mit anderen Menschen umzugehen. Es ist aber auch nur eine kleine Minderheit, die gewalttätig wird.«

»Warum werden die einen gewalttätig, die andern nicht?«

»Das ist schwer vorhersagbar. Es findet ja keine Determination statt. Man lernt unterschiedliche Möglichkeiten kennen. Von Kind an besteht das Bedürfnis nach Zuwendung, nach Liebe, nach Fürsorglichkeit, nach Sicherheit, nach Geborgenheit. Wenn diese Bedürfnisse nicht abgedeckt werden, versuchen sie sie im Erwachsenwerden auf ihre Art zu befriedigen. Das kann zu Rachefeldzügen nach dem Motto führen: Ihr seid alle böse, meine Feinde, keinem kann man vertrauen. Obwohl ich ja schon lange in diesem Bereich arbeite, ist mir erst beim Schreiben dieses Buchs klar geworden, dass die Frage des Selbstkonzeptes eine sehr wichtige Rolle spielt. Das Selbstkonzept entscheidet, ob ich mir erlaube zu töten oder ob ich mich schon beim Gedanken fürchterlich schlecht fühle und für mich klar ist: Nein, das mache ich auf keinen Fall. Klauen? Ja. Verprügeln? Ja. Aber jemanden umbringen? Sicher nicht. Das Selbstkonzept ist wandelbar.«

»Mal soll Töten eine Option sein und dann plötzlich nicht mehr? Einfach so?«

»Ich glaube, solche Selbstkonzepte haben etwas mit Bedürftigkeit zu tun, aber auch mit der Frage, an welchem Punkt ich gerade stehe. Zu welchen Erkenntnissen bin ich gelangt? Zu welchen Einstellungen? Wie will ich sie umsetzen? Das ist abhängig von Erfahrungen, von Interaktion, von der sozialen Umgebung.«

Kröber sagt wie sein Zürcher Kollege Frank Urbaniok, man müsse bei den potenziellen Rückfalltätern das Tatmuster, die Tathintergründe genau anschauen. Man müsse versuchen herauszufinden, wie beeinflussbar verurteilte Gewalttäter seien. Erst mit dieser Analyse könne man die Rückfallraten senken. »Auf eine hundertprozentige Sicherheit bringen wir es aber nicht«, sagt er. »Zufällige Entwicklungen spielen bei den Kriminalprognosen, die nicht so eingetroffen sind wie erwartet, eine enorme Rolle.« Das gelte nicht nur im negativen, sondern auch im positiven Sinn. »Jemand kann eine schlechte Prognose haben, aber dann läuft es ganz gut. Das hängt von den Umständen ab. Die Person findet zum Beispiel plötzlich einen interessanten Job, hat Freunde und merkt, dass ihm etwas gelingt. Auf einmal hat dieser Mensch etwas zu verlieren – was er nicht mehr verlieren möchte, indem er sich gegen die anderen stellt. Er macht korrigierende soziale Erfahrungen. Genau das, was wir versuchen, den Leuten in den Therapien beizubringen. Häufig passieren solche korrigierende emotionale Erfahrungen durch glückliche Konstellationen mit Mitmenschen.«

»Die Erfahrung lässt sich im Gefängnis schwer machen.«

»Ja. Viele Therapeuten glauben, sie müssten mit einem Gefangenen ein bestimmtes Therapieprogramm durchexerzieren. Sie begreifen nicht, dass es eigentlich nur wichtig wäre, mit ihm eine stabile Beziehung aufzubauen. Früher erhielten Langstrafer keine Therapien. Die haben sich im Laufe der Zeit ihre Gesprächspartner selbst gesucht. Das konnte der Anstaltspfarrer sein oder ehrenamtliche Betreuer. Die haben eine andere Herangehensweise, setzen bei der Bedürftigkeit an. Was braucht der Gefangene eigentlich? So sollte ja auch eine therapeutische Beziehung anfangen. Mit der Akzeptanz, dass der Gefangene eine wichtige Person ist, die es wert ist, geliebt zu werden. Dann sind wir schon einen Schritt weiter. Dann hat der Betroffene etwas zu verteidigen.«

»Sie haben auch Sicherungsverwahrte betreut, die in Folge des Urteils aus Straßburg von einem Tag auf den andern entlassen werden mussten. Wie lief das ab?«

»Das waren vorerst mal zwölf Männer. Die haben wir schlagartig aufs Auge gedrückt bekommen. Die meisten kannte ich, weil ich sie begutachtet und ihnen eine schlechte Prognose gestellt hatte. Inzwischen haben wir wohl insgesamt 28 Sicherungsverwahrte betreut. Drei sind wieder zurückgegangen.«

»Drei wurden rückfällig?«

»Ja, in der Zeit, in der wir sie betreuten. Das dauert bis zu fünf Jahre.«

»Hatten die drei etwas gemeinsam?«

»Es waren die, die sofort wieder begonnen haben zu trinken, also die Alkoholiker. Sie kommen mit anderen Säufern zusammen, streiten sich. Dann gehen die Frauen dazwischen und kriegen auch etwas ab. Es eskaliert.«

»Drei auf 28 – das ist erstaunlich, wenn Sie ihnen vorher eine schlechte Prognose gegeben haben.«

»Das war ja der Schock von Straßburg, dass es so gut lief.«

»Lag das daran, dass sie eng begleitet wurden?«

»Die waren wirklich umstellt. Jeder hatte seinen Helferkreis. Das Landeskriminalamt, die Bewährungshilfe und wir von der Forensisch-Therapeutischen Ambulanz. Man sorgte dafür, dass sie unterkamen. Das war sehr schwierig. Für Mörder kann man eine Unterkunft finden, das geht ganz gut, aber Sexualstraftäter will keiner haben.«

»Der Zürcher Psychiater Urbaniok will sein Prognoseinstrument Fotres so weit verfeinern, dass er am Ende zuverlässig sagen kann, die einen sind gefährlich, die lassen wir drin, die anderen sind nicht gefährlich, die dürfen raus.«

»Ich schätze Urbaniok. Er ist in kluger Mensch. Und in mancher Hinsicht haben wir dieselbe Anschauung. Aber ich glaube, dass der Glaube, der hinter Fotres steht, ein Irrtum ist. Er geht davon aus, dass man mit der Erfassung von vielen hundert psychologischen Einzelmerkmalen die Welt der Zufälle entscheidend verkleinern könne. Das halte ich für einen methodischen Irrweg. Solche Instrumente bergen eine große Versuchung.«

»Wie meinen Sie das?«

»Sie enthalten ein verlockendes Sicherheitsversprechen. Ihr zahlt uns viel Geld und wir machen euch viel Sicherheit. Das ist verführerisch, geschieht aber auf Kosten der Gefangenen, indem es heißt: Alle, die bei uns Zweifel wecken, lassen wir einfach drinnen.«

»Niemand will verantwortlich sein, wenn einer mit einer schlimmen Tat rückfällig wird.«

»Das stimmt. Ich bin aber überzeugt davon, dass die Gesellschaft ein Risiko eingehen muss. Das ist bei uns verfassungsrechtlich durchgespielt worden. Es müssen ja die Freiheitsrechte des Sicherungsverwahrten gegen das Risiko der noch verbleibenden Gefährlichkeit abgewogen werden. Je länger der Freiheitsentzug dauert, desto stärker wiegen die Freiheitsrechte des Verwahrten.«

»Gibt es Leute in der Sicherungsverwahrung, für die Sie die Hand ins Feuer legen können?«

»Viele. Einen Viertel der Langstrafer würde ich rauswerfen. Die sitzen wirklich für den Seelenfrieden der Politiker, der zuständigen Verantwortlichen. Die Entlassung scheitert oft daran, dass man sagt, der kann nach so langen Haftzeiten nicht alleine wohnen. Und dann nimmt ihn draußen keine Einrichtung auf, weil Sexualstraftäter rufschädigend sind.«

»Was tun?«

»Ich predige schon lange, dass die Bundesländer, also der Staat, Einrichtungen schaffen muss.«

»Männerheime?«

»Genau. So wie der Staat Gefängnisse betreibt, sollte er auch Nachsorgeeinrichtungen betreiben.«

»Sie beschreiben Leute, die töten, einfach, weil sie Freude am Töten haben. Die möchte man nicht draußen haben.«

»Schon richtig. Aber nur eine Minderheit der Männer haben nach Strafverbüßung erneut getötet. Ein Teil von den Rückfalltätern war schon wieder draußen, als sie in mein Blickfeld kamen. Oder ich bin ihnen in unserer Ambulanz begegnet. Eine ganze Reihe von den Rückfalltätern hat nach dem zweiten Tötungsdelikt nichts mehr angestellt. Deshalb würde ich nicht einfach sagen, endgültig Klappe zu. Sicher verbessert es nicht die Prognose, wenn jemand bereits zweimal getötet hat. Ich würde aber auch nicht sagen, dass damit gesichert ist, dass derjenige endgültig und lebenslang gefährlich ist.«

»Aber wenn jemand Lust am Töten hat?«

»Wenn jemand Spaß am Töten hat, wäre die zweite Frage: Wie viel ist ihm dieses Bedürfnis wert, und zwar im Vergleich dazu, was dann auf ihn wartet. Hat er das jetzt nicht hinreichend abgefeiert? Das ist auch bei einem Vergewaltiger so. Kann sein, dass er eines Tages sagt, das ist es mir nicht mehr wert. Ich könnte auch anders zu sexueller Befriedigung kommen. Also höre ich damit auf. Das ist sogar bei Leuten vorstellbar, die Spaß am Töten haben.«

»Von den 45 Fällen, die Sie beschreiben: Wie viele davon möchten Sie lieber nicht mehr draußen sehen?«

»Das habe ich mir nicht überlegt. Aber ich würde immer von Fall zu Fall zu entscheiden. Diese erzwungene Entlassung von Sicherungsverwahrten aufgrund des Urteils von Straßburg hat uns gelehrt, was wir erreichen können, wenn wir die Leute nach der Entlassung wirklich gut betreuen. Wenn man sich wirklich einsetzt, erreicht man viel – viel mehr, als man innerhalb des Strafvollzugs mit therapeutischen Maßnahmen erreichen kann.«

»Sind diese Leute dann nicht mehr gefährlich?«

»Mit einer guten Nachsorge lässt sich das Rückfallrisiko auf jeden Fall stark reduzieren. In den ersten Jahren nach der Entlassung braucht es erträgliche Wohnbedingungen. Sie müssen sichergestellt werden und dürfen nicht dem Zufall oder dem Glück des Markts überlassen werden. Und eine weitere Begleitung; es geht da gar nicht unbedingt um Therapie. Unser Angebot ist vielfältig bis hin zu Seniorenabenden.«

»Aber es gibt schon Leute, die Sie nicht rauslassen würden?«

»Ja, ja.«

»Wie viele wären das?«

»Weiß ich nicht. Bei den Lebenslänglichen und Sicherungsverwahrten – da gibt es die noch relativ jungen, sehr aktiven, kämpferischen Insassen. Die, die nicht mit uns kooperieren und ihr eigenes Ding machen wollen. Da weiß man, die machen weiter. An die kommen wir noch nicht ran. Also sage ich mir: Warum sollen wir etwas für sie tun?«

»Und unter den Mördern und Vergewaltigern?«

»Es gibt einige, die ich nicht entlassen hätte. Ich erinnere mich noch gut an einen Fall, da dachte ich, der hat jetzt vermutlich wieder einen umgebracht; es hätte mich nicht überrascht. Ich habe dann nachgefragt, und es stellte sich heraus, ich hatte mich getäuscht. Er hat eine reiche Witwe gefunden, macht ihr den Garten und ist glücklich und zufrieden. Solange die Situation stabil ist, wird es laufen.«

Ähnlich lief es mit Herrn M., der vor dem Bundesverfassungsgericht das Urteil zum Abstandgebot erzwungen hatte. Sechs Jahre nach diesem Urteil kam er frei. Er gehörte zu den sogenannten Altfällen, deren Verwahrung gemäß Straßburg zu Unrecht verlängert worden war. Hans-Ludwig Kröber kennt M., weil er ihn mehrmals begutachten musste. »Als ich ihn das letzte Mal begutachtete, empfing er mich wie der abtrünnige Colonel Kurtz in *Apocalypse now*«, erzählt Kröber. »Er thronte da und hielt Hof. In den früheren Gutachten hatte ich geschrieben, man könne ihn nicht entlassen. Ich dachte, er sei mir deswegen böse und rede nicht mehr mit mir. Aber dem war nicht so. Er war nur bestrebt, mir zu verdeutlichen, wie toll er ist. Das sollte ich mal begreifen. Dass ich ihn für gefährlich gehalten habe, fand er nicht zu beanstanden. Dann kam er aufgrund des Straßburger Urteils frei. Heute ist er städtischer Angestellter. Er hat seine neue Rolle als siegreicher Held von Straßburg gefunden. Er ist der Befreier der Sicherungsverwahrten und lässt sich als solcher feiern. Damit kann er gut leben. In gewissem Umfang ist er ein Medienstar. Für ihn ergibt es keinen Sinn, nochmals größere Straftaten zu begehen.« Kröber geht davon, dass M. nicht mehr rückfällig wird, was er noch vor einigen Jahren für unmöglich hielt.

18 Das Dorf der Supergefährlichen

Das Gefängnis sieht nach nichts aus. Es liegt in Zeeland, weit weg von den niederländischen Metropolen an der Ostgrenze, dort wo Deutschland in die Niederlande hineinfingert. Man muss mit dem Bus eine halbe Stunde von Nijmegen fahren, um hierher zu kommen. Und dann noch zwanzig Minuten zu Fuß durchs Dorf Zeeland gehen. Vorbei an Einfamilienhäusern mit kurz getrimmtem Rasen und großen Autos in der Einfahrt. Hier ist man wohlhabend. Zäune gibt es keine und keine Wachhunde. Aber auch keine Menschen auf der Straße, morgens um halb zehn. Nur eine Radfahrerin kommt mir entgegen.

Beim Pannekoekenbakker, einem Landgasthof, geht es links weg, am Zuckerrübenfeld entlang. Am Ende einer Wiese vor einem Wald taucht es dann auf. Von ferne glaubt man einen Logistikbetrieb vor sich. Ein Zaun, einige flache Gebäude und ein Parkplatz mit Autos. Hier wohnen die gefährlichsten Menschen der Niederlande.

Michael Alex, der Rückfallforscher, sagte: »Pompe ist interessant. Die machen es da ganz anders.« Wenn Leute schon für immer präventiv weggesperrt werden müssten, dann so. Es ist eine sogenannte Langzeiteinrichtung, die von der Pompestichting, der Pompe-Stiftung betrieben wird. Willem Pompe war in Utrecht Rechtsprofessor und hatte sich schon vor dem Zweiten Weltkrieg für einen humanen Umgang mit psychisch kranken Straftätern eingesetzt.

Das Psychiatriegefängnis in Zeeland wird von Peter Braun geleitet. Auf meine Anfrage, die Einrichtung zu besichtigen, mailte er zurück: »Bitte denken Sie daran, dass Sie eine Hochsicherheitseinrichtung besuchen. Sie dürfen keine Drogen, Medikamente, Waffen, elektronische Geräte wie Mobiltelefone oder Kameras auf das Gelände mitbringen.«

Wie immer das gleiche Eintrittsritual. Tasche mit Handy, Kamera in einem roten Schließfach verwahren, Sicherheitsschleuse passieren.

Peter Braun komme gleich. Drei nüchterne Stühle, einige Magazine liegen auf dem Tisch. Peter Braun, schlank, nicht sehr groß, mit hellwachen Augen, Dreitagebart, der blaue Anzug sitzt, die blauen Schuhe wirken elegant. Der Mann hat Stil und strahlt gute Laune aus.

Wir gehen in sein Büro. Auf dem Tisch liegt ein Stapel mit Papier und ein Buch, *Long-Term Forensic Psychiatric Care. Klinische, ethische, juristische Herausforderungen.* Vier Jahre habe er mit einer Kollegin aus Rostock daran gearbeitet. Es kostet mehr als hundert Euro, wofür sich Braun entschuldigt. Das sei halt so bei den Wissenschaftsverlagen. Reich werde er nicht damit.

Im Buch wird geschildert, wie die verschiedenen Länder mit *terbeschikkingstelling*, kurz TBS, so heißt Verwahrung auf Niederländisch, umgehen.

Braun spricht gut Deutsch. Seine Großeltern waren Deutsche, sagt er. Er erzählt, wie er zum Chef dieser Hochsicherheitsanstalt wurde. Er studierte Psychologie, suchte einen Job und fand lange nichts. In der forensischen Klinik seiner Stadt suchten sie einen Psychologen. Das war eigentlich nicht das, was er wollte. Nach kurzer Zeit seien alle klugen Leute, die dort arbeiteten, weitergezogen. Es blieben nur die Mitarbeiter:innen, die nicht wegkamen. Er fand, das könne es nicht sein; er wollte etwas verbessern, wie er sagt.

»Was gibt es Schöneres, als Leuten zu helfen, von denen andere sagen: Denen ist nicht mehr zu helfen.« Peter Braun lacht. Es klingt nicht karitativ. Er weiß, dass er etwas geschaffen hat, was es sonst nirgendwo gibt in Europa. »Ich habe nach vierzig Jahren immer noch den besten Job, den man sich vorstellen kann.«

Zurzeit leben 93 Personen in Brauns Einrichtung. Leute, die in der Schweiz nach Artikel 64 verwahrt wären. Das Durchschnittsalter liegt bei sechzig Jahren. Jeder hat getötet oder vergewaltigt oder Brände gelegt. Keiner hat es nur einmal getan; sonst kommt man nicht hierher. »Es ist aber keine normale Klinik, es ist mehr wie ein Dorf. Die Vögel machen Nester und fliegen davon. Das kann man hier alles sehen.« Er zeigt nach draußen in die Büsche.

»Wir nennen sie auch nicht Insassen oder Patienten, für uns sind es Einwohner – Leute, die zusammen in einem Dorf leben.«

»Sie sind aber der Chef?«

»Scherzeshalber nennen sie mich oft Direktor. Ich bin der Manager, eigentlich mehr der Bürgermeister. Ich organisiere, was zu organisieren ist. Komisch, das habe ich eigentlich nicht studiert.«

»Sind Männer und Frauen gemischt?«

»Wir haben drei Frauen, der Rest sind Männer. Mit Frauen sind die Männer freundlicher und machen weniger Krach.«

»Das gibt keine Probleme?«

»Am Anfang haben wir das befürchtet. Es ist aber überhaupt kein Thema. Die Frauen, die zu uns kommen, sind ja auch spezielle Frauen. Es gibt nur ganz wenige Frauen, die so schwere Taten begehen und in Verwahrung kommen.«

Durch das Fenster sieht man, wie eine Gruppe Besucher:innen durch die Schleuse geht. Das eine Gittertor schließt sich. Sie müssen warten, bis das Aufsichtspersonal das zweite Gittertor öffnet und sie einlässt.

Leute aus der Hauptstadt hätten mal hinterfragt, dass die Institution wirklich sicher sei.

Sie waren überrascht, dass es keine Mauern gibt. Sie meinten, das gehe nicht, da brauche es Mauern wie in jedem Sicherheitsgefängnis.

»Niemals«, sagt Braun, »solange ich die Institution leite, werden keine Mauern gebaut.« In einem gewöhnlichen Gefängnis könne man nicht sehen, wie die Sonne hinterm Feld verschwindet oder der Bauer nebenan das Feld pflügt. Banale Dinge, die in einem normalen Gefängnis nicht passieren, weil da immer eine Mauer den Blick verstellt. Zäune sind durchlässig, aber sie reichen aus. Noch nie habe einer versucht, abzuhauen. »Wenn wir die Gittertore öffneten, blieben wohl die meisten da und bäten darum, das Gitter doch wieder zu schließen, sonst kämen fremde Leute rein.«

Hier würden sie nicht beschimpft, nicht vergewaltigt, nicht schlecht behandelt wie in anderen Anstalten. Kindermörder oder Vergewaltiger stehen bekanntlich ganz unten in der Gefängnishierarchie.

»Wir versuchen hier auf Augenhöhe miteinander zu verkehren. Wenn möglich versuchen wir auch Entscheidungen gemeinsam zu fällen. Alle tragen individuelle Kleidung. Man erkennt nicht immer, wer Bewohner ist und wer zum Personal gehört.«

»An der Pforte tragen die Aufseher aber blaue Uniformen.«

»Das ist richtig. Der Sicherheitsdienst trägt spezielle Poloshirts. Wenn etwas passiert, zum Beispiel ein Feuer ausbricht, muss die Feuerwehr sofort erkennen, an wen sie sich wenden kann. Beim Verteilen der Medikamente tragen die Pflegefachleute eine gelbe oder orange Weste.«

»Warum das?«

»Sie müssen sich konzentrieren, dürfen nicht gestört werden. Es wäre fatal, wenn sie bei der Verteilung der Medikamente einen Fehler machen. Bei der Pflegearbeit tragen sie auch eine Weste. Aber sonst läuft eigentlich alles auf Augenhöhe.«

»Und da ist noch nie etwas passiert?«

»Nein, es gab noch nie einen größeren Zwischenfall. Heute morgen hat ein Bewohner einen anderen geschlagen, weil der viel Lärm gemacht hat. Er hat nachher gesagt, der habe es verdient. Solche Sachen passieren aber selten.«

»Wie wird er bestraft?«

»Wir dürfen niemanden bestrafen. Wenn so etwas passiert, führen wir danach fünf Gespräche. Das heißt, es wird stundenlang über den Vorfall geredet; das mögen sie nicht, die wollen ihre Ruhe. Grundsätzlich gilt hier: andere nicht berühren, nicht schlagen, niemanden beschimpfen – einfach normal miteinander umgehen wie in einer Familie. Wie in einer Familie können wir auch nicht auseinandergehen. Deshalb müssen wir bei Problemen so lange reden, bis es wieder in Ordnung ist.« Es klingt heiter, wie er das erzählt. Streit gehört zum normalen Leben wie die Vögel und der Sonnenuntergang.

»Sie haben keine Arrestzellen? Die Leute werden nie isoliert?«

»Es gibt drei Isolationszimmer. Die brauchen wir so selten, dass wir sie wohl aufheben. Wenn jemand sehr aufgebracht ist, versuchen wir das anders zu lösen. Wir bringen denjenigen in ein spezielles, beruhigendes Zimmer mit großem Fernseher. Das dauert meistens nicht lang.«

»Wie lang ist ›nicht lang‹?«

»Eine Stunde, selten ein Tag. Wir haben aber vier spezielle Zimmer für spezielle Bewohner. Im Moment haben wir zwei Männer, die wir einzeln unterbringen müssen.«

»Weil sie zu gefährlich sind und man nie weiß, ob sie jemandem etwas antun?«

»Ja. Wir sind im Moment daran, für diese Bewohner einen Stock umzubauen. Sie bekommen aber heute schon eine spezielle Betreuung. Es ist immer mindestens ein Betreuer bei ihnen, manchmal sind es auch zwei. Zusammen gehen sie dann auch raus, spazieren im Garten, besuchen das Pony, rauchen eine Zigarette, schauen den Vögeln zu. Dank dieser individuellen Betreuung haben wir mit diesen speziellen Bewohnern praktisch keine Vorfälle mehr.«

Braun steht auf, geht ans Fenster. Er habe gemeint, da fliege eine Drohne. Aber es war ein Helikopter. Mit Drohnen darf das Dorf nicht überflogen werden.

Braun geht zum Büchergestell und holt den Lucky-Luke-Band *Die Daltons und der Psycho-Doc*; auf Deutsch und Englisch hat er ihn bereits, die spanische Version sucht er noch. »Da steht alles drin, was die forensische Psychiatrie macht. Der Psycho-Doc versucht die Kriminellen zu bessern, die wollen aber nicht gebessert werden. Am Schluss wird er selbst kriminell. Zu viel Empathie. Müssen Sie lesen, das lohnt sich!«

Beiläufig sagt er: »Fünfzig Prozent der Leute kommen hier wieder raus. Sie gehen in eine andere Institution. Manche leben am Schluss selbständig draußen. Es gibt auch welche, die gerne wieder zurück möchten; sie sagen, die machen zu viel Stress draußen.«

Es leben hier zwei verheiratete Paare, zwei Männerpaare. Sie leben nicht in denselben Abteilungen. Wollen sie zusammen sein, können sie beantragen, eins der beiden Apartments zu benutzen, die für Familienbesuche bereitstehen. Zwei Bewohner haben eine Beziehung mit Frauen, die draußen leben.

Besucher:innen dürfen sich frei auf dem Gelände bewegen. Manche Angehörigen wollen Kinder mitbringen. »Wir fragen in diesen Fällen oft den Bewohner: ›Sie kennen die Situation hier. Können Sie die Verantwortung übernehmen, wenn die Kinder hereinkommen?‹ Es gibt welche, die sagen: ›Lieber nicht, die Kinder sollen nicht kommen. Die sollen das hier nicht sehen.‹ Das verstehen wir auch unter Verantwortung zurückgeben.«

Im Moment sind alle mit einer Strafrechtskonferenz beschäftigt, die auf dem Gelände stattfinden wird. Die Bewohner helfen bei der Organisation. Sie werden auch die Gäste durch ihr Dorf führen. Peter Braun hat einen ehemaligen Bewohner eingeladen, als Experte aufzutreten. Der Mann war viele Jahre in der Verwahrung, unter anderem auch hier in Zeeland. Seit er draußen ist, referiert er an Polizeiakademien oder in Schulen. Wie es sei, wenn man jahrelang in der Verwahrung stecke und was es mit der Familie, den Freunden, Bekannten und Verwandten mache. Wie er es geschafft habe rauszukommen. Und was es heiße, ein Leben lang aufzupassen, dass man nicht rückfällig werde.

Am Abend der Konferenz gibt es ein Abendessen. Die Bewohner:innen werden alle ihre schönsten Kleider anziehen. Das Management des Gefangenendorfs wird sie bewirten. Auch er werde sich eine Schürze umbinden, sagt Braun. Es soll ein schönes, ungezwungenes Fest sein. Er wollte sogar Kerzen auf die Tische stellen, um es feierlicher zu machen. Da fand der Sicherheitsdienst, das sei zu gefährlich. Braun wehrte sich für die Kerzen. Aber der Sicherheitsdienst setzte sich durch.

»Wir machen viel zu viele Regeln«, sagt er trocken.

»Hat der Sicherheitsdienst Waffen?«

»Nein, Waffen sind verboten. Waffen sind gefährlich.«

»Ist wirklich noch nie etwas passiert?«

»Auf einem begleiteten Ausgang hat einmal einer in einem Geschäft ein Messer genommen und eine Frau leicht verletzt.«

»Haben alle begleitete Ausgänge?«

»Die Hälfte der Leute darf regelmäßig begleitet raus.«

»Wie oft?«

»Ungefähr zweimal im Monat. Es ist aber sehr verschieden. Es gibt Bewohner, die jede Woche begleitet Ausgang haben, und welche, die nur zweimal pro Jahr raus dürfen.«

»Von denen, die entlassen wurden, ist da einer rückfällig geworden?«

»Ich weiß von einem einzigen Fall. Ich rede nicht von kleinen Delikten wie Drogenkonsum oder die Miete nicht bezahlt.«

»Was war da?«

»Der Exbewohner wollte seiner Therapeutin etwas antun. Er glaubte, sie sei in ihn verliebt, das war aber gar nicht so. Zum Glück verlief es dann glimpflich, der Frau ist nichts passiert.«

»Und hier drin?«

»Zum Glück ist noch nie etwas passiert. Man muss seine Grenzen sehr gut kennen. Für junge Leute, die hier anfangen zu arbeiten, ist es ganz wichtig, das zu lernen. Vor allem auch bei Bewohnern, die man mag. Es gibt hier drin viele, die man mag. Man kann freundlich sein und einander helfen. Aber man muss immer wachsam bleiben – es sind forensische Patienten. Wenn ich es mit einem Pädosexuellen zu tun habe, kann ich sehr viel zulassen; der wird nicht gewalttätig. Bei anderen muss ich vorsichtiger sein. Und Frauen müssen noch viel vorsichtiger sein.«

»Sie wissen, wer gefährlich ist?«

»Ja, ich kenne die Geschichte von jedem einzelnen. Man muss das wissen wollen, nur so hält man die nötige Distanz ein.«

Das Telefon klingelt. Beim Auflegen seufzt er, »wieder so eine Regel, die etwas blockiert.« Jeder Bewohner habe grundsätzlich Anspruch auf zehn Stunden Arbeit in der Woche. Niemand muss arbeiten, sondern andersrum: Die Gefängnisleitung ist verpflichtet, jedem eine Arbeit zur Verfügung zu stellen, die er bewältigen kann. Pro Stunde verdient ein Bewohner 2,75 Euro; das ergibt in der Woche mindestens 27,50 Euro. Nun will die Buchhaltung bei einem Mann einen Abzug machen, weil er nur beschränkt arbeitsfähig ist. Doch das gehe nicht, weil das demotivierend sei. »Das sind die wenigen Momente, wo ich mich über die Macht, die mir meine Rolle als Leiter der Institution gibt, echt freue. Da müssen sie tun, was ich sage.«

Es macht ihm Spaß, der Hüter der Normalität zu sein. Sein Credo ist, möglichst viel machbar zu machen. »Ein Bewohner will zum Beispiel ein Pferd. Ich will zwei Alpakas. Wenn du so was willst, glauben die andern, dass du krank im Kopf bist. Aber wenn man nur genug Energie reinsteckt, geht alles. Dann kommen die beiden Alpakas. Sie werden sehen, in einem Jahr haben wir die beiden Alpakas. Man muss so lange nerven, bis man es hinbekommt.«

Er steht auf. Geht zum Schrank. Nimmt ein weißes Plüschtier in die Hand: »Das war mein erstes Alpaka.« Er stellt das Tier auf den Tisch. Dann nimmt er das nächste und stellt es auf den Tisch. Eins aus Keramik. Auf dem Gestell stehen noch weitere in verschiedenen Farbtönen aus verschiedenen Materialien.

Die Institution hat einen Vertrag mit dem Justizministerium. Sie wird pro Einwohner bezahlt. Pro Tag kostet ein Einwohner 475 Euro – in der österreichischen Anstalt Göllersdorf kostet ein Hafttag 230 Euro, in der deutschen Justizvollzugsanstalt Rosdorf wird für Sicherungsverwahrte am Tag 280 Euro ausgeben, und in der Schweiz zahlt man pro Tag umgerechnet zwischen 850 und

1400 Euro für einen Verwahrten oder Maßnahmenhäftling. Auf einen Bewohner in Zeeland kommt ein Betreuer oder eine Betreuerin.

Peter Braun klemmt sich einen großen Regenschirm unter den Arm. Wir gehen raus. Hinter dem Verwaltungstrakt erstreckt sich eine große ungemähte Wiese mit nass triefenden Bäumen und Wegen. Mittendrin weidet Susi, das Pony. Man sieht diverse Gebäude, einen Stall, aber nicht, wo das umzäunte Gelände endet.

Unter dem Vordach eines Hauses stehen zwei Männer und rauchen. Der eine kommt näher, will Braun etwas erzählen. Es geht um die Konferenz. Der Mann hat für jeden Teilnehmer ein Küchenbrett verziert.

Beim Weitergehen sagt Braun, er habe gewusst, dass die Verzierung der Küchenbretter fertig sei. »Aber es ist doch etwas Anderes, wenn man über seine Arbeit berichten kann. Hier sollen alle stolz sein können auf das, was ihnen gelingt.«

Früher war das hier ein Jugendgefängnis. Es stand leer, sollte verkauft werden. 2006 wurde es als TBS-Institution eröffnet. Drei Jahre später war der neue Wohntrakt fertig. Ein moderner zweistöckiger Betonbau mit Balkonen zwischen hohen alten Bäumen. Das Haus könnte auch ein Schulhaus oder ein Altenheim sein.

Auf dem Weg kommt uns ein dunkelhäutiger Mann mit gehäkelter Rastamütze entgegen. Er redet und gestikuliert zornig vor sich hin. Für eine Sekunde ploppt die Frage auf: Könnte der auf einen losgehen? Er grüßt kurz und geht, vertieft ins Selbstgespräch, weiter.

Wir betreten den Wohntrakt. Viel Holz, der Gang wirkt freundlich hell. Es gibt acht Wohngruppen zu je elf Personen. Im oberen Stock sitzen in einem Aufenthaltsraum zwei Frauen und ein Mann zusammen und trinken Kaffee. In der Küche herrscht gemütliche Unordnung. Taschen und Rucksäcke liegen in der

Ecke. Einige Bildschirme stehen auf einem Trolley. An der Wand hängen handgeschriebene Einsatzpläne. Jede Tasse ist anders. Es sieht nach einer WG-Küche aus, nicht nach einer Hochsicherheitseinrichtung.

Braun zeigt ein Zimmer, das leer steht. Sie sprechen hier immer nur von Zimmern, nie von Zellen. Es ist ein schmaler Raum mit Blick ins Grüne, separatem Bad mit Klo und Dusche.

Tagsüber können sich die allermeisten frei bewegen. Abends werden die Türen zugesperrt – da ist *pompestichting* in Zeeland noch ganz Gefängnis.

In der Wohngruppe im unteren Stock steht eine Türe weit offen. Ein korpulenter Mann sitzt hinter einem breiten Schreibtisch und bittet uns herein. Vor ihm auf dem Pult steht ein silberner Adler, auf dem Regal setzt ein silberner Jaguar zum Sprung an, in der Ecke hocken zwei Pumas.

Der Mann wirkt wie ein Bordellbesitzer, der Hof hält. Die Arme tätowiert, breite Goldketten um den Hals. Unter dem Pult schnurrt sein Sauerstoffgerät. Im Fernsehen läuft ein Trickfilm.

Braun wechselt mit ihm einige Worte. Der Mann scheint besorgt zu sein.

Braun erzählt nachher, der Mann fürchte, dass er sein Zimmer verliere. Weil es ihm gesundheitlich schlecht geht, hat er ein Zimmer, das doppelt so groß ist wie das der anderen. Nun hat er gehört, dass ein neuer Bewohner kommt, dem es ebenfalls schlecht geht. Deshalb glaubt er, er müsse sein Zimmer abgeben. Aber nein, er könne in seinem Zimmer bleiben, hat Braun ihn beruhigt. Sie fänden schon eine Lösung.

Wir ziehen weiter durch das Haus. Am Ende öffnet sich der Gang und mündet in eine große Wohnküche. An der einen Wand steht ein mächtiger alter Holzschrank wie aus einer gutbürgerlichen Stube vor fünfzig Jahren. In der Ecke blubbert ein Aquarium mit Wasserpflanzen darin und versunkenen, griechischen

Säulen. Dem Holzbuffet gegenüber befindet sich eine moderne Einbauküchenzeile. Am großen Tisch dazwischen sitzen zwei Männer. Der eine beugt sich über seinen Teller und schiebt sich frittierte Klöße auf die Gabel. Er blickt hoch, mustert uns abwesend und wendet sich schweigend wieder dem Teller zu. Er ist sehr breit, sehr schwer und wirkt in seinem grauen T-Shirt und den kleinen Augen wie ein gestrandeter Wal.

Der Mann auf der anderen Seite des Tisches schält Zwiebeln und sagt, er koche Spaghetti. Zusammen kochen, nein, das würden sie eigentlich nie. So sitzen die beiden am selben Tisch und essen aneinander vorbei. Tag für Tag, Jahr für Jahr.

Übrigens müssen alle, die hier wohnen, ihre Kleider selbst waschen. Das gehört auch zur Normalität.

Drüben im Werkhof arbeiten in einer großen Halle etwa zehn Männer. Einer klaubt CDs aus Plastikhüllen, andere werken mit Holz. Man erkennt nicht, wer Betreuer und wer Betreuter ist.

Zwei Männer kommen sofort auf Braun zu. Der Kleinere beginnt mit ihm zu diskutieren. Der Größere, dem man ansieht, dass er viel geraucht hat, spricht Englisch. Er sagt, er sei über sechzig, habe schon viele Gefängnisse gesehen. Hier gefalle es ihm, hier wolle er bleiben. »Wozu soll ich raus, da wartet keiner auf mich! Hier habe ich alles, was ich brauche«, sagt er.

Der Himmel hat aufgerissen. Weiße Wolken treiben vorbei, die Sonne scheint aufs Tiergehege. Ein paar Hühner scharren in der Erde, ein Schwein und einige Ziegen spazieren umher. Zwei Männer lehnen am Zaun und schauen dem dritten zu, der Mist zusammenkehrt. Bewohner, spazieren, plaudern und warten aufs nächste Essen.

Rechts vom Tiergehege liegt der Kraftraum. Zwei Männer spielen Dart, zwei schauen zu. Braun erzählt, sie hätten auch einen Judoraum, weil sie einen Patienten hatten, der ein exzellenter Judoka war. Er habe die anderen unterrichtet. Doch dann wurde er entlassen, der Raum blieb. Jetzt komme ein Judolehrer von draußen.

Auf dem Weg zurück zum Verwaltungsgebäude sprechen wir über Exit. Braun sagt, die Bewohner:innen hätten das Recht auf den begleiteten Suizid. Vor einem Jahr hatten sie einen Fall. Der Mann war nicht sterbenskrank, aber er wollte nicht mehr leben. Sie hätten es nicht publik gemacht. Es gab früher schon zwei Fälle von Sterbehilfe. Beide litten an einem unheilbaren Krebs. »Die Gesellschaft soll sich da raushalten«, sagt Braun. Das sei eine Sache zwischen dem Gefangenen und seinem Arzt. »Die breite Bevölkerung versteht das nicht. Die glauben, die TBS-Insassen dürften sich der Strafe nicht durch den Tod entziehen und müssten büßen. Für die Opfer haben sie nie genug gebüßt.«

Als wir wieder im Büro sind, ruft Braun unvermittelt: »Schauen Sie!«, und zeigt aus dem Fenster. Gleich neben dem Zaun wackelt eine Ente mit sieben Küken vorbei. Sie sind winzig und flauschig. Eine wilde Stockente, die entschieden hat, ihre Brut hinter *pompestichings* sicheren Zäunen großzuziehen.

Warum kommt am Ende die Hälfte ihrer Bewohner raus? Braun sagt, es gebe keine Therapie. Die Leute, die nach Zeeland kommen, hätten zuvor alle jahrelang Therapie gemacht, es habe nichts gebracht, die seien austherapiert. Also lässt man die Leute in Ruhe. Wenn jemand aber eine Therapie will, bekommt er sie; er muss aber unbedingt wollen. Braun berichtet von einem Mann, der fünfzig war, als er nach Zeeland kam. Nach sieben Jahren erzählte er Braun, er habe nachts Alpträume. Jede Nacht wache er auf und habe Angstzustände. Er brauchte Hilfe.

Braun fragte ihn, ob er eine Therapie wolle. Er sagte Ja. Braun sagte, er dürfe nicht anfangen, wenn er nicht wirklich bereit sei, ernsthaft mitzuarbeiten. Er wollte. Nach achtzehn Sitzungen waren die Alpträume weg. Der Mann hatte das erste Mal in seinem Leben wirklich über sich selbst gesprochen. Er wollte mehr

Therapie, wollte seine Jugend zum Thema machen und wie es dazu kam, dass er hier landete. Braun vermittelte ihm einen anderen Therapeuten. Inzwischen lebt der Mann halb in Freiheit.

Braun fragte ihn irgendwann, weshalb er erst so spät mit der Therapie begonnen habe. Er sagte: »Ich hätte es früher nicht gekonnt. Ich musste erst ich selbst werden.«

Er brauchte die Zeit, das Vertrauen zu bekommen, dass ihn niemand drängt. Und er brauchte diese Normalität, mit Menschen auf Augenhöhe zusammenzuleben.

19 Von kranken Bösen und bösen Kranken

Österreich ist anders. Schon die Sprache wirkt befremdlich: Für Taten, die auf »einer geistigen oder seelischen Abartigkeit« beruhen, wird man »in eine Anstalt für geistig abnorme Rechtsbrecher« eingewiesen. Das klingt nach der Zeit des Nationalsozialismus. Aber so steht es im Gesetz, das die Verwahrung regelt.

Seit Jahren möchte man das Verwahrungssystem grundsätzlich ändern, aber irgendwie klappt es nicht. Die Füße von Wilhelm S. wurden zu einem Sinnbild des Problems. An einem Morgen im März 2014 nimmt ein Justizbeamter im Hochsicherheitstrakt der Strafanstalt Stein in Krems »eine Geruchsbelästigung« wahr. Der Beamte ruft seinen Vorgesetzten an, er möge dringend kommen, es gebe Probleme mit einem »geistig abnormen« Insassen. Der Verwesungsgeruch stammt von Wilhelm S. Der 74-Jährige lebt zum Glück noch. Seit Jahren sitzt er tagein tagaus in seiner Zelle. Niemand kümmert sich um ihn und seine dick einbandagierten Beine.

Das Wiener Magazin *Falter* hat die Geschichte an die Öffentlichkeit gebracht und Fotos von S.' Füßen publiziert. Sie sehen aus wie verfault und verschimmelt. Die Zehennägel sind seit Monaten nicht mehr geschnitten und gleichen den Krallen eines Greifvogels. Es ist ein Bild schlimmster Verwahrlosung.

»Das ist eine Katastrophe, so etwas darf nicht passieren«, sagt der damalige Justizminister Wolfgang Brandstätter (Österreichische Volkspartei) gegenüber dem *Falter*. Er verspricht umfassende Reformen und lässt S. in eine andere Anstalt verlegen.

Florian Klenk, Chefredaktor des *Falters*, besuchte später S. im Gefängnis und hat in der Folge seine Lebensgeschichte erzählt. Wilhelm S. kommt 1939 er als erstes von drei Kindern auf die Welt. Der Vater brennt durch, die Mutter ist überfordert und gibt die Kinder weg. Die Jugendwohlfahrt bringt den kleinen Wilhelm bei steirischen Kleinbauern unter; schon als Neunjähriger muss er hart arbeiten. Später lernt er Koch, geht in die Fremdenlegion, soll als Spitzenkoch in Kitzbühel gearbeitet haben. Er zeugt zwei Töchter, um die er sich aber kaum kümmert. Schon früh wird er straffällig und Frauen gegenüber gewalttätig.

21 Mal ist er bereits verurteilt, als er 1990 ein letztes Mal in der Schweiz verhaftet wird. Er hatte versucht eine Prostituierte zu erdrosseln. S. lässt nur von ihr ab, weil er sie für tot hält. Wie durch ein Wunder überlebt die Frau und kann ihn dann identifizieren.

Die brutale Tat macht Schlagzeilen. Die Schweizer Medien nennen Wilhelm S. den »Dirnenwürger«. 1994, drei Monate, nachdem Hauert auf Freigang die Pfadfinderin Pasquale Brumann ermordet hatte,* steht S. in Zürich vor einem Geschworenengericht. Es muss entscheiden, ob der Mann verwahrt werden soll. Der psychiatrische Gutachter tut sich schwer. Er sollte die Frage beantworten, ob »aufgrund des Geisteszustandes von S. die öffentliche Sicherheit« gefährdet sei. Das könne er nicht, meint aber, »es spricht nichts dagegen, dass der Angeklagte wieder rückfällig wird«.

Das Geschworenengericht ist von S.' Schuld und Gefährlichkeit überzeugt. Es verurteilt ihn zu fünfzehn Jahren Haft mit anschließender Verwahrung. Nachdem das Urteil rechtskräftig ist, wird Wilhelm S. an Österreich überstellt.

Aber wie kam es zu seinem verwahrlosten Zustand? S. erzählte Klenk: »Ich habe in den letzten 25 Jahren viele Demütigungen erlebt, mir wurde meine Ohnmacht bewusst. Das Gefängnis macht den Menschen dumm. Der Geist eines Menschen ist voller Ideen, aber man kann sie nicht umsetzen. Ich verlor meine menschliche Würde. Und deshalb nahm ich das Einzige, das ich noch besaß, und warf es in die Waagschale: mein Leben. Ich wollte ein Bild erzeugen, eine Ikone, ein Beweisstück, ein Zeugnis meines Leidens. Es musste so schrecklich sein, dass es niemand mehr vergisst.« Verwesende Füße als Symbol für ein faules System, so dachte er es sich. Er umwickelte seine Beine, die aufgrund von Venenerkrankungen schon entzündet waren, mit Bandagen. Fast zwei Jahre lang wechselte er sie nicht, denn »ich wollte einen Entzündungsprozess beschleunigen und zugleich verheimlichen«. Er sei mit seinen bandagierten Beinen zum Duschen gegangen und mit nassen Haaren zurückgekehrt. Die Beamten im Stock seien stets freundlich und zuvorkommend gewesen, fügte er noch an. Doch seine Beine habe nie jemand untersucht.

* Siehe Kap. 3 »Der Mord am Zollikerberg« S. 23

Die Haftstrafe hatte Wilhelm S. 2007 abgesessen. Er blieb aber in derselben Justizanstalt, nicht mehr als Strafgefangener, sondern unbefristet im Maßnahmenvollzug. Langsam wurde er zum Pflegefall, wollte und konnte nicht mehr arbeiten. Therapien verweigerte er. Richter und Gutachter waren überzeugt, dass der Mann nach wie vor gefährlich sei.

Er war ruhig, angepasst und fiel nicht auf. Bis er zu sehr stank. Als man ihn endlich zum Gefängnisarzt brachte, hatte er bereits schwere Fieberschübe und schrammte knapp an einer Blutvergiftung vorbei.

In Österreich saßen 2020 8600 Häftlinge in einer Justizanstalt, davon befanden sich zwanzig Prozent im Maßnahmenvollzug. Das ist sehr viel, kein anderes europäisches Land weist einen ähnlich hohen Anteil auf. Im österreichischen Strafgesetzbuch gibt es drei Arten des Maßnahmenvollzugs, der für »gefährliche Rückfallstäter« nach Paragraf 23, der für »entwöhnungsbedürftige Rechtsbrecher« nach Paragraf 22 und der für »geistig abnorme« Täter nach Paragraf 21.

Paragraf 22 und 23 geben kaum zu reden. Menschen, die ein Delikt unter Drogen- oder Alkoholeinfluss begangen haben, bekommen eine Entzugstherapie, das ist unumstritten; die Maßnahme ist auf zwei Jahre begrenzt. Interessanterweise wird kaum jemand als »gefährlicher Rückfallstäter« verurteilt, weil die Hürden dafür hoch sind. Laut Gesetz müssen diese Täter:innen einen »Hang« zu gefährlichen Taten haben – nur haben Jurist:innen wie Psychiater:innen Mühe, den Begriff »Hang« zu definieren. Das ist mit ein Grund, weshalb Paragraf 23 kaum je zur Anwendung kommt und als sogenanntes totes Recht gilt.

Die Justiz braucht ihn auch nicht, da sie auf Paragraf 21 ausweichen kann. Dieser Paragraf hat den Vorzug, dass er einen unbefristeten Freiheitsentzug ermöglicht. Die »gefährlichen

Rückfallstäter« müssen hingegen spätestens nach zehn Jahren aus der Maßnahme entlassen werden.

Paragraf 21 birgt etwas Monströses, das sich jedoch nur schlecht vermitteln lässt. Er betrifft nicht nur »Zurechnungsfähige«, sondern auch »Unzurechnungsfähige«. Die Rechtsphilosophie geht allerdings grundsätzlich davon aus, dass nur Menschen, die wissen, was sie tun, für ihre Taten bestraft werden können. Nach dem Grundsatz: Keine Strafe ohne Schuld.

Ist jemand zum Zeitpunkt einer Tat nicht zurechnungsfähig, weil er zum Beispiel einen schizophrenen Schub hat, wird er nicht für die Tat bestraft. Denn er ist krank, und Kranke sollte man heilen, nicht bestrafen. Deshalb wäre zu erwarten, der Betreffende käme in die Psychiatrie. Nicht in Österreich, da unterstehen diese psychisch kranken Menschen dem Strafsystem und kommen in Justizanstalten.

Der Paragraf 21 ist offen formuliert. Jedes Delikt, das mit »einer ein Jahr übersteigenden Freiheitsstrafe bedroht ist«, fällt bereits darunter. Da reicht es schon, eine Person verbal zu bedrohen oder eine Polizeibeamtin am Ärmel zu zupfen.

Von den rund 1400 Menschen, die unbefristet eingesperrt sind (Stand Januar 2022), sind die einen nach Paragraf 21 Absatz 2 verurteilt. Das sind die »Zurechnungsfähigen«, die ihre Tat »unter dem Einfluss ihrer geistigen oder seelischen Abartigkeit« begangen haben – wie eben zum Beispiel Wilhelm S. Die anderen wurden nach Absatz 1 verurteilt. Das sind die »Zurechnungsunfähigen«, die psychisch Kranken und die intellektuell Beeinträchtigten; früher nannte man sie »geistig behindert«. Wie die Aufteilung ist, schlüsselt das Ministerium für Justiz nicht auf.

Helmut Graupner hat immer wieder mit solchen Fällen zu tun. Graupner ist in Österreich ein berühmter Anwalt, vor allem, weil er schon viele wichtige Prozesse für die Rechte von homosexuellen und Transgender-Frauen und -Männern geführt hat. Er ist aber auch ein wichtiger Maßnahmenspezialist. Graupner hat in seinem Blog auf der Webseite der Zeitung *Der Standard* den drastischen Fall einer Frau geschildert – nennen wir sie Frau Weber. Sie gerät mit einem Taxifahrer in Streit, weil sie für die Fahrt nicht bezahlen will. Er ruft die Polizei. Frau Weber beschimpft die Polizist:innen. Sie wollen sie festnehmen. Frau Weber wehrt sich und schlägt einer Beamtin mit der flachen Hand auf die Brust. Die Polizei überwältigt Frau Weber und bringt sie in eine Justizanstalt für geistig abnorme Rechtsbrecher. Eine Polizeiärztin stellt fest, dass Frau Weber zurechnungsfähig sei. Ein zweiter Sachverständiger bestätigt dies und geht wie die Polizeiärztin davon aus, dass Frau Weber nicht gefährlich sei. Es wird ein weiteres Gutachten bestellt, das ebenfalls zum Schluss kommt, dass keine Fremdgefährdung bestehe.

Die Staatsanwaltschaft erhebt Anklage wegen versuchten Widerstandes gegen die Staatsgewalt. Das Gericht holt ein neues Gutachten ein. Diesmal kommt die Gutachterin zu einem anderen Schluss: Frau Weber sei zur Tatzeit infolge einer »undifferenzierten Schizophrenie« nicht zurechnungsfähig gewesen. Es bestehe die Gefahr, dass sie aufgrund dieser psychischen Erkrankung »irgendwann« durch massive Aggressionsdelikte auffällig werde.

Vor Gericht sagen die Tochter und der Schwiegersohn aus, Frau Weber habe nie zu Gewalt geneigt und habe nie gefährlich gewirkt. Die Polizistin, die von Frau Weber geschlagen wurde, sagt ebenfalls aus, sie habe keine Angst vor ihr gehabt, sie sei durch die Tat auch nicht verletzt worden.

Trotz diesen Aussagen und obwohl nur eine von drei Sachverständigen die Frau für gefährlich hält, wird Frau Weber aufgrund von Paragraf 21/1 eingewiesen. Das bedeutet, dass sie unbefristet inhaftiert wird – »potenziell auf Lebenszeit«, wie Graupner anmerkt. Der damalige Anwalt Frau Webers rekurriert erfolglos dagegen. Die Familie wandte sich danach an Graupner, der den Fall an den Menschenrechtsgerichtshof in Straßburg brachte.

»Das Regime und der Vollzug der immer häufiger angewandten vorbeugenden Maßnahme für geistig abnorme Rechtsbrecher« kritisiert er »als schwer menschenrechtswidrig«. Nur in zirka zwanzig Prozent der Fälle erfolge die Unterbringung aufgrund von schweren Delikten wie Mord, Raub oder gravierenden Sexualdelikten. »Es ist ein Trend zu Einweisungen für Delikte mit geringem Gefährdungspotenzial feststellbar. Sieben Prozent der Untergebrachten befinden sich seit mehr als zwanzig Jahren im Maßnahmenvollzug, bei weiteren zwölf Prozent dauert die Unterbringung zwischen zehn und zwanzig Jahre.«

Im persönlichen Gespräch sagt er, das liege aber nicht daran, dass die Menschen heute gefährlicher seien als früher: »Aber die Gerichte sind strenger geworden. Die Richter haben es satt, ständig von den Medien vorgeführt zu werden, also lassen sie die Leute nicht mehr raus, wenn nur das kleinste Risiko besteht, dass sie rückfällig werden könnten. Und sie überlassen es den Psychiatern, das zu entscheiden.«

Graupners Klientin Weber ist inzwischen nicht mehr in der Justizanstalt und wurde in einem Wohnheim untergebracht. Ganz frei ist sie immer noch nicht. Graupner sagt, mit diesem Fall müsse der Gerichtshof für Menschenrechte das erste Mal darüber befinden, unter welchen Voraussetzungen es rechtens ist, psychisch kranken Straftäter:innen unbefristet die Freiheit zu entziehen. Es gab zwar schon diverse Straßburger Entscheidungen zu Verwahrungsfällen, da ging es aber vor allem um Fragen des Verfahrens oder der Unterbringung. Es sei durchaus rechtens, hochgefährliche psychisch Kranke in einer Anstalt für abnorme Rechtsbrecher festzuhalten, sagt Graupner, auch lebenslang, »aber nur bei permanenter therapeutischer Betreuung«. Dem sei aber nicht immer so.

Abgesehen davon sei es einfacher, in die Maßnahme rein-, als wieder rauszukommen, fügt Graupner an. »Bei der Einweisung ist ein Gutachten ausreichend. Bei der Entlassung braucht es bei manchen Gerichten regelmäßig zwei, ein psychiatrisches und ein psychologisches. Ich glaube, das sagt alles.«

Wie schnell man in die Maßnahme rutschen kann, schildert Graupner am Beispiel eines Mannes, der sich selbst in die Psychiatrie eingewiesen hatte, weil er spürte, dass er seine Aggressionen schlecht kontrollieren konnte und in diesem Zustand niemandem etwas antun wollte. In der Klinik kam es zu einem Streit, er warf einem Pfleger einen Stuhl nach, schrie, er bringe ihn um. Das war nicht überraschend, wollte der Mann sich ja genau wegen der impulsiven Ausbrüche behandeln lassen. Doch die Klinik zeigte ihn an. Ein Richter überwies ihn aufgrund von Paragraf 21/2 in den Maßnahmenvollzug. Womit er sich urplötzlich in einer Anstalt für geistig abnorme Rechtsbrecher wiederfand – mit dem Risiko, lebenslänglich weggesperrt zu bleiben. Der Mann blieb dort mehrere Jahre, obwohl die Gutachter nur eine minimale Rückfallgefahr von 1,5 Prozent festgestellt hätten. Er, Graupner, könne das nicht verstehen. »Die Psychiatrie ist doch dafür da, um diesen Leuten zu helfen. Die können sie doch nicht einfach an die Justiz abschieben.«

In der Psychiatrie verfügen Zwangseingewiesene über schützende Rechte. Jede sogenannte »Unterbringung ohne Verlangen« muss sofort an das zuständige Bezirksgericht und an die Patientenanwaltschaft gemeldet werden. Die Patientenanwält:innen nehmen Kontakt zu den Betroffenen auf. Ein Gericht überprüft, ob die Unterbringung rechtmäßig ist. Das alles gibt es im Maßnahmenvollzug nicht. Die Eingewiesenen haben keinen Anspruch auf permanente juristische Vertretung. Denn die Patientenanwält:innen sind nicht zuständig für die Anstalten für geistig abnorme Rechtsbrecher. Die Verwahrten haben nur im Gerichtsverfahren zur Prüfung einer bedingten Entlassung Anspruch auf eine kostenlose Verteidigung.

Graupner erinnert sich, wie er vor zwanzig Jahren dafür kämpfen musste, dass er als Anwalt bei einer solchen Anhörung dabei sein durfte. Der Staatsanwalt war selbstverständlich dabei, aber ein Verteidiger sei nicht zugelassen worden. Graupner legte Beschwerde ein und bekam recht. Was ihn überraschte: Zur nächsten Anhörung wurde er geladen. Er wollte Fragen stellen und ein Plädoyer halten. Die vorsitzende Richterin fand das nicht lustig und sagte ihm unwirsch, er dürfe da sitzen, solle aber still sein. Graupner legte erneut Beschwerde ein und bekam erneut recht. Seither hat die Verteidigung auch bei solchen Anhörungen alle Rechte wie im Strafprozess.

Die Frage ist nun aber, wer die Verteidiger:innen bezahlt. Die Klient:innen haben oft kein Geld. Unentgeltliche Rechtshilfe können sie zwar beantragen. In Österreich bedeutet das aber, dass sie eine Rechtsvertretung bekommen, die wirklich gratis arbeitet. Alle bei der Anwaltskammer eingetragenen Jurist:innen sind verpflichtet, unentgeltlich Rechtsfälle zu übernehmen. Das wird im Rotationsprinzip entschieden. Sie bekommen kein Honorar. Der Staat bezahlt sie nicht, wie das zum Beispiel in Deutschland oder der Schweiz üblich ist. »Wir sind vermutlich der einzige Berufsstand im Land, der gezwungen wird, gratis zu arbeiten«, sagt Graupner.

Er verweist noch auf die Arbeitsgruppe zur Reform des Maßnahmenvollzugs, die als Reaktion auf den Fall Wilhelm S. eingesetzt worden war. Ihr Abschlussbericht bestätigt die Zustände, die Graupner kritisiert. Die Arbeitsgruppe stellt unter anderem fest, dass von fünf eingewiesenen Personen nur einer einzigen zu Recht die Freiheit entzogen werde, weil sie weitere gefährliche Taten begehen dürfte. Achtzig Prozent der Menschen in den Maßnahmenanstalten sind demnach zu Unrecht weggesperrt.

Der Bericht geht davon aus, dass ein großer Teil der Gutachten schlecht gemacht und die Prognose »hohe Gefährlichkeit für Schwerkriminalität« in vier von fünf Fällen falsch sei.

Die Arbeitsgruppe hat auch eine Reihe wichtiger Empfehlungen gegeben: Der Begriff »geistige oder seelische Abartigkeit von höherem Grad« solle durch eine neutrale, nicht stigmatisierende Formulierung ersetzt werden. Künftig sollten nur noch Menschen, die eine schwere Tat begangen haben, überhaupt in den Maßnahmenvollzug kommen; alle Delikte, die mit nicht mehr als drei Jahren Haft bedroht sind, fielen damit weg – womit Leute wie Frau Weber erst gar nicht mehr in diesem System landeten. Der Maßnahmenvollzug dürfe nicht mehr in Justizanstalten stattfinden; die Leute müssten in echten therapeutischen Einrichtungen untergebracht werden. Es solle verboten werden, dass Jugendliche in das System hineingeraten und »eine bis zu lebenslange Einweisung« erfahren könnten. Unzurechnungsfähige Täter:innen sollten vom Sozial- und Gesundheitssystem betreut werden und nicht im Justizsystem untergebracht sein.

Das war 2015. Konkret wurde bislang keine der Forderungen umgesetzt. Die irritierende Verschränkung von Psychiatrie und Justiz bleibt hartnäckig bestehen. Warum es so schwierig ist, diese Verbindung zu lösen, erhellt sich, wenn man die Entstehung des Maßnahmenrechts betrachtet.

Der renommierte Rechtssoziologe Wolfgang Stangl zeichnete diese Geschichte 2015 im *Journal für Strafrecht* nach. Ein erster Gesetzesentwurf lag bereits 1927 vor und stammt von Ferdinand Kadecka. Im Kapitel »Maßregeln der Besserung und Sicherung« war die »Unterbringung in einer Heil- und Pflegeanstalt« bereits formuliert. Schon damals war eine »zeitlich unbegrenzte Unterbringung« vorgesehen.

Die Debatte über die Reform des Strafgesetzes kam ins Stocken, nachdem in Deutschland die Nationalsozialisten an die

Macht gekommen waren und wenig später auch in Österreich herrschten. Sie hielten nicht viel von den Reformvorschlägen.

Die Revision des Strafgesetzbuches wurde erst in den fünfziger Jahren wiederaufgenommen. In der Kommission, die das neue Maßnahmenrecht formulieren sollte, saßen Juristen und Psychiater. Präsidiert wurde die Kommission von Ferdinand Kadecka, dem Autor des ersten Entwurfes von 1927. Von Anfang an war klar, dass die Psychiater in der Kommission die psychisch Kranken, die ein Delikt begangen hatten, nicht mehr in ihren Institutionen haben wollten. Sie engagierten sich deshalb für den Bau einer zentralen Maßnahmenvollzugsanstalt, die der Justiz unterstellt sei. Sie taten das für ein ehernes Ziel. Sie wollten eine offene Psychiatrie, die nicht durch Sicherheitsaufgaben belastet sei.

Einer dieser Psychiater war Hans Hoff. In einer Kommissionssitzung sagte er, er wolle die »geisteskranken Rechtsbrecher und Psychopathen« nicht in der Psychiatrie, »weil die moderne freiheitsgewährende psychiatrische Krankenfürsorge nicht für diese Klientel gelten kann. Wir trachten, unseren Kranken so viel Freiheit wie möglich zu geben [...]. Das können wir aber natürlich nicht, wenn dadurch eine Gefährdung der Allgemeinheit entsteht. Daher ist es klar, dass die Verwahrung krimineller Patienten in speziellen Anstalten von einer ungeheuren Bedeutung für uns ist.«

Er sagte auch: »Vom Standpunkt der Psychopathen möchte ich sie bitten, Psychopathenanstalten zu errichten. Denn die Psychopathenanstalten sind wahrscheinlich die Hoffnung dieser Gruppe von Menschen, die sonst nirgends hingehören [...]. Wir müssen die Allgemeinheit vor Psychopathen schützen, wir müssen aber auch sie selbst schützen.«

Die Juristen wollten damals von Hoff wissen, was unter einem »Psychopathen« zu verstehen sei und welche Delikte diese Tätergruppe in der Regel begehe. Hoff räumte ein, der Begriff sei aus psychiatrischer Sicht nicht klar definiert. Was die Delikte betreffe, so Hoff, seien »zwei Drittel der Sexualstraftäter« Psychopathen; des Weiteren nannte er »Rauschgifthändler, Verleumder, Landstreicher, Prostituierte und Kuppler« als typisch psychopathische Persönlichkeiten.

Den Juristen war nicht wohl bei der Sache. Eine Minderheit in der Kommission hatte rechtsstaatliche Bedenken und kämpfte dafür, dass Psychopathen von einem Gericht verurteilt werden müssten, die Strafe dann aber nicht in einem Gefängnis, sondern in einer Anstalt verbringen sollten, wo sie therapiert würden. Wichtig war ihnen, dass die Dauer der therapeutischen Behandlung die Strafe nicht überschreiten dürfe. Unbefristet Menschen wegzusperren, hielten sie nicht für rechtens. Sie konnten sich aber nicht durchsetzen.

Psychiater Hoff genoss eine hohe Glaubwürdigkeit. Die Nazis hatten ihn seiner jüdischen Herkunft wegen verfolgt. Er musste fliehen und hatte unter anderem in den USA gelebt und gelehrt, bevor er 1949 nach Österreich zurückkehrte. Wenn das österreichische Gesetz noch heute von »geistiger und seelischer Abartigkeit« spricht, stammt das Vokabular nicht aus der Zeit des Nationalsozialismus oder davor, sondern von den zahlreichen betagten Herren, die damals in der Kommission saßen und diese Wortwahl nach dem Krieg immer noch normal fanden.

Am Ende hatten sich die Psychiater durchgesetzt. Sie schafften es, die schwierigen »geisteskranken Rechtsbrecher« der Justiz zu übergeben – auch wenn keiner wusste, wie diese Gruppe definiert werden sollte. Die Kommission versprach, diese Menschen in Spezialanstalten zu therapieren, ohne zu thematisieren, was man darunter verstand. Hauptsache, sie waren weg aus den Psychiatrien und konnten fortan den Ruf der Psychiater nicht mehr schädigen.

So kommt es, dass in Österreich die Justiz für schwierige, unzurechnungsfähige psychisch Kranke zuständig ist und nicht, wie man erwartete, die Psychiatrie.

Das Maßnahmengesetz trat erst 1975 in Kraft, weil es Teil der Strafprozessreform war, die fast zwei Jahrzehnte in Anspruch nahm. Das Thema interessierte in der Öffentlichkeit jedoch kaum – bis zum Fall Haas.

Karl Otto Haas war ein verurteilter Mörder, der 1993 auf Freigang erneut tötete und danach auf der Flucht erschossen wurde. Haas selbst war nicht im Maßnahmenvollzug, trotzdem markierte der Fall eine Zäsur, vergleichbar mit dem Fall Hauert in der Schweiz. Er führte dazu, dass Richter:innen immer skrupulöser wurden, mutmaßlich gefährliche Leute aus der präventiven Haft zu entlassen. Die Zahl der »geistig Abnormen«, die untergebracht werden musste, stieg in der Folge stetig an.

Die ursprünglich in Wien geplante zentrale Anstalt wurde nie gebaut. Inzwischen existieren zwei Justizanstalten für die »Unzurechnungsfähigen«, Göllersdorf und Asten. Göllersdorf ist ein altes Schloss, das im Ersten Weltkrieg als Lager für »politisch unzuverlässige Personen« und später als normales Gefängnis genutzt wurde – ein ungemütlicher, abweisender Bau. 1985 wurde dort die erste offizielle »Justizanstalt für geistig abnorme Rechtsbrecher« eröffnet. Asten hingegen ist neu, gegen außen gesichert, gegen innen möglichst offen – eine Vorzeigeinstitution. Die Justizanstalt Mittersteig in Wien nimmt vor allem die »Zurechnungsfähigen« auf, die zu einer Maßnahme verurteilt wurden. Insgesamt gibt es aber zu wenig Plätze in Sonderanstalten, weshalb viele Maßnahmengefangene in normalen Gefängnissen untergebracht sind.

Im Frühling 2021 legte die Regierung erneut einen Gesetzesentwurf zur Reform des Maßnahmenvollzugs vor, der dritte seit dem Skandal um Wilhelm S. Die Reform konzentriert sich vor allem auf den Ausbau der bestehenden Institutionen wie Göllersdorf und Asten. Jugendliche sollen nur noch zeitlich befristet in den Maßnahmenvollzug kommen. Außerdem soll die Begrifflichkeit modernisiert werden.

Elisabeth Wintersberger steht dem Gesetzesentwurf sehr skeptisch gegenüber, weil sie nicht glaubt, dass sich wirklich etwas ändern wird. Wintersberger hat eines der wenigen Fachbücher über die »Maßnahme gemäss § 21 Abs 1 StGB« verfasst. Jahrelang arbeitete die Juristin beim VertretungsNetz in Oberösterreich. Dieser Erwachsenenschutzverein setzt sich für Menschen mit physischen oder psychischen Beeinträchtigungen ein. Wintersberger hat sich ins Thema eingearbeitet, weil immer mehr ihrer Klient:innen in den Maßnahmenvollzug eingewiesen wurden und dort hängen blieben. Im Gespräch hört man ihr an, wie es sie bewegt und empört, dass Österreich mit schwierigen, aber auch vulnerablen Menschen so gnadenlos umspringt. Sie schildert zwei beispielhafte Fälle – nennen wir sie hier Herr Pichler und Herr Hartl.

Herr Pichler brach 1989 in ein Haus ein, dessen Besitzer:innen in den Ferien weilten. Er beschloss, ein bisschen dort zu wohnen. Die Nachbarn bemerkten dies und riefen die Polizei. Herr Pichler wurde unflätig und drohte, alle umzubringen. Mit einem Holzstück schlug er auf einen der Polizisten ein. Der schoss und verletzte Pichler schwer. Wegen gefährlicher Drohung und leichter Körperverletzung eines Beamten kam Pichler dann in eine Anstalt für geistig abnorme Rechtsbrecher. Er selbst fühlte sich zwar nicht psychisch krank, nahm aber immer anstandslos die hoch dosierten Psychopharmaka. Bis er sich nach zwanzig Jahren zum ersten Mal weigerte und argumentierte, die Dosis sei zu hoch. Die behandelnde Ärztin ließ ein Sonderkommando kommen. Fünf Mann, ausgerüstet mit Schild, Helm und Gesichtsschutz warfen Pichler zu Boden. Zu jenem Zeitpunkt war er schon Mitte sechzig und nicht mehr sehr kräftig. Sie fixierten ihn am Boden, um ihm die Spritze zu verabreichen. Dabei brachen sie Pichlers Schulter. Die Schulter verheilte nur schlecht. Er kann den Arm seither kaum mehr bewegen. Kurze Zeit später musste ihm noch ein Unterschenkel amputiert werden, eine Folge seiner schweren Diabetes – die oft als Nebenwirkung starker Psychopharmaka entstehe, sagt Wintersberger. Am Ende wurde Pichler als siebzigjähriger, schwerstversehrter Mann nach 28 Jahren entlassen.

Herr Hartl sitzt auch schon dreißig Jahren im Maßnahmenvollzug. Er ist geistig beeinträchtigt und verfügt über das intellektuelle Niveau eines Siebenjährigen. Als junger Mann grabschte er ein Kind sexuell an. »Er hat es nicht vergewaltigt und ist erschrocken weggelaufen, als es schrie. Aber es war zweifellos ein sexueller Übergriff«, sagt Wintersberger. Aufgrund Paragraf 21/1 kam auch er in eine Anstalt und sollte therapiert werden. Er besuchte Therapien, verstand aber nicht, was man von ihm wollte. Die Ärzte verabreichte ihm Androcur, ein starkes, triebhemmendes Mittel und verschiedene Neuroleptika. Die Medikamente brachten seinen Stoffwechsel so sehr durcheinander, dass er vor zwei Jahren fast daran gestorben wäre. Er ist inzwischen um die sechzig Jahre alt, hat die Hälfte des Lebens in der Anstalt verbracht. Das Gericht befand jedoch kürzlich, man dürfe ihn nicht rauslassen, weil »die Gefährlichkeit immer noch nicht hinreichend abgebaut« sei. Er hat keine Chance, etwas an seiner Situation zu verandern und sitzt weiterhin unbefristet in der Justizanstalt fest.

Wintersberger sagt, Menschen mit einer geistigen Beeinträchtigung gehörten niemals in den Maßnahmenvollzug. Wenn diese Leute dort Probleme machten, würden sie ohne ihre Einwilligung medikamentös ruhiggestellt. »Sie unterstehen dem Maßnahmenrecht, und das ist wie aus der Welt gefallen – da gilt nichts, was sonst draußen gilt, keine Menschenrechte, keine

Verfassung, nichts.« Auf den Einwand, das sei wohl etwas übertrieben, entgegnet sie: »Es gilt doch die Grundposition: Wenn ich jemanden behandle, brauche ich seine Zustimmung oder die Zustimmung seiner Rechtsvertretung. Diese Grundposition gilt nicht im Maßnahmenvollzug.« Aber die Menschenrechte gälten doch. Sie lacht und fragt zurück: »Haben Sie die Menschenrechtskonvention gelesen? Da steht explizit, dass es zulässig ist, ›psychisch Kranken‹ die Freiheit zu entziehen. Mit psychisch Kranken darf man weltumspannend tun, was man unter dem Titel ›Hilfe‹ für richtig hält. Da helfen nicht einmal die Menschenrechte.«

Sie hat recht. In Artikel 5 der Konvention steht unter »Recht auf Sicherheit und Freiheit«: Die Freiheit dürfe entzogen werden »mit dem Ziel, eine Verbreitung ansteckender Krankheiten zu verhindern, sowie bei psychisch Kranken, Alkohol- oder Rauschgiftsüchtigen und Landstreichern«.

Das unglückselige System in Österreich scheint wie zementiert. Das hat laut Wintersberger unter anderem mit dem Machtgerangel zwischen Bund und Ländern zu tun. Die Justiz untersteht dem Bund, das Gesundheitssystem inklusive Krankenhäuser jedoch den Ländern. »Bis in die neunziger Jahre war es üblich, Menschen, die keiner haben wollte, in der ›Langzeitpsychiatrie‹ unterzubringen«, sagt Wintersberger. Sie wolle die damalige Psychiatrie nicht beschönigen; auch dort seien Menschen Jahrzehnte ohne Überprüfung oder Kontrolle angehalten worden.

Als in den neunziger Jahren die »leistungsorientierte Krankenhausfinanzierung« eingeführt wurde, »hat dies der Langzeitpsychiatrie den Garaus gemacht, weil nur noch medizinische Behandlungen und Kurzaufenthalte, aber keine jahrelangen Pflegeleistungen mehr bezahlt wurden«, konstatiert Wintersberger.

Es wurden zwar neue Einrichtungen geschaffen, um psychiatrische Langzeitpatienten unterzubringen. Die »Bösen«, die Aggressiven, die Straffälligen, alle, die niemand haben wollten, blieben übrig. »Da entdeckte man die Maßnahme neu«, sagt Wintersberger. »Mit dem zusätzlichen Bonus der finanziellen Entlastung der Länder. Da die Maßnahme Teil des Strafrechts ist, müssen die Unterbringungskosten auch vom Bund zu bezahlt werden.«

Die Länder haben deshalb keine Motivation, die schwierigen psychisch Kranken in ihren Psychiatrien unterzubringen. Das würde sie zusätzlich Geld kosten.

20 Mona stellt alles auf den Kopf

Auf einer Tagung zum Thema Verwahrung. Strafrechtsprofessor Martino Mona tritt als Kritiker des Maßnahmenrechts auf. Aber dann sagt er: »Man scheut sich heute zu strafen.« Das zu sagen ist ein Tabubruch. Seltsamerweise wird danach über vieles, aber nicht über diese Aussage diskutiert.

Viele Jurist:innen argumentieren, Gefängnisstrafen würden mehr Schaden anrichten als die Leute bessern. Deshalb sollten möglichst keine Gefängnisstrafen verhängt werden. Seit Jahren polemisieren hingegen rechte Politiker:innen, die Strafen seien zu mild. Nun steht da einer wie Mona und verlangt ebenfalls schärfere Strafen. Wie kommt er dazu?

Martino Mona leitet an der Universität Bern das Institut für Strafrecht. Das Institut liegt gleich hinter dem Obergericht, nicht weit vom Berner Hauptbahnhof. Sein Büro ist klein und vollgestellt mit Büchern. An einer Pinnwand hängen Fotos und Zeichnungen seiner zahlreichen Kinder.

Mona geht auf die Fünfzig zu, ein Mann mit graumeliertem Bart. Bevor er Jurist wurde, studierte er Kunstgeschichte und Philosophie. Kann sein, dass er deshalb etwas anders tickt als die meisten Jurist:innen.

Vielleicht kann er einige grundsätzliche Fragen beantworten, zum Beispiel, wann die Idee aufkam, Menschen aus präventiven Gründen zu bestrafen und wegzusperren. Waren das die Nationalsozialisten mit dem Gewohnheitsverbrechergesetz?

Nein, sagt er. Da gebe es zwar Verbindungen, aber das präventive Maßnahmenrecht sei viel älter. Das Strafrecht sei eigentlich schon immer Präventionsrecht gewesen. »Das Konzept der Strafe als schuldangemessene Vergeltung war hingegen ein meistens eher wenig erfolgreiches Gegenprojekt mit dem Ziel, die Maßlosigkeit des präventiven Strafens einzudämmen.« Was meint er damit?

Es folgt ein Gespräch, das alles auf den Kopf stellt, was ich übers Strafen zu wissen glaubte.

»Wann wurde begonnen, präventiv zu strafen?«

»In nahezu jeder Phase der uns bekannten Menschheitsgeschichte hat das Präventionsrecht dominiert. Jede Strafe hatte im Grunde einen Zweck: Die Täter sollen nicht rückfällig und potenzielle Täter abgeschreckt werden. ›Kein vernünftiger Mensch straft, weil gefehlt worden ist, sondern damit nicht gefehlt werde, damit weder der Täter selbst wieder Unrecht begehe, noch auch die anderen, die sehen, wie er bestraft wird.‹ Dieser Spruch ist über zweitausend Jahre alt.«

»Dann war das Handabhacken ein präventiver Akt?«

»Ja, selbstverständlich. Das Handabhacken ist eine rein präventive Strafe. In früheren Zeiten sah man sich oft gezwungen, für eine vernünftige, das heißt wirksame Prävention zu kruden Mitteln zu greifen, auch weil die Kriminalitätsbelastung sehr viel höher war als heute. Den Dieben hackte man eine Hand ab, damit sie nicht mehr klauen konnten. Und wenn sie gelernt hatten, mit der anderen Hand zu stehlen, hackte man ihnen auch noch die ab. Das Strafen fand möglichst öffentlich statt, in der Annahme, damit viele abschrecken zu können. Die Strafen waren und sind durchdrungen von der Idee, Kriminalität zu verhindern; der Täter soll es nicht mehr tun können, und es sollen keine neuen Täter an seiner Stelle aktiv werden. Die Theorie der schuldangemessenen Vergeltung folgt einer fundamental anderen Logik: Ein Schaden, der in der Vergangenheit verursacht worden ist, soll mittels Strafe fair und gerecht vergolten oder zurückbezahlt werden.«

»Über Jahrhunderte wurde doch bestraft, um zu vergelten, sprich Rache zu üben?«

»Nein. Das ist eine Propagandalüge. Vergeltung ist das Gegenteil von Rache. Man behauptet einfach, früher, in den dunklen Zeiten, habe Vergeltung geherrscht und das sei nichts als Rache. In der Moderne habe sich jedoch endlich das fortschrittliche Präventionsdenken durchgesetzt. Diese Propagandalüge kann sich aber darauf stützen, dass man sich bei der Analyse der historischen Entwicklung zu sehr an den theoretischen Schriften und nicht an den politischen Fakten orientiert hat. Die meisten alten Texte handeln von den intellektuell bedeutsamen Vergeltungstheorien. Hier wurde auf sehr hohem Niveau, aber fern der Realität über die gerechte Strafe philosophiert. Texte zum Präventionsrecht hat es kaum gegeben. Denn darüber brauchte man nicht zu theoretisieren; das war ja ohnehin im Alltag die Praxis. So konnte der Eindruck entstehen, man habe früher aus Gründen der Vergeltung bestraft. Die Präventionisten waren jedoch schon damals aus praktischen Gründen viel mächtiger, viel erfolgreicher als die Vergeltungstheoretiker.«

»Warum?«

»Weil sie eine attraktiv klingende Antwort liefern auf die große Frage: Wie kann die Gesellschaft vor Kriminalität geschützt werden? Ihre Antwort wirkt überzeugend: durch Unschädlichmachung des Täters und durch Abschreckung von potenziellen Tätern, am besten gleich alles in einem.«

»Die Frage ist geblieben: Wie kann man die Gesellschaft davor schützen?«

»Wenn man heute versucht, diese Frage zu beantworten, gerät man zwangsläufig auf eine erzieherische oder therapeutische Schiene. Das ist die Besonderheit des heutigen Präventionsrechts. Damit werden die Eingriffe aber nicht weniger intensiv oder weniger erniedrigend. Sie werden bloß weniger angreifbar, weil sie human und wohlwollend erscheinen. Man muss an den Charaktereigenschaften eines Täters arbeiten, um moralische oder psychische Defizite zu beseitigen, und zwar so lange, bis keine Gefahr mehr von ihm ausgeht. Weil man das aber nie genau beurteilen kann, sind diese präventiven Eingriffe typischerweise zeitlich unbestimmt. Sie sind eben maßlos. Wir machen dann mit diesen Menschen das, was aus unserer Sicht getan werden muss, und so lange, wie wir es für notwendig erachten, um unsere Sicherheit zu garantieren. Das ist der heutige Präventionismus. Es ist eine sterile und vordergründig weniger brutale Form von Handabhacken.«

»Warum soll man gegen Präventionsrecht sein? Die präventiv Eingesperrten haben Taten begangen, die sich nicht wiederholen sollten.«

»Für die Taten, die sie begangen haben, sollen sie auch angemessen bestraft werden. Das ist aus meiner Sicht unbestritten. Es bedarf aber viel Empathie, wenn man sich trotzdem für sie einsetzt, damit sie nicht über diese angemessene Strafe hinaus rein präventiv weiter eingesperrt bleiben. Die Frage der Empathie haben die modernen Präventionisten schon früh thematisiert. Ihr Vordenker, Franz von Liszt, hat schon vor über hundert Jahren gesagt, dass man dafür sorgen muss, dass die Gegner des präventiven Strafrechts nicht zu viel Empathie generieren können für die Rückfalltäter, gegen die man erbarmungslos vorgehen muss.* Und wie macht man das? Wir institutionalisieren Empathie. Wir therapieren die Täter. Wir betten sie in Empathiewatte. Und wenn sich jemand nicht helfen lassen will oder man ihm nicht mehr helfen kann, ist das ein Indiz, dass er absolut gefährlich und unverbesserlich ist. Dann bleibt nur noch das Unschädlichmachen. Dazu kommt noch eine weitere Strategie: Diese Eingesperrten werden entmenschlicht. Darin war vor allem der Strafrechtler und Nationalrat Emil Zürcher, ein Mitstreiter von Carl Stooss, ein richtiger Meister. Er beschrieb sie als willensunfreie Wesen, die in einer ganz anderen Welt leben als der normale Mensch und die im viehischen Trieb töten und rauben. Das Unschädlichmachen von solchen Wesen sei aber kein großes Problem, da sie ja gar nicht so zahlreich seien. Der gewöhnliche Bürger soll Angst haben vor ihnen, er soll aber nicht ernsthaft befürchten müssen, eines Tages auch als ein solches Wesen bezeichnet zu werden. Sonst könnte er ja gegen dieses Regime sein.«

* Mehr zu Franz von Liszt und Carl Stooss, der Ende des 19. Jahrhunderts das moderne Strafrecht in der Schweiz etabliert, siehe Anhang S. 236

»In den siebziger Jahren blühte die Strafreformdebatte. Man wollte den Strafvollzug humanisieren. Was konnten die aufgeschlossenen Juristen damals gegen die Präventionisten ausrichten?«

»Nichts. Die Präventionsidee hat sich auch in die Strafreformdebatten eingenistet.«

»Wie bitte? Sie sagen, die Strafreformer waren heimliche Präventionisten?«

»Sie waren sogar dezidierte Präventionisten. Sie hofften wohl darauf, dem hemmungslosen Präventionsstrafrecht mit Humanität Einhalt gebieten zu können. Man dachte irgendwie an einen Präventionismus mit menschlichem Antlitz. Die Strafreformer waren aber so sehr geblendet von einer doktrinären Abneigung gegenüber der angeblich ›mittelalterlichen‹ Vergeltung, dass sie nicht erkannten, dass sie sich in den Dienst der rein präventiven Ausrichtung des Strafrechts gestellt hatten. Das gilt bis heute. Die vergeltende Schuldstrafe wurde so lange diskreditiert und ins Lächerliche gezogen, bis sie kein gangbares Gegenprojekt zum Präventionsstrafrecht und Maßnahmenregime mehr darstellte. Es ist naiv, sich heute darüber zu beklagen, dass der Gesetzgeber mit allen Mitteln Prävention betreibt, nachdem man ihm die Alternative dazu – nämlich die vergeltende Strafe – ausgeredet hat. Das ist auch tragisch.«

»Steckt im Maßnahmenregime nicht doch eine verborgene Lust am Strafen? Lebenslängliche Verwahrung als moderne Form der Todesstrafe?«

»In einem gewissen Sinne schon. Das Maßnahmenregime ist aber letztlich die Folge einer ›Unlust am Strafen‹ und eines Sicherheitsdenkens, das einem Präventionsrecht angemessen ist.«

»Das verstehe ich nicht.«

»Das Maßnahmenregime und vor allem die Verwahrung sind eine Ersatzhandlung für zu wenig harte Schuldstrafen. Sie sind das Produkt eines Strafsystems, in dem nicht mehr im richtigen Verhältnis zur Tat bestraft wird. Man scheut sich, richtig zu strafen. Stattdessen wird ein Arsenal an sichernden Maßnahmen aufgefahren, um das viel höher gesetzte präventive Ziel zu erreichen. Und ja, die Verwahrung ist eine moderne Form der Todesstrafe. Das hat Franz von Liszt sogar zugegeben. Er sagte, da wir Köpfen und Hängen nicht mehr wollen, müssen wir eben auf unbestimmte Zeit einsperren.«

»Die Strafreformer setzten doch stark auf Resozialisierung. Was ist schlecht daran?«

»Resozialisierung als Konzept ist schon human. Man versucht dem Menschen zu helfen, in die Gesellschaft zurückzukehren. Aber gleichzeitig gibt man das Ziel vor: Kriminalität muss verhindert werden. Nun kann man aber nicht die Resozialisierungstheorie vertreten und gleichzeitig sagen, uns sei es egal, ob es nachher mehr oder weniger Kriminalität gibt. Mit der Resozialisierungstheorie handelt man sich das präventive Ziel zwangsläufig ein. Wenn jemand rückfällig wird, obwohl man resozialisiert und therapiert hat, können wir vom präventiven Ziel nicht mehr abrücken. Das ist unangenehm. Dann haben wir nur noch eine Möglichkeit: Er muss auf unbestimmte Zeit eingesperrt werden. Das Präventionskonzept ist heimtückisch vielfältig. Humanistisch Gebildete, die wirklich verhindern wollen, dass Menschen im Strafvollzug leiden, sind genauso Präventionisten wie die, die sagen: Hand abhacken! Wegen seiner Vielfältigkeit kann das Präventionsprinzip auch sehr flexibel reagieren. Je nach Bedürfnis für die einen ein bisschen mehr Verständnis, für die anderen viel mehr Härte. Das ist das Perfide mit der Prävention. Vom Präventionszug kann man nicht abspringen.«

»Gut. Aber was soll der Vorteil von Vergeltung sein?«

»Der Vorteil des Vergeltungsprinzips ist, dass es eine ganze Reihe von Kontrollmechanismen enthält. Die sorgen dafür, dass nur diejenigen bestraft werden, die es auch verdient haben, und zwar mit einer Strafe, die in einem richtigen Verhältnis zur begangenen Tat steht. Und man darf auch nicht vergessen, dass vergeltende Strafen in einem angemessenen Verhältnis zur begangenen Tat friedensstiftend sind und zur Verhütung von weiteren Delikten beitragen. Prävention durch Vergeltung ist nicht nur wünschenswert, sondern ein Faktum. Wenn man für eine Tat eine angemessene Strafe geben will, muss man die Tat aber zuerst beweisen können. Diese Vorgabe ist im Präventionsrecht weitgehend eliminiert. Da kann man nicht mehr mit dem Spruch kommen, man solle am meisten davor Angst haben, dass jemand zu Unrecht verurteilt werde. In einem Präventionssystem hat man am meisten Angst davor, dass jemand nicht verwahrt wird, der in Zukunft möglicherweise ein Verbrechen begehen wird. Damit verschiebt sich auch die gesamte Beweislast. In einem Vergeltungsrecht muss die Justiz eine Tat beweisen. Man stützt sich auf Fakten. Im Präventionsrecht ist es genau umgekehrt. Hier gilt: besser zehn Ungefährliche einsperren, als einen Gefährlichen nicht einsperren. Daher wird die Gefährlichkeit unterstellt. Man stützt sich auf spekulative Vermutungen. Es ist dann gleichsam an der betroffenen Person, die eigene Ungefährlichkeit zu beweisen.«

»Aber es gilt doch der Grundsatz ›im Zweifel für den Angeklagten‹.«

»Daran kann man schlecht festhalten. Denn ein Präventionsrecht, das im Hinblick auf einen präventiven Eingriff sagt: ›in dubio pro reo‹, ist absurd. Es muss im Gegenteil lauten: im Zweifel gegen den möglicherweise Gefährlichen. Er trägt dann die Last der Zweifel, die bei spekulativen Prognosen über zukünftiges Verhalten naturgemäß immer bestehen. Und es ist nicht erstaunlich, dass im Zuge einer Dominanz des Präventionsdenkens auch Errungenschaften im Strafprozess unter die Räder kommen. Strafprozessuale Grundsätze dienen eben hauptsächlich dazu, eine angemessene vergeltende Strafe zu bestimmen. Für präventive Zwecke sind sie nur störend. Dass wir heute ein Maßnahmensystem haben, in dem offen gesagt wird, es gehe nicht um Fairness, es gehe nicht um Gerechtigkeit, es gehe nur darum, mit allen zur Verfügung stehenden Mitteln zu verhindern, dass jemand rückfällig werde, finde ich unerhört. Es beschäftigt mich sehr, dass dagegen nicht mehr Widerstand geleistet wird. Aber eben, warum soll man Widerstand gegen ein System leisten, das uns Sicherheit verspricht auf Kosten von irgendwelchen anderen Wesen, die auf unbestimmte Zeit eingesperrt werden.«

»Man kann doch nicht alle rauslassen. Bei einigen wäre das doch verantwortungslos.«

»Doch, lasst sie raus – nachdem sie ihre verdiente und angemessene Strafe abgesessen haben! Man könnte die sichernden Maßnahmen und die Verwahrung abschaffen, weil sie aufgrund der vorangehenden Bestrafung und den polizeirechtlichen Eingriffsmöglichkeiten weitgehend unnötig sind. Wenn ein Täter, der seine angemessene Strafe abgesessen hat, doch rückfällig wird, muss man auch ehrlich genug sein und sagen, dann wird er eben nochmals bestraft. Absolute Sicherheit gibt es nicht, weder im einen noch im anderen System.

Dann sollten wir aber das vergeltende System wählen, das gerechter ist und in dem nicht eine unschuldige Minderheit zugunsten einer Mehrheit geopfert wird.«

»Unschuldig? Die meisten von ihnen haben eine heftige Straftat begangen.«

»Aber sie haben ihre Strafe dafür verbüßt. Sie sind dann vor dem Gesetz unschuldig. Dass man sie nicht rauslassen will, hat auch einen bedeutsamen philosophischen Grund, den Determinismus.«

»Was soll da vorherbestimmt sein?«

»Viele glauben in dieser Frage nicht mehr an die Willensfreiheit. Sie halten zwar sich selbst für willensfrei, autonom und unabhängig, aber sicher nicht die Verbrecher und Delinquenten. Sie glauben, dass irgendwelche psychiatrischen Forensiker vorhersehen können, ob so jemand wieder zuschlagen wird. Aber die Psychiater können das nicht. Die sagen stattdessen: Der hat ein erhöhtes Rückfallrisiko. Und das Gericht unterwirft sich dieser Prognose, weil es nicht anders kann, und ordnet eine Unschädlichmachung an. Das finde ich skandalös. Das ist eine krasse Verachtung des Menschen. Als ob der Mensch ein Wesen wäre, das keine Willensfreiheit hat und sein Leben nicht in den Griff bekommen kann.«

»Was soll man dann tun?«

»Ein Täter soll bestraft werden, auch hart bestraft werden, wenn er eine Tat begangen hat. Aber eben nur, wenn er sie begangen hat, und nicht, weil er eventuell in Zukunft eine Tat begehen könnte. Einer verdienten Strafe kann ich auch zustimmen, wenn ich weiß, dass sie mich treffen könnte. Stellen Sie sich aber vor, es gibt eine Regel, die besagt, dass gewisse

Personen auf unbestimmte Zeit interniert werden können, weil sie aufgrund von vagen Prognosen als ›Unverbesserliche‹ gelten. Würden Sie dieser Regel zustimmen, wenn Sie wüssten, dass Sie selbst Opfer dieser Regel werden können?«

»Wohl eher nicht. Aber Forensiker wie Frank Urbaniok versuchen mit nachvollziehbaren Kriterien, die Gefährlichkeit zu eruieren. Was sollen sie denn sonst tun?«

»Die forensische Psychiatrie ist von einem mechanischen Denken durchdrungen, Menschen würden nicht das machen, was sie wollen, sondern das, was sie aufgrund ihrer pathologischen Verschaltungen im Kopf machen müssen. Ich widerspreche. Glaubt nicht daran! Wir glauben auch nur gerne daran, weil sich diese Maßnahme selektiv nur gegen diese anderen, willensunfreien Menschen richten, nicht gegen uns. Die Psychiater können von mir aus gerne weiterhin versuchen, Gefährlichkeit zu eruieren, wenn sie sich als moderne Wahrsager betätigen möchten. Wir sollten aber nicht auf sie hören, auch wenn sie das sagen, was wir hören wollen. Das mindeste, was wir verlangen sollten, ist, dass in einem gerichtlichen Verfahren, in dem es um Schuld und Gefährlichkeit geht, die forensischen Sachverständigen kontradiktorisch als Vertreter der Parteien auftreten müssen und nicht nur als Sachverständige im Auftrag des Gerichts.«

»Was würden Sie tun mit jemandem, der ein schweres Verbrechen begangen hat?«

»Man muss ihn hart, aber angemessen bestrafen. Das ist sozusagen die Kehrseite des Vergeltungsprinzips: mehr echte Strafen. Nehmen wir als Beispiel den Fall Adeline.«

»Das war der junge Mann, der im September 2013 in der Nähe von Genf die Sozialtherapeutin Adeline M. umgebracht hat.«

»Genau. Fabrice A. war auf einem begleiteten Freigang und sollte zu einer Reittherapie. Adeline begleitete ihn. Er entführt sie, fesselt sie, vergewaltigt sie und schneidet ihr die Kehle durch. Fabrice A. war vorher schon wegen zweifacher Vergewaltigung verurteilt worden, hat dafür aber nur eine bedingte Strafe bekommen. Später sagte er vor Gericht, die bedingte Strafe sei für ihn wie ein Freipass gewesen. Nach meinem Verständnis dürfte man keine bedingten Strafen mehr vergeben; wenn überhaupt, haben sie nur im Bagatellbereich etwas zu suchen.

»Würden Sie das auch zum Fall Hauert sagen, der 1993 in Zollikerberg die Pfadiführerin Pasquale Brumann umgebracht hat?«

»Ja. Man hätte seinen Strafvollzug niemals schon nach wenigen Jahren lockern und ihm einen mehrtägigen unbegleiteten Hafturlaub gewähren dürfen. Und das meine ich ganz unabhängig von irgendwelchen Einstufungen von Hauert als gefährlich. Die verdiente Strafe muss man absitzen. Stattdessen hat man das Strafrecht komplett verweichlicht, auch aufgrund von präventiven Überlegungen. Weil man gesagt hat, wenn immer möglich bedingte Strafen, wenn immer möglich frühzeitige Entlassung, Vollzugslockerungen, Hafturlaub. Kein Wunder, dass so viele kein Vertrauen mehr in das Strafsystem haben. Ich kann sehr gut verstehen, dass man dann zu den drastischen Maßnahmen greift, die zuungunsten der Eingesperrten zeitlich unbestimmt sind und immer unbedingt vollzogen werden. Dabei handelt es sich aber um eine krasse Überreaktion.«

»Das Gefängnis macht die Menschen nicht besser, im Gegenteil. Wäre es nicht klüger, möglichst viele Strafen bedingt auszusprechen?«

»Bedingte Strafen sollten die Ausnahme sein und nur im Bagatellbereich eingesetzt werden. Die Wenigsten, die heute ein Delikt begehen, spüren das Strafrecht. Es wird zwar schöngeredet, eine bedingte Strafe sei auch eine Strafe. Formal betrachtet mag zwar stimmen, dass die bedingte Strafe nur die Vollzugsform ist. So können aber auch nur Juristen denken und argumentieren. Tatsache ist, dass allein die Art des Vollzugs das Übel der Strafe bestimmt, und das Übel ist nun mal das entscheidende Merkmal der Strafe. Eine bedingte Strafe ist also keine Strafe, weil ihr das Übel der Strafe fehlt. Abgesehen davon, dass die Opfer eines Straftäters, der nur bedingt bestraft wird, sich im Stich gelassen fühlen.«

»Die Mehrheit der Verurteilten profitiert aber davon.«

»Richtig. Aber eine Minderheit wird dafür übermäßig stark belastet.«

»Würden Sie wirklich alle bedingten Strafen abschaffen? Müssten dann alle, die wegen Trunkenheit am Steuer oder einem Vermögensdelikt verurteilt werden, künftig ins Gefängnis?«

»Ja, sofern es keine Bagatelldelikte sind, müssten sie mit einer unbedingten Strafe belangt werden. Die Strafe muss tatangemessen sein und kann Freiheitsstrafe oder Geldstrafe sein. So würden viel mehr Leute direkt oder indirekt, über Angehörige, erleben, was Strafe bedeutet. Es gäbe auch ein breiteres Bewusstsein über Gefängnisse, und man könnte sich auch wirksamer für konkrete Verbesserungen im Strafvollzug einsetzen. Jetzt ist das Gefängnis etwas für kriminelle Ausländer und für

Gestörte. Zu beiden Gruppen gehört nicht die gewöhnliche Bevölkerung. Also was kümmert es uns, wie man mit diesen Menschen umgeht?«

»Teilen Strafrechtler:innen Ihre Perspektive?«

»Ja. Vor allem bei der jüngeren Generation hat ein deutliches Umdenken stattgefunden. Man will sich nicht länger in den Dienst eines exzessiven Präventionsrechts stellen und setzt sich für mehr Gerechtigkeit und Angemessenheit ein. Es gibt aber leider auch heute noch Stimmen in der Wissenschaft, die die Präventionsidee auf die Spitze treiben. Der deutsche Kriminologe Hans-Jörg Albrecht etwa hat Maßnahmen, vor allem die Verwahrung, als Sicherheitsventil beschrieben, aus dem überschießende Sicherheits- und Straferwartungen der Bevölkerung austreten können. Diese krasse Instrumentalisierung von Menschen als Sicherheitsventile wird von Albrecht nicht etwa als utilitaristische Ungeheuerlichkeit kritisiert, sondern ausdrücklich gelobt. Ein solches Regime macht aus zynischer und egoistischer Perspektive Sinn, weil es vor allem dank der bedingten Strafe selektive Milde für eine Mehrheit ermöglicht. Es lässt sich aber niemals legitimieren, da es eine Minderheit mit menschenverachtenden Sanktionen belastet und Eingriffe umfasst, die nach Kriterien der Gerechtigkeit auf dem Niveau von Köpfen und Hängen anzusiedeln sind.«

»Was aber macht man mit jemandem wie dem Rupperswiler Mörder Thomas N., der vergewaltigte und vier Menschen die Kehle aufgeschlitzt hat? Kommt dann die Todesstrafe zurück?«

»Die Todesstrafe ist keine Vergeltungsstrafe. Kein vernünftig denkender Vergeltungstheoretiker ist für die Todesstrafe.

Wenn die Vergeltungstheorie ein übergeordnetes Ziel hat, dann heißt es: Unschuldige dürfen nicht bestraft werden. Strafen, die über die angemessene Intensität hinausgehen und – wie die Todesstrafe – niemals rückgängig gemacht werden können, sind nicht zulässig. Die Todesstrafe ist das Nonplus-ultra der präventiven Strafe, eine konsequentere Prävention gibt es nicht. Sie wurde aber unter anderem deshalb abgeschafft, weil es sehr umständlich und schwierig ist, sie durchzuführen. Sie weckt unnötige Emotionen und Empathie. Da ist eine sterile und saubere Verwahrung viel wirksamer.«

»Was würden Sie mit Thomas N. machen?«

»Für ihn bräuchte es längere Strafen. Jemand wie er könnte zum Beispiel zu einer Strafe von dreißig Jahren verurteilt werden.«

»Nicht lebenslänglich?«

»Lebenslänglich, wie die Schweiz es heute kennt, würde ich abschaffen. Da steckt ja auch ein präventiver Teil drin. Sie ist eigentlich eine verkappte Maßnahme. Mutmaßlich Gefährliche werden nie rausgelassen, die anderen schon, und zwar unter Umständen bereits nach fünfzehn Jahren.

»Aber wie berechnen Sie eine ›angemessene Strafe‹? Das lässt sich doch so schlecht definieren wie die ›Gefährlichkeit‹.«

»Das ist erwiesenermaßen falsch. Wie erklärt man sich sonst, dass in verschiedenen Gesellschaften und Rechtsordnungen die Höhen der vergeltenden Strafe im Verhältnis zum Delikt vergleichbar sind? Verwerfungen und Unterschiede lassen sich immer darauf zurückführen, dass einzelne Strafen auf präventive Ziele ausgerichtet und entsprechend manipuliert wurden. Die Präventionisten bringen gerne den Vorwurf, das

Vergeltungsstrafrecht sei metaphysisch. Es ist absurd, dass dieser Vorwurf ausgerechnet von ihnen kommt. Sie sind es doch, die Sinn und Zweck der Strafe mit spekulativen zukünftigen Ereignissen begründen, die sich naturgemäß der menschlichen Erkenntnis entziehen. Präventive Strafen und Maßnahmen basieren nicht auf messbaren Fakten, sondern auf Mutmaßungen und Wahrsagerei über potenzielle Rückfälle. Dabei spielen Präventionisten mit unserem uralten Wunsch, zu wissen, was morgen und übermorgen passieren wird. Und es war leider schon immer so: Egal, mit welchen magischen Instrumenten der Wunsch vermutlich erfüllt wird, wir glauben daran, weil wir daran glauben wollen. Die keltischen Druiden oder römischen Auguren hatten dank einem einfachen Trick auch immer recht; sie machten grundsätzlich nur negative Vorhersagen. Wenn das Schlimme eintrat, waren sie Helden, weil sie alles richtig vorhergesehen hatten. Wenn es nicht eintrat, waren alle Menschen glücklich, dass das Übel nicht passierte. Dass die Druiden oder Auguren etwas ganz anderes vorhergesagt hatten, war dann schnell vergessen. Wie sie sind in der heutigen Zeit psychiatrische Forensiker sehr mächtig, weil sie die Zukunft zu kennen scheinen. Sie haben es sogar noch besser. Man kann eigentlich nie wissen, ob das Schlimme, das sie vorhergesagt haben, eintritt, da aufgrund der negativen Prognosen die betroffene Person in der Regel ja eingesperrt bleibt. Sie kann also gar nicht beweisen, dass ihre Zukunft falsch vorhergesagt wurde.«

»Ihr Modell von Vergeltung und Gerechtigkeit wirkt aber für gewöhnliche Leute abstrakt und abgehoben.«

»Das Gegenteil ist der Fall. Zahlreiche Studien zeigen, dass die Menschen sehr gefestigte und einheitliche Intuitionen haben, wenn es darum geht, bestimmte Delikte gerecht zu vergelten. Solche Urteile sind überhaupt nicht abstrakt im Gegensatz zu präventiven Maßnahmen, die auf Spekulationen basieren. Bei der Vergeltung geht es sehr real und greifbar darum, in einem konkreten Fall eine gerechte Strafe im Verhältnis zu einer konkreten Tat zu finden. Es geht also um erkennbare und messbare Tatsachen. Genau das wird mit dem Talionsprinzip ›Aug um Aug, Zahn um Zahn‹ betont. Das Talionsprinzip ist eine Metapher für die Vergeltung; man möchte einen möglichst gleichwertigen Ausgleich zwischen Tat und Strafe erreichen. Nicht umsonst hält die vergeltende Justitia Waagschalen in der Hand. In der einen Waagschale liegt die Tatschuld. Nun gilt es, möglichst genau deren Wert zu ermitteln, um sie mit einer gleichwertigen Strafe, die in die andere Waagschale gelegt wird, aufzuwiegen. Ein Auge oder ein Zahn symbolisieren gut messbare Einheiten. Sie sind wie Münzen, die man auf die Waagschale legen kann, um die angemessene Strafe zu ermitteln.«

»Aug um Aug, Zahn um Zahn« wird fälschlicherweise oft als alttestamentarisches Bibelwort zitiert, das harte Vergeltung rechtfertige, Gleiches mit Gleichem zu vergelten, wie du mir, so ich dir. Die moderne Bibelforschung geht heute aber davon aus, dass es sich bei dieser Interpretation des sogenannten Talionsprinzips um eine böswillige Verdrehung des eigentlichen Sinnes handelt.

Das Rechtsprinzip stammt aus der Tora. Sein Ziel sei es gewesen, bei allen Körperverletzungsdelikten vom Täter einen angemessenen Schadensersatz zu verlangen, schreibt der Heidelberger Professor Manfred Oeming. Erst dadurch wurde es möglich, die weitverbreitete, archaische Blutrache zurückzudrängen. Das Talionsprinzip war im alten Orient ein sehr moderner Ansatz und führte die Idee ein, dass Vergehen und Strafe in einem ausgewogenen Verhältnis stehen sollten. Erst damit wurde überhaupt denkbar, dass alle vor dem Gesetz gleich sein sollen.

21 Darf Vogt sterben?

Monate sind ins Land gezogen. Die Corona-Krise hat Peter Vogts Pläne durchkreuzt. Er hat an seinem siebzigsten Geburtstag nicht Suizid begangen.

Andreas Gigon, Direktor der Strafanstalt Bostadel, ließ mitteilen, er dürfe zu Vogt und seinem Sterbewunsch nichts sagen. Er schickt zwei Berichte mit, die sich mit der Frage auseinandersetzen. Der eine stammt vom Kompetenzzentrum für Justizvollzug. Die Autor:innen schreiben, die Bundesverfassung gewähre jedem urteilsfähigen Menschen das Recht, »über Art und Zeitpunkt der Beendigung des eigenen Lebens selbst zu entscheiden (Bilanzsuizid)«. Dies gelte auch für Menschen im Straf- und Maßnahmenvollzug.

Den zweiten Bericht hat das Kompetenzzentrum Medizin – Ethik – Recht Helvetiae der Universität Zürich verfasst. Darin steht: »Sollten keine sicherheitsrelevanten Bedenken dem entgegenstehen, ist zu prüfen, ob die Suizidhilfe im Rahmen eines Sachurlaubes gewährt werden kann.«

Die beiden Institutionen haben Gewicht. Vogts Wunsch dürfte in Erfüllung gehen. Ende 2021 wird er in die Justizvollzugsanstalt Solothurn bei Deitigen verlegt. Er ist nicht glücklich darüber. Seine Lebenssituation habe sich verschlechtert, sagt er. Er hat keinen Computer mehr, darf viel weniger telefonieren.

Inzwischen ist seine Mutter gestorben. Er müsse noch ihren Nachlass regeln, sagt er. An seinem Sterbewunsch habe sich grundsätzlich nichts geändert. Wenn es in seinem Alltag keine eindeutige Verbesserung gebe, werde er mit Exit gehen. »Ein Leben ohne Perspektive ist kein Leben«, sagt er. Einen festen Plan hat er nicht mehr. Noch braucht er von einem Arzt eine Bestätigung, dass er urteilsfähig ist. Die Vollzugsbehörde, die für ihn zuständig ist, muss auch noch einwilligen. Aber das will die erst tun, wenn seine Urteilsfähigkeit bestätigt ist.

Der Kontakt zu Vogt läuft meistens über Frau Dreier. Sie ist Mitte fünfzig, heißt eigentlich anders und kennt Vogt schon viele Jahre. Vogt nennt sie »min Sunneschii«. Jede Woche besucht Frau Dreier Vogt. Sie sagt, es ist eine Art Liebesbeziehung. Freimütig erzählt sie, wie sie sich kennengelernt haben. Vogt hatte ihr geholfen, als sie in einer schwierigen Situation war; das war Anfang der neunziger Jahre. Dann wurde er völlig überraschend verhaftet. In der Zeitung las sie, dass er mehrere Frauen vergewaltigt hatte.

Frau Dreier ist aber überzeugt, dass er die letzte Tat, für die er verurteilt wurde, nicht begangen hat. Sie kannten sich damals schon, weil sie im selben Reitstall verkehrten.

Ihre Familie kann nicht verstehen, wie sie »zu so einem halten kann«. Und wie steht sie zu Vogts Wunsch, Suizid zu begehen?

»Ich bin natürlich dagegen. Aber ich verstehe ihn. Wenn die Schikanen nicht wären, würde er das gar nicht wollen. Er sollte doch in einem Heim leben können, wo er noch etwas mehr Freiheit hat.«

Die Behörden würden unterstellen, dass jemand von den Freunden oder der Familie ihm zur Flucht verhelfen könnte. »Das ist wie eine Vorverurteilung uns gegenüber. Ich weiß, dass Beihilfe zur Flucht strafbar ist. Ich würde das nie tun. Und wie soll er nachher leben? Wir können nicht mit ihm flüchten. Wir sind normal arbeitende Menschen und haben nicht viel Geld.« Während des Telefongesprächs weint sie immer wieder leise.

Wird sie dabei sein, wenn Vogt geht?

»Er hat mich und seine Exfrau gefragt, ob wir kämen. Wir werden gehen.« Vor dem Tag fürchte sie sich.

Auch bei Beat Meier hat sich einiges getan. Er wurde von der Justizvollzugsanstalt Pöschwies in die von Lenzburg verlegt. Es ist relativ einfach, ihn dort zu besuchen. Er sitzt in der Spezialabteilung für Gefangene über sechzig. Wir bekommen einen Raum zugewiesen. In der einen Ecke steht ein Aquarium mit Fischen, am Fenster ein Tischfußballkasten. Meier hat Kaffee, Tee und Gebäck bereitgestellt. Es fühlt sich privater an als bei den früheren Treffen in der Pöschwies.

Meier geht aufrecht, hat die Haare und den Bart geschnitten, sieht gepflegt und gesünder aus. Er sagt, hier sei es besser. Das Personal sei angenehm. Einiges sei zwar weniger gut, die Zelle kleiner, Telefonieren schwieriger, aber insgesamt sei er zufrieden.

Würde er Exit beanspruchen? »Ich halte das für hochproblematisch. Gefangene, die keine Perspektive haben, jemals freizukommen, können sich ja nicht frei entscheiden«, sagt er. Er könne aber gut verstehen, dass sich Verwahrte irgendwann mit professioneller Hilfe umbringen lassen möchten. Aber für sich selbst – nein, das sei keine Option.

22 Was nun?

Was tun mit gefährlichen Menschen? Für immer präventiv wegsperren? Warten, bis sie im Gefängnis von selbst sterben? Die Rahmenbedingungen schaffen, dass sie sich selbst umbringen können? Und wie filtert man die wirklich Gefährlichen aus, die, die man nie mehr draußen haben will? Das war die Frage, die am Anfang der Recherche stand.

Das Ergebnis? Eine wissenschaftliche Methode, die Serienmörder erkennen kann, gibt es nicht, wird es nie geben. Es existiert kein Instrument, das Mehrfachvergewaltiger oder notorische Kinderschänder aussiebt. Frank Urbaniok sucht zwar mit Herzblut danach. Die Crux ist, dass auch er nie beweisen kann, ob seine Methode funktioniert. Jemand, der laut Prognose hochgefährlich ist, wird nicht entlassen. Wer drin bleibt, kann nicht beweisen, dass er nicht rückfällig geworden wäre.

Was soll man also tun?

Pompestichting in den Niederlanden könnte ein Vorbild sein: Gefährliche, die ihre Strafe verbüßt haben, leben möglichst normal und haben einen Anspruch darauf – einfach hinter Zäunen. Man nimmt sie, wie sie sind. Die Tat spielt keine Rolle mehr.

Davon ist man in Deutschland, Österreich und der Schweiz

noch weit entfernt. Verwahrte werden gehalten wie Strafgefangene, die noch ihre Strafe zu verbüßen haben. Warum wird Leuten wie Beat Meier oder Peter Vogt nicht die Normalität von *pompestichting* gewährt? Primär, weil die nötigen Institutionen fehlen. Man müsste erst ein Hochgefährlichendorf bauen. Oder kleine Heime, die gegen außen gesichert und gegen innen offen sind. Zentral gelegen und verkehrstechnisch gut erschlossen, damit Angehörige und Freund:innen leicht dorthin kommen. Das würde wohl auf viel Widerstand stoßen. Doch teurer wäre diese Form von Unterbringung nicht.

Die entscheidenden Fragen stellt Rechtsprofessor Mona: Wollen wir präventiv strafen? Wollen wir es Forensikern aufbürden, zu entscheiden, wer rückfällig werden könnte? Die Verantwortung an sie zu delegieren, ist verlockend. Dann braucht man nicht über Sinn und Zweck des Strafens nachzudenken.

Der bekannte deutsche Schriftsteller und Anwalt Ferdinand von Schirach sagte in einem Gespräch, das ich einmal mit ihm führte: »Es gibt drei Strafzwecke. Zum einen die sogenannte Spezialprävention: Sie stellen etwas an, Sie werden bestraft, und Sie überlegen es sich, das noch mal zu machen. Das ist, was man auch mit Kindern macht. Dann gibt es die Generalprävention: Sie stellen was an, Sie werden bestraft, die andern Menschen sehen das und denken, sie möchten nicht in diese Situation kommen. Und dann gibt es noch etwas, was für den Richter vielleicht der unwichtigste, für viele andere Menschen aber der wichtigste Zweck ist, die Buße, diese undurchdringliche christliche Idee. Wir sollen büßen für das, was wir getan haben.« Mona hat das Vergeltung genannt.

Also muss man über Buße und Vergeltung sprechen. Welche Strafe müsste jemand für einen brutalen Vierfachmord verbüßen, damit das als gerecht empfunden würde? Oder für die Vergewaltigung eines Kindes? Sicher mehr als die vier Jahre Haft, die einst

William W. bekam. Sein Fall sorgte 2019 für Schlagzeilen. William W. hatte sich schon früher an Kindern vergangen, bekam dafür eine bedingte Strafe. Danach vergewaltigte er ein achtjähriges Mädchen und bekam vier Jahre plus eine therapeutische Maßnahme. Die Therapie funktionierte nicht. Er kam frei und wurde wieder rückfällig. Der Fall sorgte für Empörung. Inzwischen wurde er wieder zu einer Haftstrafe von dreißig Monaten verurteilt. Verwahren wollte ihn das zuständige Amtsgericht nicht, weil es William W. einige der angelasteten Taten nicht nachweisen konnte und die anderen Delikte für eine Verwahrung nicht gereicht hätten. Die Staatsanwaltschaft hat Berufung angekündigt, das Urteil ist noch nicht rechtskräftig.

»Der Teil der Volksseele, die kocht und den Wiederholungstäter William W. am liebsten für immer weggesperrt sehen würde, dürfte sich mit dem Urteil kaum abkühlen«, schrieb ein Reporter des *Oltner Tagblatts* nach dem Prozess. In der Logik von Mona stellt sich die Frage: Was wäre denn in diesem Fall eine gerechte Strafe, wenn es ein unbefristetes Wegsperren nicht geben darf? Schwer zu sagen. Aber sinnvoll ist, darüber nachzudenken, auch wenn es beklemmend ist, schärfere Strafen zu fordern. Es fühlt sich reaktionär an. Doch es ist konsequenter, logischer und aufrichtiger als jeder Versuch, präventiv zu strafen. Das Präventive franst aus, immer. Ein bisschen Prävention geht so wenig wie ein bisschen tot.

Das wird man mit dem neuen Schweizer Bundesgesetz über polizeiliche Maßnahmen zur Bekämpfung von Terrorismus noch merken. Es wurde 2020 vom Parlament verabschiedet und ermöglicht, Leute, die als »Gefährder« oder »Gefährderin« gelten, präventiv unter Hausarrest zu stellen. Das Gesetz richtet sich explizit gegen Leute, die noch nie eine Straftat begangen haben, aber eine begehen könnten, weil sie sich zum Beispiel in einem radikalisierten Umfeld bewegen. Das Gesetz gilt übrigens schon für Jugendliche ab fünfzehn Jahren. Allerdings schreibt es vor, dass die Gefährder:innen nach spätestens neun Monaten aus dem Hausarrest entlassen werden müssen. Und dann? Warum soll ein junger, zorniger Mensch, der neun Monate in den eigenen vier Wänden eingesperrt war, danach friedfertig und versöhnt sein? Das Gegenteil dürfte passieren. Er oder sie begeht vielleicht einen Anschlag. Danach wird man die Dauer des Hausarrests verlängern. Zuerst vielleicht um ein paar Monate, irgendwann unbefristet, weil man sich nicht anders zu helfen weiß. Die fatale Falle ist zugeschnappt. Fundamentale Grundsätze wie die Unschuldsvermutung oder der Leitsatz von »im Zweifel für den Angeklagten« sind dann für immer abgeschafft. Der Rechtsstaat geht in die Knie. Das können alle, die noch an die Aufklärung glauben, nicht wollen. Besser ernsthaft über Vergeltung sprechen, anstatt der Prävention alles zu opfern. Auch wenn es weh tut.

Anhang

Die beliebtesten Prognoseinstrumente

Anhang zu Kapitel 5

Um Stefan Steiners Gefährlichkeit und sein Rückfallrisiko abzuschätzen, nutzt der Gutachter mehrere forensische Prognoseinstrumente: PCL-R, VRAG, Fotres und LSI.

Es sind sogenannte aktuarische Instrumente, wie sie auch von Versicherungen benutzt werden, um Risiken abzuschätzen, zum Beispiel um die Prämien einer Autokaskoversicherung festzulegen. Sie errechnen dafür statistisch Risikogruppen. Junge männliche Fahrer gehören zum Beispiel zur Gruppe mit einem hohen Risiko, weil sie oft schnell und unbeherrscht fahren. Deshalb zahlen sie mit Abstand die höchsten Prämien. Frauen zahlen grundsätzlich weniger, weil sie vorsichtiger unterwegs sind. Die Staatsangehörigkeit definiert zum Beispiel auch, in welcher Risikogruppe man landet. Junge Albaner zahlen deshalb bei gewissen Versicherungen für eine Vollkaskoversicherung fast doppelt so viel wie Schweizer und Schweizerinnen. Die Versicherungsprämien werden mit mathematischen Modellen errechnet.

Bei den Prognoseinstrumenten, die Gefährlichkeit messen, läuft es ähnlich. »Gefährlich« impliziert, dass jemand vermutlich jemandem wieder Schaden zufügt. Dieses »Vermutlich« nennt sich dann Risiko. Das möchte man statistisch fassen, weil eine Zahl Objektivität suggeriert.

Als erstes wendet Steiners Gutachter die PCL-R an. Dieses Prognoseinstrument ist das Paradepferd unter den aktuarischen Instrumenten. Es wird überall auf der Welt eingesetzt. PCL steht für Psychopathen-Checkliste, R für *revised*, weil die Liste mal überarbeitet wurde. Jeder Psychiater, jede Strafrichterin kennt die PCL-R. Sie ist praktisch, einfach, klar. Der kanadische Psychiater Robert D. Hare gilt als Vater dieser Checkliste. Hare ist heute um die Neunzig. In dem Buch *Psychopathen unter uns* erzählt Hare dem Autor und Journalisten Jon Ronson, wie er darauf gekommen ist.

Als junger Mann arbeitete er in Vancouver als Gefängnispsychologe. Ein Insasse, der Schneider war, sollte ihm eine Uniform nähen. Gewissenhaft nahm er Hares Maße. Als Hare die Uniform anprobierte, war alles falsch. Ärmel zu lang, Hosenbeine schief. Hare war überzeugt, der Mann habe das absichtlich getan, um ihn wie einen Clown aussehen zu lassen. Ein anderer Häftling, der in der Gefängnisgarage arbeitete, schnitt bei Hares Auto die Bremsschläuche durch. Für Hare hätte das tödlich enden können. Hare war überzeugt, dass es in den Gefängnissen viele Psychopathen gab, dass sie aber ihren Wahnsinn geschickt unter einer Fassade der Normalität versteckten. Er wollte einen Weg finden, sie zu erkennen, bevor sie tätig werden können. Und so kam er auf die Idee, sie zu erforschen.

Hare entwickelte eine Versuchsanordnung. Freiwilligen Probanden sagte er, er würde von zehn rückwärts zählen und ihnen dann einen schmerzhaften elektrischen Schlag versetzen. Die nichtpsychopathischen Freiwilligen, die zum Beispiel Verbrechen aus Leidenschaft oder Armut begangen hatten, reagierten reumütig, als ob der Elektroschock eine Strafe wäre, die sie verdient hätten. Schon bevor der Schmerz kam, registrierten die Geräte, dass die Probanden heftig schwitzten und Angstreaktionen zeigten.

»Und wie reagierten die Psychopathen?«, wollte der Journalist Ronson wissen.

»Sie brachen nicht in Schweiß aus«, sagte Hare. »Nichts. Nur im exakten Moment, als das Unangenehme eintrat, zeigten die Psychopathen eine Reaktion.«

Die Tests schienen anzuzeigen, dass die Amygdala, jener Teil des Gehirns, der auf das Unangenehme vorbereitet und entsprechende Angstsignale an das Zentralnervensystem hätte senden sollen, bei den Psychopathen nicht so funktionierte, wie sie sollte. »Es war ein enormer Durchbruch für Hare, sein erster Anhaltspunkt, dass die Gehirne von Psychopathen anders waren als normale Gehirne«, schreibt Ronson.

Beim nächsten Test wussten die Psychopathen, wie viel Schmerz sie ertragen mussten, wenn Hare »eins« sagte. Das Ergebnis erstaunte ihn: »Trotzdem: nichts. Kein Schweiß. Keine Angstreaktion.« Hare folgerte daraus, Psychopathen würden mit einer großen Wahrscheinlichkeit wieder Verbrechen begehen. »Sie hatten keine Erinnerung an den Schmerz des Elektroschocks, den sie nur wenige Momente zuvor erhalten hatten«, sagte Hare zu Ronson. »Was hat es nun für einen Sinn, ihnen mit Gefängnis zu drohen, falls sie die Bedingungen ihrer Bewährung verletzen würden? Diese Drohung hat für sie keine Bedeutung.«

Er machte mit seinen Probanden weitere Experimente. Zeigte ihnen schlimme Tatortaufnahmen, zerfetze Gesichter. Und wenn sie es am wenigsten erwarteten, machte Hare ein lautes, unangenehmes Geräusch. »Die Nichtpsychopathen sprangen überrascht auf. Die Psychopathen blieben verhältnismäßig gleichmütig. Hare wusste, dass man dazu neigt, aus Überraschung höher aufzuspringen, wenn man sowieso schon auf dem Stuhlrand sitzt. Wenn wir einen gruseligen Film schauen, und jemand macht ein unerwartetes Geräusch, springen wir erschrocken auf. Aber wenn wir in etwas vertieft sind, sagen wir mal ein Kreuzworträtsel, und jemand überrascht uns, dann ist unser Sprung weniger heftig. Aus dem leitete Bob ab, dass Psychopathen, wenn sie schockierende Bilder zerfetzter Gesichter sehen, nicht entsetzt sind. Sie sind davon gefesselt«, schreibt Ronson.

Hare war hingerissen von seinen Ergebnissen und wollte sie in der Wissenschaftszeitschrift *Science* publizieren. Der Artikel kam zurück; *Science* hatte ihn abgelehnt.

Hare blieb dran. Anfang der siebziger Jahre wurden jedoch Experimente mit Elektroschocks verboten. Also musste Hare einen anderen Weg finden, den Psychopathen auf die Spur zu kommen. Er organisierte einen Kongress und lud die Leute ein, die seiner Meinung nach weltweit führend etwas zu Psychopathen sagen konnten. Am Ende hatte er 85 Personen zusammen. Gemeinsam wollten sie ergründen, ob Psychopathen und Psychopathinnen gewisse Verhaltensmuster aufwiesen. Ob sie ähnlich redeten, ähnlich lebten. Sie trugen eine Liste mit Eigenschaften zusammen, die ihrer Meinung nach Psychopathen auszeichneten. Was sie damals zusammentrugen, ist bis heute die Basis der Psychopathen-Checkliste. Die Liste enthält zwanzig Punkte:

1. Sprachgewandtheit/oberflächlicher Charme
2. Erheblich übersteigertes Selbstwertgefühl
3. Stimulationsbedürfnis (Erlebnishunger), Neigung zur Langeweile
4. Pathologisches Lügen
5. Betrügerisch-manipulatives Verhalten
6. Mangel an Reue oder Schuldgefühl
7. Oberflächliche Gefühle
8. Herzlos, Mangel an Empathie
9. Parasitärer Lebensstil
10. Schwache Verhaltenskontrolle
11. Promiskuität

12. Frühe Verhaltensauffälligkeit
13. Mangel an realistischen, langfristigen Zielen
14. Impulsivität
15. Verantwortungslosigkeit
16. Fehlende Verantwortungsübernahme für eigenes Handeln
17. Viele kurzzeitige ehe(ähn)liche Beziehungen
18. Jugendkriminalität
19. Missachtung von Weisungen und Auflagen
20. Kriminelle Vielseitigkeit

Die Checkliste ist geeignet, einen gewissen Menschentypus herauszufiltern. Diese Menschen können aber auch sehr erfolgreich sein, gerade weil sie manipulativ sind, keine Verantwortung übernehmen, kaum Empathie empfinden, keine Reue oder Schuldgefühle zeigen. Darunter können erfolgreiche Banker, Politiker, Offiziere, Musiker, Filmemacher sein. Zunächst sind sie Helden. Als Psychopathen werden sie erst wahrgenommen, wenn sie stürzen. Hare hat das auch erkannt. 2006 publizierte er das Buch *Snakes in Suits. When Psychopaths go to Work* (»Schlangen im Anzug. Wenn Psychopathen zur Arbeit gehen«, deutsche Ausgabe *Menschenschinder oder Manager. Psychopathen bei der Arbeit*, 2007).

Zurück zu Stefan Steiner. Sein Gutachter bewertete ihn nun also nach der PCL-R. Er liefert auch eine Erklärung dafür, wie die Wertung vonstatten geht. Fehlt eine Eigenschaft, wird eine 0 gesetzt. Ist sie ausgeprägt vorhanden, gibt es eine 2. So kommt man maximal auf 40 Punkte.

Der Gutachter schreibt, »eine Psychopathie kann diagnostiziert werden, wenn ein Grenzwert von 30 Punkten erreicht wird«. Da vertritt er allerdings eine andere Position als die meisten Gerichte. Juristisch gelten in der Schweiz Leute, die auf 25 Punkte kommen, bereits für gefährlich.*

Bei besagtem Gutachter kommt Stefan Steiner auf 25 Punkte. Vor einigen Jahren, kurz nach seiner jetzigen Inhaftierung, hat ihn ein anderer Psychiater schon einmal durch die PCL-R bewertet. Er kam

* Die renommierte Luzerner Oberrichterin Marianne Heer erklärte: »Bekannte Psychiater geben zu, dass viele erfolgreiche Manager oder Politiker eine hohe Punktzahl haben, wenn man sie durch die PCL-R lässt. Das Problem ist, dass wir in der Strafjustiz eine Limite haben: Wer auf 25 Punkte kommt, ist gefährlich, basta.«

bei Steiner auf eine Punktzahl von dreißig. Die alte Wertung findet sich ebenfalls im Gutachten. Warum Steiner inzwischen weniger psychopathisch sei als noch vor sechs Jahren, erläutert der Gutachter nicht. In dieser ganzen Zeit war Steiner inhaftiert.

Als nächstes Prognoseinstrument wählt der Gutachter den »Level of Service Inventory« (LSI); übersetzt hieße das »Serviceinventar«, was wenig Sinn ergibt. LSI basiere auf den Theorien von Donald Andrews und James Bonta, schreibt der Gutachter. Das Instrument wurde entwickelt, »um eine allgemeine Rückfälligkeit vorherzusagen. Als Rückfall wurde eine erneute Haftstrafe in den zwei Jahren nach Haftentlassung definiert.«

Andrews und Bonta öffnen den Blick in eine Zeit, als in den USA heftig darüber diskutiert wurde, was Strafen überhaupt bringt. Am Anfang des Disputs stand der Soziologe Robert Martinson, ein politisch engagierter Mann, Mitglied der Sozialisten. Martinson war auch Mitglied der berühmten Freedom Riders, einer Bürgerrechtsbewegung, die in den sechziger Jahren in den Südstaaten gegen die Rassentrennung kämpfte. Martinson landete deswegen in Mississippi für zwei Monate im Gefängnis. Das brachte ihn dazu, sich mit Gefängnissen zu beschäftigen. Ihn interessierte, wie Gefängnisse die Menschen verändern. Vor allem wollte er herausfinden, ob die angebliche Resozialisierung wirklich stattfand, und begann dazu zu forschen.

In einem Interview mit dem Magazin *People* brachte er mit dem Satz »Nothing works« die ersten Ergebnisse seiner Forschung auf den Punkt. Die Aussage schlug ein, aber anders, als Martinson das beabsichtigt hatte. Sämtliche Bemühungen, das Strafsystem zu reformieren, wurden dadurch pulverisiert. Von rechts bis links berief man sich künftig auf Martinson, der angeblich herausgefunden hatte, Resozialisierung funktioniere nicht.

Martinson hatte das aber gar nie so gemeint. Er hatte vielmehr nachgewiesen, dass die Formel »Gefängnis + Therapie = Resozialisierung« nicht aufging. Leute, die im normalen Vollzug sind, werden nicht häufiger rückfällig als die, die im Vollzug therapiert werden. Seine Quintessenz lautet: Die Einführung von Therapien ändert wenig an den ungünstigen Wirkungen des Gefängnisses.

»Wenn Behandlung, selbst professionelle Therapie, im Gefängnis nicht oder jedenfalls nicht so erfolgreich funktioniert, wie das außerhalb des Gefängnisses der Fall wäre, dann kann Behandlung keine Rechtfertigung für Gefängnis sein«, folgert der Konstanzer Kriminologe Gerhard Spiess aus Martinsons Erkenntnissen. Um die notorisch hohen Rückfallraten zu reduzieren, bräuchte es nicht mehr Therapie, sondern weniger Gefängnis. Das war genau das, was Martinson eigentlich hatte sagen wollen.

Die Politik kochte aber ihr Süppchen. Die Gegner:innen der Strafreformen eigneten sich »Nothing works« als Slogan an. Und lösten das Problem mit den hohen Rückfallraten genau umgekehrt, wie Spiess schreibt, und zwar »indem sie das Problem einfach zur Lösung erklärten: einschließen und den Schlüssel wegwerfen. Wer weggeschlossen ist, begeht keine Straftaten mehr (jedenfalls solange er weggeschlossen ist). Je länger, desto besser. Je mehr, desto sicherer. Je mehr von den Bösen von der Straße weg sind, desto sicherer können sich die Guten fühlen.«

Diese Politik hat dazu geführt, dass heute in den USA mehr Menschen inhaftiert sind als anderswo. Pro hunderttausend Einwohner:innen sitzen in den USA 666 Personen in Haft, in der Schweiz sind es 82, in Deutschland 77, in Finnland und Schweden nur 57.

Martinson war unfreiwillig zum Totengräber der Gefängnisreformbewegung geworden. Er ging mit seinem »Nothing works« in die Geschichte ein, aber auf eine Weise, wie er es nicht gewollt hatte. Selten verlief eine Unternehmung so daneben. Martinson kam damit nicht zurecht. Er sprang 1979 aus dem Fenster seiner New Yorker Wohnung im fünfzehnten Stock.

Später entstand eine ganze Schule von Psycholog:innen, die gegen die »Nothing works«-Doktrin antraten. Sie wollten zeigen, was eben doch funktionieren könnte. Zu den prominentesten – und da schließt sich der Kreis zu Steiners Gutachten – gehören Donald Andrews und James Bonta. Die beiden kanadischen Psychologen haben eine Theorie aufgestellt, die besagt, rückfallpräventive Interventionen werden am wirkungsvollsten bei Straffälligen mit hohem Rückfallrisiko eingesetzt und nicht bei solchen mit geringem Rückfallrisiko. Also muss man herausfinden, wer stark rückfallgefährdet ist, und sich dann auf diese Personen konzentrieren.

Dazu entwickelten sie den Level of Service Inventory, den Steiners Gutachter benutzte. Er besteht aus 54 Kriterien. Man kann, ähnlich wie bei der PCL-R, Punkte geben; null steht für nicht vorhanden, eins für vorhanden. Die Kriterien bestehen aus Fragen, die zum Beispiel lauten:

Häufig arbeitslos?
Geringere Schulbildung als Hauptabschluss?

Könnte seine Freizeit sinnvoller nutzen?
Kriminalität in Familie und Partnerschaft?
Kriminelle Bekannte?
Unbefriedigende Wohnsituation?
Gegen Konventionen eingestellt?

Der Fragenkatalog wurde schon verschiedentlich kritisiert. Ein Problem ist zum Beispiel, dass ein Mann, der seine Frau verprügelt, aber aus gutem Haus stammt und gut verdient, in diesem Katalog kaum negative Punkte bekommt. Menschen aus der Unterschicht werden hingegen reichlich Punkte sammeln.

Stefan Steiner bringt es, laut Gutachten, beim LSI auf 35 von 54 Punkten. Was das bedeutet, schreibt der Gutachter nicht. Die Leserin hat aber das Gefühl, das seien reichlich viele.

Anschließend folgen dreizehn Seiten auf der Grundlage von Urbanioks Fotres. Da finden sich die Risikoeigenschaften von Steiner. Laut Urbaniok sollten zwischen zwei und fünf Risikoeigenschaften ausgewählt werden, nicht mehr. Steiners Gutachter wählte sechs aus:

Dissozialität 4
Chronifizierte Gewaltbereitschaft 4
Waffenaffinität 4
Delinquenzfördernde Weltanschauung 4
Wutgeprägte Aggressivität 4
Risikorelevante Drogenproblematik 2

4 bedeutet: sehr stark ausgeprägt, 2 steht für moderat. Die Gesamtauswertung nach Fotres ergibt für das »aktuelle Risiko« ein alarmierendes Ergebnis von »4,0«, also sehr hoch. Der Gutachter schreibt dazu, die Chance für einen positiven Verlauf seien sehr schlecht. »Nur vier Prozent in der Gruppe der Gewalt- und Sexualstraftäter weisen ein gleich hohes oder höheres Risiko auf wie der Betroffene.«

Schießlich benutzt der Gutachter noch den »Violence Risk Appraisal Guide« (VRAG), einen Leitfaden zur Bewertung von Gewaltrisiken.

Auch dieses Instrument hat eine interessante Geschichte. Vernon Quinsey wollte in den späten siebziger Jahren herausfinden, wie gut die Prognosen von Psychiater:innen sind. Er wollte testen, ob sie die zutreffenderen Resultate liefern als Laien. Um das herauszufinden, legte er vier forensischen Psychiatern und neun gewöhnlichen Lehrern die Akten von dreißig Straftätern vor. Sie sollten prognostizieren, wer rückfällig wird. Das Ergebnis erschütterte die Wissenschaftsgemeinde. Die Psychiater folgten keiner einheitlichen Methode. Jeder machte, was ihm gerade in den Sinn kam. Am Ende lagen die Profis so falsch wie die Laien. Niemandem war es gelungen, zuverlässig zwischen Rückfall- und Nichtrückfalltätern zu unterscheiden. Das ließ Quinsey keine Ruhe. Er wollte ein System entwickeln, das zuverlässig und einfach war. Der VRAG wurde geboren, ein Instrument mit nur zwölf Fragen. Es ist simpel und leicht anzuwenden; auch Laien sollten in der Lage sein, damit gute Resultate zu erzielen. Man muss nur die Akten lesen und dann den Fragebogen ausfüllen.

Steiners Gutachten hat die zwölf Fragen beantwortet.

1. Bis zum 16. Lebensjahr mit beiden biologischen Elternteilen gelebt 3
2. Mangelhafte Anpassung in der Grundschule 5
3. Alkoholprobleme in der Vorgeschichte 2
4. Zivilstand 1
5. Punktwert der kriminellen Vorgeschichte für Verurteilungen und Anklagen wegen nicht gewalttätiger Delikte vor dem Anlassdelikt 3
6. Versagen bei früherer bedingter Entlassung 3
7. Alter zum Zeitpunkt des Index-Delikts 2
8. Verletzungsgrad des Opfers 0
9. Irgendein weibliches Opfer 1
10. Erfüllt die DSM-III-Kriterien für irgendeine Persönlichkeitsstörung 3
11. Erfüllt die DSM-III-Kriterien für Schizophrenie 1
12. Anzahl Punkte auf der PCL-R 4

Steiner erhält 28 Punkte. Auf einer Tabelle kann man ablesen, wie hoch damit seine Rückfallwahrscheinlichkeit ist. Mit 28 Punkten gehört er der Gruppe neun an, der höchsten Risikokategorie.

Der Vorteil von VRAG ist, dass er die Rückfallwahrscheinlichkeit in sieben und in zehn Jahren angibt. Der Gutachter interpretiert das Resultat im Gutachten wie folgt: »Bei der Anwendung des VRAG wurde ein Summenwert von 28 erreicht. Dies entspricht der Risikokategorie 9. Unter den Straftätern der Entwicklungsstichprobe wiesen 1 Prozent einen höheren Summenwert auf und zirka 100 Prozent der Straftäter, die derselben Risikokategorie wie die beurteilte Person zugeordnet wurden, wurden innerhalb von durchschnittlich 7 Jahren nach Entlassung in die Freiheit erneut wegen eines Gewaltdeliktes (einschließlich Sexualdelikte) angeklagt oder verurteilt. Innerhalb von durchschnittlich 10 Jahren waren es 100 Prozent.« Eine Erläuterung, die wenig schlüssig ist. Subkutan ist aber klar: Das ist ein sehr gefährlicher Mensch, auch wenn nicht schlüssig nachvollziehbar ist, warum.

Die Verwahrung und die Menschenrechte

Anhang zu Kapitel 7

Der Zürcher Anwalt Mathias Brunner würde gerne einen Fall an den Europäischen Gerichtshof für Menschenrechte in Straßburg weiterziehen.

Die Europäische Menschenrechtskonvention (EMRK) trat 1950 in Kraft. Die Gräuel der Nationalsozialisten waren noch omnipräsent. Bevor sie mit dem Morden begannen, haben die Nazis ihre Ideologie mit Gesetzen institutionalisiert. Zum Beispiel mit den Nürnberger Gesetzen, die sie »zum Schutz des deutschen Blutes und der deutschen Ehre« erließen. Sie kamen daher wie jedes ordentliche Gesetz. Es verbot unter anderem Juden und Jüdinnen die Eheschließung mit »Staatsangehörigen deutschen oder artverwandten Blutes«, die Beschäftigung von deutschen Dienstmädchen oder das Hissen der Reichsflagge. Nach Paragraf sieben sollte die Zuwiderhandlung mit Zuchthaus oder Gefängnis bestraft werden. Ohne Gesetz keine Strafe heißt ein juristischer Grundsatz.

Gesetze allein machen allerdings noch keinen Rechtsstaat aus. Das haben die Nazis bitter vorgeführt. Die Europäische Menschenrechtskonvention (EMRK) soll verhindern, dass so etwas jemals wieder passiert. Sie enthält Grundsätze, die kein Staat verletzen darf, will er sich einen Rechtsstaat nennen. Der Europäische Gerichtshof für Menschenrechte (EGMR) in Straßburg hütet diese Grundsätze. Alle Bürger und Bürgerinnen, die glauben, dass die Justiz ihre Grundrechte missachte, können in Straßburg klagen.

Die EMRK enthält fünfzehn Artikel. Sie garantieren das »Recht auf Leben«, das »Verbot der Sklaverei«, die »Gedanken-, Gewissens- und Religionsfreiheit«, die »Freiheit der Meinungsäußerung« oder das »Recht auf Eheschließung«.

Mathias Brunner zielt auf Artikel drei. »Niemand darf der Folter oder unmenschlicher oder erniedrigender Strafe oder Behandlung unterworfen werden.« Es geht um die Frage, ob die Verwahrung, so wie die Schweiz sie anwendet, eine unmenschliche oder erniedrigende Strafe ist.

Die EMRK untersagt nicht grundsätzlich, Täter zu lebenslänglicher Haft zu verurteilen. Fast alle europäischen Länder kennen lebenslängliche Strafen für extrem schwere Taten. In den meisten kann der Verurteilte, falls er nicht mehr gefährlich ist, nach einer bestimmten Zeit einen Antrag auf eine bedingte Entlassung stellen. In Deutschland, in Österreich sowie in der Schweiz kann ein Täter frühestens nach fünfzehn Jahren freikommen. In Schweden, Slowenien und anderen Ländern variiert das zwischen 10 und 25 Jahren. In den Niederlanden gilt zum Beispiel lebenslänglich wirklich lebenslang, außer der König begnadigt jemanden, was sehr selten passiert.

Diese Straftäter meint Matthias Brunner nicht. Er spricht nicht von Leuten wie Erich Hauert, der die Pfadfinderin getötet hat, oder den Vierfachmörder von Rupperswil. Brunners Überlegungen betreffen Leute, die eine relativ kurze Haftstrafe bekommen haben, plus eine kleine oder normale Verwahrung. Sie werden nach der Verbüßung der Strafe aus präventiven Gründen eingesperrt bleiben, weil man fürchtet, sie könnten vielleicht wieder Straftaten begehen. »Diese Leute haben keine Perspektive. Immer wieder müssen sie das Verdikt zur Kenntnis nehmen, sie hätten noch nicht bewiesen, dass sie kein schweres Delikt mehr begehen werden, wenn man sie entließe.« Verurteilte könnten die Strafe, die sie für ihre Delikte bekämen, meist einigermaßen gut akzeptieren, sagt Brunner. Was Gefangene aber nicht nachvollziehen könnten, was sie zermürbe, sei die Verweigerung einer Lebensperspektive. »Diese Ungewissheit ist oft schlimmer als die Gewissheit, für eine sehr lange Strafdauer nicht mehr rauszukommen.«

Es geht ihm um Gefangene wie Beat Meier oder Schubert. Noch sei in Straßburg kaum geklärt, ob die rigide Verwahrungspraxis der Schweiz mit der Menschenwürde vereinbar ist. Brunner treibt konkret die Verwahrung nach Artikel 64 um. Nach dem Gesetz wird dem Verwahrten keine Therapie angeboten. Das verstößt nach Brunner gegen die EMRK. Straßburg verlange, dass gerade in diesen Fällen zwingend eine Therapie angeboten werden müsse, die dem Gefangenen wenigstens die Chance auf eine Entlassung einräume. »Wenn die Gesellschaft schon jemanden nach Verbüßung der Strafe wegen einer ihm zugeschriebenen Gefährlichkeit wegsperrt, dann muss man das Nötige tun, um diesen schwersten staatlichen Eingriff – Wegsperren nach verbüßter Strafe – möglichst bald zu beenden«, sagt Brunner. »Die Psychiatrisierung des Strafrechts ist eine Fehlentwicklung. Aber eine Verwahrung ohne Therapie ist ein No-go, jedenfalls wenn der Verwahrte eine Therapie wünscht.«

Eine Verwahrung mit Therapie kennt das Gesetz, die kleine Verwahrung nach Artikel 59. Brunner meint, man bezeichnete sie besser als »psychiatrische Verwahrung«.

In der Schweiz sitzen zurzeit über hundert Gefangene in einer normalen Verwahrung. Die allermeisten müssten in eine kleine psychiatrische Verwahrung umgewandelt werden, wenn man die EMRK einhalten möchte, sagt Brunner.

Er vertritt einen Mann, dem wegen eines Tötungsdelikts die Verwahrung droht. Falls das passiert, wird Brunner diesen Fall nach Straßburg weiterziehen. Dann wird man sehen, ob der Europäische Menschenrechtsgerichtshof seiner Argumentation folgt.

Die Vordenker der heutigen Verwahrung

Anhang zu Kapitel 19

Carl Stooss war im 19. Jahrhundert einer der einflussreichsten Juristen Europas. Er kam 1849 in Bern zur Welt, studierte Jurisprudenz, wurde Professor und bekam 1890 von der Bundesregierung den Auftrag, ein einheitliches Schweizer Strafrecht zu verfassen. Damals hatte noch jeder Kanton ein eigenes Strafgesetzbuch. Einige kannten noch die Todesstrafe, andere hatten sie schon abgeschafft. In seinem Buch *Motive zu dem Vorentwurf des Schweizerischen Strafgesetzbuches* von 1893 empfiehlt Stooss, das traditionelle Strafsystem mit einem sogenannten Maßnahmensystem zu ergänzen. Das war neu und galt als absolut modern. Viele andere Länder übernahmen später diese Idee von Stooss.

Das Kapitel über die Verwahrung klingt heute noch aktuell. Es zeigt, wie die »Maßnahmen« ins Strafrecht kamen. »Der Staat soll sein Strafrecht nicht blind ausüben, sondern bei Aufstellung von Gesetzen sich des Zweckes aller Strafrechtspflege bewusst sein, gegen das Verbrechen anzukämpfen und den Personen, die in dem Lande leben, gegen das Verbrechen Schutz zu gewähren.« Wichtiger als die Vergeltung des begangenen Unrechts an dem Übeltäter sei, dem Verbrechen vorzubeugen. Es gehe darum, gegen die Täter etwas unternehmen zu können, bei denen die auferlegte Strafe »ohne Wirkung und ohne Nutzen« sei. Diese Verbrecher müssten »unschädlich gemacht werden«. »Wie soll nun der Staat gegen solche Verbrecher vorgehen? Dass die Anwendung der ordentlichen Strafe nicht ausreicht, steht fest. Es muss daher eine andere Maßnahme gegen sie getroffen werden. Diese Maßnahme kann [...] nur in einer Verwahrung von langer Dauer bestehen, durch welche diese Individuen für lange Zeit in die Unmöglichkeit versetzt werden, Verbrechen zu begehen.«

Die Verwahrung soll seiner Meinung nach nicht lebenslänglich, aber mindestens zehn und höchstens zwanzig Jahre andauern. Stooss räumt ein, dass es nicht möglich sei, diese Gewohnheitsverbrecher wissenschaftlich zu definieren. Erfahrene Richter seien jedoch in der

Lage, zu erkennen, wer rückfällig werde, und könnten denjenigen verwahren.

Stooss schlägt auch eine »administrative Verwahrung« vor. Anschaulich umschreibt er, welche Leute er im Visier hat. »Der eine hat sich nachts in ein Gebäude eingeschlichen, um dort die Nacht zu verbringen, der andere ist in einem Hause auf dem Bettel ertappt worden, der Dritte hat sich eigenmächtig Nahrung verschafft, ein anderer hat im Rausch die öffentliche Ruhe gestört oder einen Kameraden misshandelt, die Dirne hat sich unanständig benommen und vielleicht den, dem sie ihre Gunst gewährte, bestohlen. Jeder Richter weiß, dass die Verurteilung solcher Personen zu einer Freiheisstrafe von einigen Tagen oder Wochen ohne jeden Nutzen und daher auch zwecklos ist; er weiß auch; dass der Verurteilte nicht lange, nachdem er die Strafe erstanden hat, unter ähnlichen Verumständungen wieder vor dem Richter erscheinen wird; denn die Quelle dieser Verbrechen, die Liederlichkeit und die Arbeitsscheu des Verbrechers, wird durch eine kurze Freiheitsstrafe nicht berührt; gegenteils wird der Sträfling gegenwärtig im Gefängnis beinahe zum Müßiggang erzogen.« Deshalb sollten diese Personen für ein bis drei Jahre in einer Arbeitsanstalt verwahrt werden, um sie dort zu einem sittsamen, fleißigen Leben zu erziehen: »Dieser Zeitraum dürfte zur Erreichung des Zweckes ausreichen.«

Franz von Liszt – Cousin des Komponisten Franz Liszt – war der zweite Strafrechtler, der um 1900 das europäische Strafrecht maßgeblich prägte. Von Liszt wurde 1851 in Wien geboren, lehrte später in Berlin Strafrecht und saß im preußischen Parlament. Auch er stand den vergeltenden Strafen kritisch gegenüber und propagierte unter anderem die präventive Strafe in Form der Resozialisierung. Wikipedia fasst seine Position so zusammen: »Gelegenheitstäter sollten eine Bewährungsstrafe als Denkzettel erhalten; verbesserliche Hangtäter eine Freiheitsstrafe, die von Maßnahmen der Resozialisierung begleitet sein sollte; unverbesserliche Hangtäter sollten dauerhaft verwahrt werden.«

Auch ihm ging es vor allem um die Unverbesserlichen. In seinem Werk *Der Zweckgedanke im Strafrecht* schreibt er, der energische Kampf gegen das Gewohnheitsverbrechertum sei eine der dringendsten Aufgaben der Gegenwart. »Wie ein krankes Glied den ganzen Organismus vergiftet, so frisst der Krebsschaden des rapid zunehmenden Gewohnheitsverbrechertums sich immer tiefer in unser soziales

Leben.« Weiter heißt es da: »Der Kampf gegen das Gewohnheitsverbrechertum setzt genaue Kenntnis desselben voraus. Diese fehlt uns noch heute. Handelt es sich doch nur um ein Glied, allerdings um das bedeutendste und gefährlichste, in jener Kette von sozialen Krankheitserscheinungen, welche wir unter dem Gesamtnamen des Proletariats zusammenzufassen pflegen. Bettler und Vagabonden, Prostituierte beiderlei Geschlechts und Alkoholisten, Gauner und Halbweltsmenschen im weitesten Sinne, geistig und körperlich Degenerierte – sie alle bilden das Heer der grundsätzlichen Gegner der Gesellschaftsordnung, als dessen Generalstab die Gewohnheitsverbrecher erscheinen.«

Solche Leute in Zellengefängnissen um teures Geld bessern zu wollen, sei sinnlos, »sie nach Ablauf von einigen Jahren gleich einem Raubtier auf das Publikum loszulassen, bis sie, nachdem sie wieder drei bis vier neue Verbrechen begangen haben, in ein oder zwei Jahren neuerdings eingezogen und wiederum ›gebessert‹ werden: das ist mehr als widersinnig«. Auch von Liszt plädierte dafür, die Gesellschaft vor diesen Unverbesserlichen zu schützen. »Und da wir köpfen und hängen nicht wollen und deportieren nicht können, so bleibt nur die Einsperrung auf Lebenszeit (bezw. auf unbestimmte Zeit).« Damals sprach allerdings niemand von Sexualstraftätern, sondern eben von Alkoholikern, Prostituierten oder »geistig Degenerierten«, was immer man darunter verstehen wollte.

Mit Stooss und von Liszt war fortan das präventive Wegsperren als Pendant zur Resozialisierung als »moderner Ansatz« fest im Strafrechtsdiskurs verankert.

Karl Binding gehörte zu den wenigen Juristen, die damals gegen Stooss und von Liszt antraten. Er war ein Verfechter des Vergeltungsstrafrechts, hatte aber einen schweren Stand, weil er auch widersprüchlich argumentierte. Die exemplarische Widersprüchlichkeit lässt sich an der Person von Karl Binding besonders gut veranschaulichen. Er stammte aus Frankfurt am Main. Als junger Mann, noch keine 25 Jahre alt, erhielt er 1865 in Basel eine Professur für Strafprozessrecht und Staatsrecht. Später lehrte er viele Jahre in Leipzig. Um 1900 gehörte er zu den angesehensten Strafrechtstheoretikern im deutschsprachigen Raum. Er galt als wichtiger »Vergeltungstheoretiker« und war einer der schärfsten Gegner der sogenannten »Modernen Schule« von Stooss und von Liszt.

Im Kern war aber auch er ein Präventionist, und zwar in extremem Maße. Das zeigt sich an der Broschüre *Die Freigabe der Vernichtung unwerten Lebens*. Binding verfasste sie zusammen mit dem Psychiater Alfred Hoche. Die beiden prägten darin das eugenische Schlagwort »unwertes Leben«. Sie plädierten dafür, die Tötung unheilbar »Verblödeter« zu erlauben. Das »absolut zwecklose Leben« der »unheilbar Blödsinnigen« bilde für ihre »Angehörigen wie für die Gesellschaft eine furchtbar schwere Belastung«. Binding erklärte, diese Menschen seien weder von »einem rechtlichen noch von einem sozialen, sittlichen oder religiösen Standpunkt betrachtet geschützt« und daher auf Antrag zur Tötung freizugeben.

Die Broschüre erschien 1920, kurz nach Bindings Tod. Das Euthanasieprogramm der Nazis orientierte sich maßgeblich an den Überlegungen von Binding und Hoche.

Die Gesetze

Die zentralen Gesetzesartikel des Maßnahmen- oder Maßregelvollzugs und der Verwahrung im deutschen, österreichischen und schweizerischen Recht (Stand Januar 2022).

Deutsches Strafgesetzbuch

§ 66 Unterbringung in der Sicherungsverwahrung

(1) Das Gericht ordnet neben der Strafe die Sicherungsverwahrung an, wenn

1. jemand zu Freiheitsstrafe von mindestens zwei Jahren wegen einer vorsätzlichen Straftat verurteilt wird, die

a) sich gegen das Leben, die körperliche Unversehrtheit, die persönliche Freiheit oder die sexuelle Selbstbestimmung richtet,

b) unter den Ersten, Siebenten, Zwanzigsten oder Achtundzwanzigsten Abschnitt des Besonderen Teils oder unter das Völkerstrafgesetzbuch oder das Betäubungsmittelgesetz fällt und im Höchstmaß mit Freiheitsstrafe von mindestens zehn Jahren bedroht ist oder

c) den Tatbestand des § 145a erfüllt, soweit die Führungsaufsicht auf Grund einer Straftat der in den Buchstaben a oder b genannten Art eingetreten ist, oder den Tatbestand des § 323a, soweit die im Rausch begangene rechtswidrige Tat eine solche der in den Buchstaben a oder b genannten Art ist,

2. der Täter wegen Straftaten der in Nummer 1 genannten Art, die er vor der neuen Tat begangen hat, schon zweimal jeweils zu einer Freiheitsstrafe von mindestens einem Jahr verurteilt worden ist,

3. er wegen einer oder mehrerer dieser Taten vor der neuen Tat für die Zeit von mindestens zwei Jahren Freiheitsstrafe verbüßt oder sich im Vollzug einer freiheitsentziehenden Maßregel der Besserung und Sicherung befunden hat und

4. die Gesamtwürdigung des Täters und seiner Taten ergibt, dass er infolge eines Hanges zu erheblichen Straftaten, namentlich zu

solchen, durch welche die Opfer seelisch oder körperlich schwer geschädigt werden, zum Zeitpunkt der Verurteilung für die Allgemeinheit gefährlich ist.

Für die Einordnung als Straftat im Sinne von Satz 1 Nummer 1 Buchstabe b gilt § 12 Absatz 3 entsprechend, für die Beendigung der in Satz 1 Nummer 1 Buchstabe c genannten Führungsaufsicht § 68b Absatz 1 Satz 4.

(2) Hat jemand drei Straftaten der in Absatz 1 Satz 1 Nummer 1 genannten Art begangen, durch die er jeweils Freiheitsstrafe von mindestens einem Jahr verwirkt hat, und wird er wegen einer oder mehrerer dieser Taten zu Freiheitsstrafe von mindestens drei Jahren verurteilt, so kann das Gericht unter der in Absatz 1 Satz 1 Nummer 4 bezeichneten Voraussetzung neben der Strafe die Sicherungsverwahrung auch ohne frühere Verurteilung oder Freiheitsentziehung (Absatz 1 Satz 1 Nummer 2 und 3) anordnen.

(3) Wird jemand wegen eines die Voraussetzungen nach Absatz 1 Satz 1 Nummer 1 Buchstabe a oder b erfüllenden Verbrechens oder wegen einer Straftat nach § 89a Absatz 1 bis 3, § 89c Absatz 1 bis 3, § 129a Absatz 5 Satz 1 erste Alternative, auch in Verbindung mit § 129b Absatz 1, den §§ 174 bis 174c, 176a, 176b, 177 Absatz 2 Nummer 1, Absatz 3 und 6, §§ 180, 182, 224, 225 Abs. 1 oder 2 oder wegen einer vorsätzlichen Straftat nach § 323a, soweit die im Rausch begangene Tat eine der vorgenannten rechtswidrigen Taten ist, zu Freiheitsstrafe von mindestens zwei Jahren verurteilt, so kann das Gericht neben der Strafe die Sicherungsverwahrung anordnen, wenn der Täter wegen einer oder mehrerer solcher Straftaten, die er vor der neuen Tat begangen hat, schon einmal zu Freiheitsstrafe von mindestens drei Jahren verurteilt worden ist und die in Absatz 1 Satz 1 Nummer 3 und 4 genannten Voraussetzungen erfüllt sind. Hat jemand zwei Straftaten der in Satz 1 bezeichneten Art begangen, durch die er jeweils Freiheitsstrafe von mindestens zwei Jahren verwirkt hat und wird er wegen einer oder mehrerer dieser Taten zu Freiheitsstrafe von mindestens drei Jahren verurteilt, so kann das Gericht unter den in Absatz 1 Satz 1 Nummer 4 bezeichneten Voraussetzungen neben der Strafe die Sicherungsverwahrung auch ohne frühere Verurteilung oder Freiheitsentziehung (Absatz 1 Satz 1 Nummer 2 und 3) anordnen. Die Absätze 1 und 2 bleiben unberührt.

(4) Im Sinne des Absatzes 1 Satz 1 Nummer 2 gilt eine Verurteilung zu Gesamtstrafe als eine einzige Verurteilung. Ist Untersuchungshaft oder eine andere Freiheitsentziehung auf Freiheitsstrafe angerechnet, so gilt sie als verbüßte Strafe im Sinne des Absatzes 1 Satz 1 Nummer 3. Eine frühere Tat bleibt außer Betracht, wenn zwischen ihr und der folgenden Tat mehr als fünf Jahre verstrichen sind; bei Straftaten gegen die sexuelle Selbstbestimmung beträgt die Frist fünfzehn Jahre. In die Frist wird die Zeit nicht eingerechnet, in welcher der Täter auf behördliche Anordnung in einer Anstalt verwahrt worden ist. Eine Tat, die außerhalb des räumlichen Geltungsbereichs dieses Gesetzes abgeurteilt worden ist, steht einer innerhalb dieses Bereichs abgeurteilten Tat gleich, wenn sie nach deutschem Strafrecht eine Straftat der in Absatz 1 Satz 1 Nummer 1, in den Fällen des Absatzes 3 der in Absatz 3 Satz 1 bezeichneten Art wäre.

Österreichisches Strafgesetzbuch (StGB)

§ 21 StGB Unterbringung in einer Anstalt für geistig abnorme Rechtsbrecher

(1) Begeht jemand eine Tat, die mit einer ein Jahr übersteigenden Freiheitsstrafe bedroht ist, und kann er nur deshalb nicht bestraft werden, weil er sie unter dem Einfluß eines die Zurechnungsfähigkeit ausschließenden Zustandes (§ 11) begangen hat, der auf einer geistigen oder seelischen Abartigkeit von höherem Grad beruht, so hat ihn das Gericht in eine Anstalt für geistig abnorme Rechtsbrecher einzuweisen, wenn nach seiner Person, nach seinem Zustand und nach der Art der Tat zu befürchten ist, daß er sonst unter dem Einfluß seiner geistigen oder seelischen Abartigkeit eine mit Strafe bedrohte Handlung mit schweren Folgen begehen werde.

(2) Liegt eine solche Befürchtung vor, so ist in eine Anstalt für geistig abnorme Rechtsbrecher auch einzuweisen, wer, ohne zurechnungsunfähig zu sein, unter dem Einfluß seiner geistigen oder seelischen Abartigkeit von höherem Grad eine Tat begeht, die mit einer ein Jahr übersteigenden Freiheitsstrafe bedroht ist. In einem solchen Fall ist die Unterbringung zugleich mit dem Ausspruch über die Strafe anzuordnen.

(3) Als Anlasstaten im Sinne der Abs. 1 und 2 kommen mit Strafe bedrohte Handlungen gegen fremdes Vermögen nicht in Betracht, es sei denn, sie wurden unter Anwendung von Gewalt gegen eine Person oder unter Drohung mit einer gegenwärtigen Gefahr für Leib oder Leben (§ 89) begangen.

§ 22 StGB Unterbringung in einer Anstalt für entwöhnungsbedürftige Rechtsbrecher

(1) Wer dem Mißbrauch eines berauschenden Mittels oder Suchtmittels ergeben ist und wegen einer im Rausch oder sonst im Zusammenhang mit seiner Gewöhnung begangenen strafbaren Handlung oder wegen Begehung einer mit Strafe bedrohten Handlung im Zustand voller Berauschung (§ 287) verurteilt wird, ist vom Gericht in eine Anstalt für entwöhnungsbedürftige Rechtsbrecher einzuweisen, wenn nach seiner Person und nach der Art der Tat zu befürchten ist, daß er sonst im Zusammenhang mit seiner Gewöhnung an berauschende Mittel oder Suchtmittel eine mit Strafe bedrohte Handlung mit schweren Folgen oder doch mit Strafe bedrohte Handlungen mit nicht bloß leichten Folgen begehen werde.

(2) Von der Unterbringung ist abzusehen, wenn der Rechtsbrecher mehr als zwei Jahre in Strafhaft zu verbüßen hat, die Voraussetzungen für seine Unterbringung in einer Anstalt für geistig abnorme Rechtsbrecher vorliegen oder der Versuch einer Entwöhnung von vornherein aussichtslos scheint.

§ 23 StGB Unterbringung in einer Anstalt für gefährliche Rückfallstäter

(1) Wird jemand nach Vollendung des vierundzwanzigsten Lebensjahres zu einer mindestens zweijährigen Freiheitsstrafe verurteilt, so hat das Gericht zugleich seine Unterbringung in einer Anstalt für gefährliche Rückfallstäter anzuordnen,

1. wenn die Verurteilung ausschließlich oder überwiegend wegen einer oder mehrerer vorsätzlicher strafbarer Handlungen gegen Leib und Leben, gegen die Freiheit, gegen fremdes Vermögen unter Anwendung oder Androhung von Gewalt gegen eine Person, gegen die sexuelle Integrität und Selbstbestimmung, nach § 28a des Suchtmittelgesetzes oder wegen einer oder mehrerer vorsätzlicher gemeingefährlicher strafbarer Handlungen erfolgt,
2. wenn er bereits zweimal ausschließlich oder überwiegend wegen Handlungen der in Z 1 genannten Art zu Freiheitsstrafen in der Dauer von jeweils mehr als sechs Monaten verurteilt worden ist und deshalb vor Begehung der nunmehr abgeurteilten Handlun-

gen, jedoch nach Vollendung des neunzehnten Lebensjahres mindestens achtzehn Monate in Strafhaft zugebracht hat und

3. wenn zu befürchten ist, daß er wegen seines Hanges zu strafbaren Handlungen der in Z 1 genannten Art oder weil er seinen Lebensunterhalt überwiegend durch solche strafbare Handlungen zu gewinnen pflegt, sonst weiterhin solche strafbare Handlungen mit schweren Folgen begehen werde.

(2) Von der Unterbringung ist abzusehen, wenn die Voraussetzungen für die Unterbringung des Rechtsbrechers in einer Anstalt für geistig abnorme Rechtsbrecher vorliegen.

(3) Die Anhaltung in einer Anstalt für geistig abnorme Rechtsbrecher nach § 21 Abs. 2 oder in einer Anstalt für entwöhnungsbedürftige Rechtsbrecher steht der Strafhaft (Abs. 1 Z 2) insoweit gleich, als die Zeit der Anhaltung auf die Strafe anzurechnen ist.

(4) Eine frühere Strafe bleibt außer Betracht, wenn seit ihrer Verbüßung bis zur folgenden Tat mehr als fünf Jahre vergangen sind. In diese Frist werden Zeiten, in denen der Verurteilte auf behördliche Anordnung angehalten worden ist, nicht eingerechnet. Ist die Strafe nur durch Anrechnung einer Vorhaft verbüßt worden, so beginnt die Frist erst mit Rechtskraft des Urteils.

(5) Ausländische Verurteilungen sind zu berücksichtigen, wenn die Voraussetzungen des § 73 vorliegen und anzunehmen ist, daß der Täter auch von einem inländischen Gericht zu einer Freiheitsstrafe von mehr als sechs Monaten verurteilt worden wäre und die zur Erfüllung der Voraussetzungen des Abs. 1 Z 2 erforderliche Zeit in Strafhaft zugebracht hätte.

Schweizer Strafgesetzbuch (StGB)

Stationäre therapeutische Massnahme

Art. 59

Ist der Täter psychisch schwer gestört, so kann das Gericht eine stationäre Behandlung anordnen, wenn:

a. der Täter ein Verbrechen oder Vergehen begangen hat, das mit seiner psychischen Störung in Zusammenhang steht; und

b. zu erwarten ist, dadurch lasse sich der Gefahr weiterer mit seiner psychischen Störung in Zusammenhang stehender Taten begegnen.

2 Die stationäre Behandlung erfolgt in einer geeigneten psychiatrischen Einrichtung oder einer Massnahmevollzugseinrichtung.

3 Solange die Gefahr besteht, dass der Täter flieht oder weitere Straftaten begeht, wird er in einer geschlossenen Einrichtung behandelt. Er kann auch in einer Strafanstalt nach Artikel 76 Absatz 2 behandelt werden, sofern die nötige therapeutische Behandlung durch Fachpersonal gewährleistet ist.[53]

4 Der mit der stationären Behandlung verbundene Freiheitsentzug beträgt in der Regel höchstens fünf Jahre. Sind die Voraussetzungen für die bedingte Entlassung nach fünf Jahren noch nicht gegeben und ist zu erwarten, durch die Fortführung der Massnahme lasse sich der Gefahr weiterer mit der psychischen Störung des Täters in Zusammenhang stehender Verbrechen und Vergehen begegnen, so kann das Gericht auf Antrag der Vollzugsbehörde die Verlängerung der Massnahme um jeweils höchstens fünf Jahre anordnen.

Verwahrung

Art. 64

1 Das Gericht ordnet die Verwahrung an, wenn der Täter einen Mord, eine vorsätzliche Tötung, eine schwere Körperverletzung, eine Vergewaltigung, einen Raub, eine Geiselnahme, eine Brandstiftung, eine Gefährdung des Lebens oder eine andere mit einer Höchststrafe von fünf oder mehr Jahren bedrohte Tat begangen hat, durch die er die physische, psychische oder sexuelle Integrität einer andern Person schwer beeinträchtigt hat oder beeinträchtigen wollte, und wenn:[55]

a. auf Grund der Persönlichkeitsmerkmale des Täters, der Tatumstände und seiner gesamten Lebensumstände ernsthaft zu erwarten ist, dass er weitere Taten dieser Art begeht; oder

b. auf Grund einer anhaltenden oder langdauernden psychischen Störung von erheblicher Schwere, mit der die Tat in Zusammenhang stand, ernsthaft zu erwarten ist, dass der Täter weitere Taten dieser Art begeht und die Anordnung einer Massnahme nach Artikel 59 keinen Erfolg verspricht.

1bis Das Gericht ordnet die lebenslängliche Verwahrung an, wenn der Täter einen Mord, eine vorsätzliche Tötung, eine schwere Körperverletzung, einen Raub, eine Vergewaltigung, eine sexuelle Nötigung, eine Freiheitsberaubung oder Entführung, eine Geiselnahme, ein Verschwindenlassen, Menschenhandel, Völkermord, ein Verbrechen gegen die Menschlichkeit oder ein Kriegsverbrechen (Zwölfter Titelter) begangen hat und wenn die folgenden Voraussetzungen erfüllt sind:[56]

a. Der Täter hat mit dem Verbrechen die physische, psychische oder sexuelle Integrität einer anderen Person besonders schwer beeinträchtigt oder beeinträchtigen wollen.

b. Beim Täter besteht eine sehr hohe Wahrscheinlichkeit, dass er erneut eines dieser Verbrechen begeht.

c. Der Täter wird als dauerhaft nicht therapierbar eingestuft, weil die Behandlung langfristig keinen Erfolg verspricht.[57]

2 Der Vollzug der Freiheitsstrafe geht der Verwahrung voraus. Die Bestimmungen über die bedingte Entlassung aus der Freiheitsstrafe (Art. 86–88) sind nicht anwendbar.58

3 Ist schon während des Vollzugs der Freiheitsstrafe zu erwarten, dass der Täter sich in Freiheit bewährt, so verfügt das Gericht die bedingte Entlassung aus der Freiheitsstrafe frühestens auf den Zeitpunkt hin, an welchem der Täter zwei Drittel der Freiheitsstrafe oder 15 Jahre der lebenslänglichen Freiheitsstrafe verbüsst hat. Zuständig ist das Gericht, das die Verwahrung angeordnet hat. Im Übrigen ist Artikel 64*a* anwendbar.59

4 Die Verwahrung wird in einer Massnahmevollzugseinrichtung oder in einer Strafanstalt nach Artikel 76 Absatz 2 vollzogen. Die öffentliche Sicherheit ist zu gewährleisten. Der Täter wird psychiatrisch betreut, wenn dies notwendig ist.

Art. 64a

1 Der Täter wird aus der Verwahrung nach Artikel 64 Absatz 1 bedingt entlassen, sobald zu erwarten ist, dass er sich in der Freiheit bewährt.60 Die Probezeit beträgt zwei bis fünf Jahre. Für die Dauer der Probezeit kann Bewährungshilfe angeordnet und können Weisungen erteilt werden.

2 Erscheint bei Ablauf der Probezeit eine Fortführung der Bewährungshilfe oder der Weisungen als notwendig, um der Gefahr weiterer Straftaten im Sinne von Artikel 64 Absatz 1 zu begegnen, so kann das Gericht auf Antrag der Vollzugsbehörde die Probezeit jeweils um weitere zwei bis fünf Jahre verlängern.

3 Ist auf Grund des Verhaltens des bedingt Entlassenen während der Probezeit ernsthaft zu erwarten, dass er weitere Straftaten im Sinne von Artikel 64 Absatz 1 begehen könnte, so ordnet das Gericht auf Antrag der Vollzugsbehörde die Rückversetzung an.

4 Entzieht sich der bedingt Entlassene der Bewährungshilfe oder missachtet er die Weisungen, so ist Artikel 95 Absätze 3–5 anwendbar.

5 Hat sich der bedingt Entlassene bis zum Ablauf der Probezeit bewährt, so ist er endgültig entlassen.

Art. 64b

1 Die zuständige Behörde prüft auf Gesuch hin oder von Amtes wegen:

a. mindestens einmal jährlich, und erstmals nach Ablauf von zwei Jahren, ob und wann der Täter aus der Verwahrung bedingt entlassen werden kann (Art. 64*a* Abs. 1);

b. mindestens alle zwei Jahre, und erstmals vor Antritt der Verwahrung, ob die Voraussetzungen für eine stationäre therapeutische Behandlung gegeben sind und beim zuständigen Gericht entsprechend Antrag gestellt werden soll (Art. 65 Abs. 1).

2 Die zuständige Behörde trifft die Entscheide nach Absatz 1 gestützt auf:

a. einen Bericht der Anstaltsleitung;

b. eine unabhängige sachverständige Begutachtung im Sinne von Artikel 56 Absatz 4;

c. die Anhörung einer Kommission nach Artikel 62d Absatz 2;

d. die Anhörung des Täters.

Art. 64c

1 Bei lebenslänglicher Verwahrung nach Artikel 64 Absatz 1bis prüft die zuständige Behörde von Amtes wegen oder auf Gesuch hin, ob neue, wissenschaftliche Erkenntnisse vorliegen, die erwarten lassen, dass der Täter so behandelt werden kann, dass er für die Öffentlichkeit keine Gefahr mehr darstellt. Sie entscheidet gestützt auf den Bericht der Eidgenössischen Fachkommission zur Beurteilung der Behandelbarkeit lebenslänglich verwahrter Straftäter.

2 Kommt die zuständige Behörde zum Schluss, der Täter könne behandelt werden, so bietet sie ihm eine Behandlung an. Diese wird in einer geschlossenen Einrichtung vorgenommen. Bis zur Aufhebung der lebenslänglichen Verwahrung nach Absatz 3 bleiben die Bestim-

mungen über den Vollzug der lebenslänglichen Verwahrung anwendbar.

3 Zeigt die Behandlung, dass sich die Gefährlichkeit des Täters erheblich verringert hat und so weit verringern lässt, dass er für die Öffentlichkeit keine Gefahr mehr darstellt, so hebt das Gericht die lebenslängliche Verwahrung auf und ordnet eine stationäre therapeutische Massnahme nach den Artikeln 59–61 in einer geschlossenen Einrichtung an.

4 Das Gericht kann den Täter aus der lebenslänglichen Verwahrung bedingt entlassen, wenn er infolge hohen Alters, schwerer Krankheit oder aus einem andern Grund für die Öffentlichkeit keine Gefahr mehr darstellt. Die bedingte Entlassung richtet sich nach Artikel 64*a*.

5 Zuständig für die Aufhebung der lebenslänglichen Verwahrung und für die bedingte Entlassung ist das Gericht, das die lebenslängliche Verwahrung angeordnet hat. Es entscheidet gestützt auf die Gutachten von mindestens zwei erfahrenen und voneinander unabhängigen Sachverständigen, die den Täter weder behandelt noch in anderer Weise betreut haben.

6 Die Absätze 1 und 2 gelten auch während des Vollzugs der Freiheitsstrafe, welcher der lebenslänglichen Verwahrung vorausgeht. Die lebenslängliche Verwahrung wird frühestens gemäss Absatz 3 aufgehoben, wenn der Täter zwei Drittel der Strafe oder 15 Jahre der lebenslänglichen Strafe verbüsst hat.

Literatur

Aebersold, Peter, und Andreas Blum, *... der tut es immer wieder. Die umstrittene Sendereihe ›Strafvollzug heute – Fakten und Alternativen‹ im Schweizer Radio*, ex libris, Zürich 1975

Albrecht, Peter-Alexis, *Die vergessene Freiheit. Strafrechtsprinzipien in der europäischen Sicherheitsdebatte*, Berliner Wissenschafts-Verlag, Berlin 2002

Bauer, Joachim, *Schmerzgrenze. Vom Ursprung alltäglicher Gewalt*, Blessing, München 2013

Ders., *Selbststeuerung. Die Wiederentdeckung des freien Willens*, Blessing, München 2015

Braun, Peter und Birgit Völlm, *Long-Term Forensic Psychiatric Care. Clinical, Ethical and Legal Challenges*, Springer Nature Switzerland, Cham 2019

Dittmann, Volker (Hg.), *Psychiatrische Diagnostik nach ICD-10-klinische Erfahrungen bei der Anwendung*, Hans Huber, Bern 1992

Eichenberger, Ursula, *Der Weichensteller. Jugendstaatsanwalt Gürber*, Wörterseh, Gockhausen 2016

Fischer, Thomas, *Über das Strafen. Recht und Sicherheit in der demokratischen Gesellschaft*, Droemer, München 2018

Foucault, Michel, *Überwachen und Strafen. Die Geburt des Gefängnisses*, Suhrkamp, Frankfurt am Main 1994

Ders., *Psychologie und Geisteskrankheit*, Suhrkamp, Frankfurt am Main 1968

Galli, Thomas, *Die Schwere der Schuld. Ein Gefängnisdirektor erzählt*, Das neue Berlin, Berlin 2016

Ders., *Die Gefährlichkeit des Täters*, Das neue Berlin, Berlin 2017

Germann, Urs, *Kampf dem Verbrechen. Kriminalpolitik und Strafrechtsreform in der Schweiz 1870–1950*, Chronos, Zürich 2015

Ders., »Zweispurige Verbrechensbekämpfung«, in: *Rechtsgeschichte, Zeitschrift des Max-Planck-Instituts für europäische Rechtsgeschichte*, 14/2009

Goffman, Erving, *Asyle. Über die soziale Situation psychiatrischer Patienten und anderer Insassen*, Suhrkamp, Frankfurt am Main 1972

Kroeber, Hans-Ludwig, *Mord im Rückfall*, Medizinisch Wissenschaftliche Verlagsgesellschaft, Berlin 2019

Noll, Thomas, *Strafvollzug. Vom Leben im Gefängnis*, Stämpfli, Bern 2016

Noll, Peter, *Gedanken über Unruhe und Ordnung*, Pendo, Zürich 1985

Ortner, Helmut, (Hg.), *Freiheit statt Strafe. Plädoyers für die Abschaffung der Gefängnisse*, S. Fischer, Frankfurt am Main 1981

Pieth, Mark, *Strafrechtsgeschichte*, Helbing Lichtenhahn, Basel 2015

Ronson, Jon, *Die Psychopathen sind unter uns. Eine Reise zu den Schaltstellen der Macht*, Klett-Cotta, Stuttgart 2012

Shawn, Julia, *Böse. Die Psychologie unserer Abgründe*, Hanser, München 2018

Skirl, Michael, *Wesgperren!? Ein Gefängnisdirektor über Sinn und Unsinn der Sicherungsverwahrung*, S. Fischer, Frankfurt am Main 2012

Stompe, Thomas, *Vom Täter zum Wahn. Wahre Fälle aus der Forensischen Psychiatrie*, Residenz, Wien 2013

Urbaniok, Frank, *FOTRES. Forensisches Operationalisiertes Therapie-Risiko-Evaluations-System. Diagnostik, Risikobeurteilung und Risikomanagement bei Straftätern*, Medizinisch Wissenschaftliche Verlagsgesellschaft, Berlin 2016, 4., vollständig aktualisierte und erweiterte Auflage 2021

Volkart, Simon, *Im Knast. Ein Bericht*, Limmat, Zürich 2017

Wagner-Kern, Michael, *Präventive Sicherheitsordnung. Zur Historisierung der Sicherungsverwahrung*, Berliner Wissenschafts-Verlag 2019